중국어말하기시험

口语

HSKK 고급

한권으로 끝내기

중 국 어 말 하 기 시 험

HSKK 口语 고급 한권으로 끝내기

지은이 남미숙
펴낸이 정규도
펴낸곳 (주)다락원

제1판 1쇄 발행 2022년 11월 1일

기획·편집 김보경, 이상윤
디자인 김나경
조판 최영란
녹음 朴龙君, 郭洋, 허강원

다락원 경기도 파주시 문발로 211
전화 (02)736-2031(내선 250~252 / 내선 560, 430)
팩스 (02)732-2037
출판등록 1977년 9월 16일 제406-2008-000007호

Copyright ⓒ 2022, 남미숙

정가 18,000원 (본서+핵심요약집+MP3 다운로드)
ISBN 978-89-277-2307-3 14720
      978-89-277-2305-9(set)

www.darakwon.co.kr
다락원 홈페이지를 방문하시면 상세한 출판 정보와 함께 동영상 강좌, MP3 자료 등 다양한 어학 정보를 얻으실 수 있습니다.

중국어말하기시험

口语

HSKK 고급

한권으로 끝내기

남미숙 저

다락원

저자의 말

세계 무역 규모 1위, 우리나라 수출 규모 1위, IPO를 통한 투자 규모 세계 1위. 중국 경제의 현재 모습입니다. 점점 치열해지는 글로벌 시장에서 경쟁해야 하는 우리에게 중국어는 선택의 대상이 아닌 필수가 되었습니다. HSK 7~9급 신설과 함께 읽고 쓰는 능력에 더해 중국어로 말하는 역량을 요구하는 대학과 기업들이 증가함에 따라 진학·유학·취업·이직·승진을 위해 HSK와 함께 HSKK를 준비하는 분들이 점점 많아지고 있습니다.

『중국어 말하기 시험 HSKK 고급 한권으로 끝내기』는 HSK 부문 누적판매량1위(교보문고, 영풍문고 베스트셀러 HSK부문/2010년 7월 1일~2020년 11월 11일/HSK 한권으로 끝내기 시리즈 합산 기준) 및 출간 이후 현재(2022년 7월)까지의 누적판매량 41만 7천여 부의 大기록을 써 나가고 있는 『HSK 한권으로 끝내기』시리즈의 커리큘럼과 학습 방법을 연계한 HSKK 시리즈 교재입니다. 본 교재는 수험생 여러분이 올바른 방향으로 HSKK를 준비할 수 있도록 안내하는 지침서 역할을 할 것입니다.

1타강사 남미숙의 완벽한 HSKK 솔루션 1타강사 남미숙의 중국어 교학 20년 노하우 및 '남미숙 중국어 연구소'의 철저한 분석을 기반으로 기초에서 실전까지 한 권으로 HSKK를 정복할 수 있는 완벽한 솔루션을 제시합니다.

최신 출제 경향 완벽 반영 HSKK 기출문제 국내 최다 보유 기관이자 HSK와 HSKK 국내 최고 전문가 그룹인 '남미숙 중국어 연구소'가 최신 기출 문제 빅데이터 분석을 통해 구술시험 실력을 고급 수준으로 끌어올릴 수 있는 어법, 시험에 자주 나오는 구문과 고정격식, 시험장에서 틀리기 쉬운 발음들을 최신 출제 경향에 맞추어 완벽하게 정리하였습니다.

동영상 강의, 고급자 템플릿 및 실전 모의고사 제공 출제 경향 및 문제 풀이 비법 동영상, 어휘만 바꿔 실제 시험 답변에 적용할 수 있는 고급자용 만능 답변 템플릿, 실전 연습에 도움이 되는 MP3 음원 파일, 시험장에서 빛을 발하는 고득점 팁, 그리고 최신 개정 시험 경향을 반영한 실전 모의고사 5회를 제공합니다.

마지막으로, 이 책의 완성도를 높일 수 있게 도와주신 민순미 선생님, 우문시 선생님, 김리희 선생님, 시인혜 선생님, 신선아 선생님, 김민서 선생님, 모정 선생님 그리고 그 외 남미숙 중국어 연구소 선생님들, 베타테스트에 성실히 참여해 주신 한국과 중국의 대학(원)생 및 연구원 여러분, 그리고 김동준 님께 감사의 말씀을 드립니다.

본 시리즈를 통해 수험생 여러분 모두 원하는 목표를 꼭 달성하시길 기원합니다.

남미숙

제1부분 | 듣고 다시 말하기　听后复述 · 20

제2부분 | 낭독　朗读 · 36

제3부분 | 질문에 대답하기　回答问题 · 70

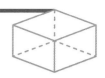

▼ 제1~3부분 설명 및 공략법

각 부분의 시험 유형과 주의해야 할 사항에 대해서 설명하고,
각 부분에 필요한 공략법을 자세히 정리했습니다.
출제 경향 및 풀이 비법 동영상(저자 직강)도 제공됩니다.

합격비법 동영상

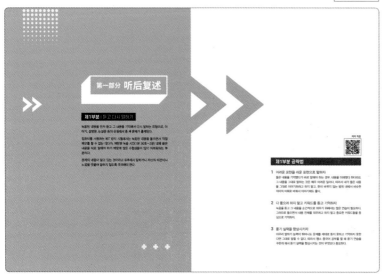

제1~3부분 본문은 STEP 1 유형 파악하기 → STEP 2 내공 쌓기 → STEP 3 실력 다지기로 구성되어 있습니다.

STEP 1 유형 파악하기

최신 출제 경향을 알고 그에 맞는 문제 풀이 요령을 익혀봅니다. 예제를 통해 어떤 문제가 출제되는지 간단히 파악해 봅니다.

STEP 2 내공 쌓기

문제를 풀기 전에 반드시 익혀야 할 내용들을 정리한 부분입니다. 실제 시험에서 활용할 수 있는 표현 및 관련 어휘, 유형별 빈출 문제, 틀리기 쉬운 발음과 성조를 연습할 수 있는 어휘와 문장 등을 수록하였습니다.

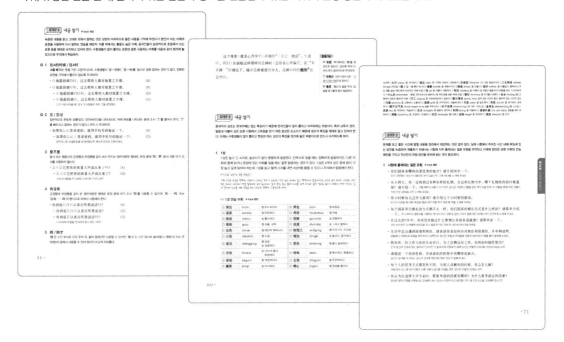

STEP 3 실력 다지기

STEP 2 내공 쌓기에서 익힌 내용들을 활용하여 각 유형의 문제를 풀어 보는 부분입니다. 문제에 표시된 준비 시간과 답안 녹음 시간에 맞춰 문제를 풀어 보면서 실제 시험에 익숙해지도록 연습합니다.

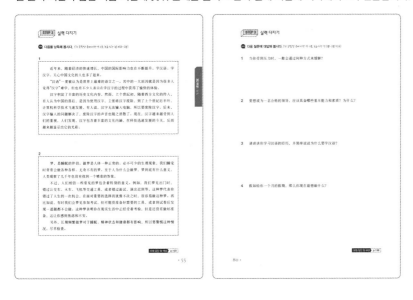

▼ 모의고사

실제 시험에 대비하기 위한 모의고사 5회분을 수록하였습니다. 실제 시험 시간과
동일하게 구성된 녹음을 듣고 답안을 녹음해 보면서 실전 감각을 길러봅시다.

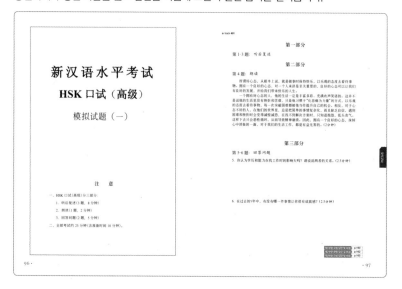

▼ 모범 답안 및 해설

제1~3부분의 STEP3 실력 다지기와 모의고사 문제의 상세한 해설과 모범 답안을 수록하였습니다. 실력 다지기와 모의고사를 풀
면서 작성한 본인의 답안과 모범 답안을 비교해 보고, 모범 답안에 제공된 '미니 정리', '남쌤만의 고득점 tip', '표현 활용 tip' 등을 참
고하여 나만의 모범 답안을 작성해 봅시다.

> 제2부분(낭독)의 실력 다지기 및 모의고사의 4번 낭독
> 문제의 모든 모범 답안에는 '발음tip'이 제공됩니다. 문장
> 의 끊어 읽기 부분은 / 로, 발음과 성조에 주의해서 낭독
> 해야 하는 글자는 파란색으로 표시하였으며, '발음 tip'에
> 제시한 어휘 및 글자는 회색 바탕으로 표시하였습니다.

핵심 요약집

시험에 응시하기 전에 학습한 내용을 최종적으로 확인할 수 있도록 본문에 수록한 **시험에 활용할 수 있는 필수 표현과 관련 어휘를** 요약 정리하였습니다.

● MP3 다운로드

예제, 내공 쌓기, 실력 다지기 일부 문항, 모의고사 및 모범 답안 내용은 MP3 음원 다운로드가 제공됩니다. 해당 녹음 부분에 MP3 음원 트랙 번호가 기재되어 있습니다. ● track 101

* MP3 음원은 다락원 홈페이지(www.darakwon.co.kr)에서 무료로 다운로드할 수 있습니다.

* 스마트폰으로 QR코드를 스캔하면 MP3 음원 다운로드 및 실시간 재생 가능한 페이지로 바로 연결됩니다.

☑ 일러두기

① 지명, 관광 명소 등의 고유명사는 외래어 표기법에 따라 중국어 발음을 한국어로 표기하는 것을 원칙으로 하였습니다. 인명의 경우 각 나라에서 실제 읽히는 발음을 기준으로 한국어로 발음을 표기하였습니다.

　예 小王 샤오왕　哈尔滨 하얼빈

② 수록 어휘 중 HSK 6급 어휘 앞에는 ★을 표기했습니다.

③ 내공 쌓기에 수록된 내용 중 중요한 부분에는 ✪을 표기했습니다.

④ 품사는 다음과 같은 약어로 표기했습니다.

품사	약자	품사	약자	품사	약자
명사/고유명사	명/고유	형용사	형	개사	개
대사	대	부사	부	접속사	접
동사	동	수사	수	조사	조
조동사	조동	양사	양	성어	성
속담	속담	수량사	수량		

1 HSKK 개요

(1) HSKK는 '汉语水平口语考试(Hànyǔ Shuǐpíng Kǒuyǔ Kǎoshì)' 한어병음의 약어로 중국 교육부령에 의거하고 중국 교육부에서 출제·채점 및 성적표 발급을 담당하는 회화 능력 평가 시험이다.

(2) HSKK는 제1언어가 중국어가 아닌 사람의 중국어 회화 능력을 평가하기 위해 만들어진 중국 정부 유일의 국제 중국어 능력 표준화 고시로, 일상생활·학습·업무상 필요한 중국어 운용 능력을 중점적으로 평가하는 시험이며, 현재 세계 112개 국가, 860개 지역에서 시행되고 있다.

(3) HSKK는 초급·중급·고급으로 나뉘며, 급별로 각각 실시된다.

2 HSKK 등급별 수준 안내

HSKK 등급	HSK 등급	수준	어휘량	국제중국어 능력기준	유럽언어공통 참조기준(CEF)
HSKK 초급	HSK 1급	중국어로 익숙한 일상생활의 화제를 듣고 이해할 수 있으며, 기본적인 일상 회화가 가능하다.	약 200개	1급	A1
	HSK 2급			2급	A2
HSKK 중급	HSK 3급	중국인과의 기본적인 교류에서 듣고 이해할 수 있으며, 중국어로 비교적 유창하게 회화를 진행할 수 있다.	약 900개	3급	B1
	HSK 4급			4급	B2
HSKK 고급	HSK 5급	중국어를 듣고 이해할 수 있으며, 유창하게 자신의 견해를 표현할 수 있다.	약 3000개	5급	C1
	HSK 6급				C2

3 HSKK 용도

(1) 국내외 대학(원) 및 특목고 입학·졸업 및 학점 수여에 대한 평가 기준

(2) 중국 정부 장학생 선발 기준

(3) 각급 업체 및 기관의 직원 채용·승진을 위한 평가 기준

4 HSKK 성적 조회 및 성적표

(1) HSKK 성적은 시험일로부터 1개월 후 성적 조회가 가능하다.

(2) HSKK 개인 성적표는 시험일로부터 45일 후 수령이 가능하다.

(3) HSKK 성적은 시험일로부터 2년간 유효하다.

1 HSKK 고급 수준 및 응시 대상

(1) HSKK 고급의 수준은 《국제중국어능력기준》 5급과 《유럽언어공동참고프레임(CEF)》 C급(C1, C2)에 해당한다.

(2) HSKK 고급에 합격한 응시자는 중국어로 듣고 이해할 수 있으며, 유창하게 자신의 견해를 표현할 수 있다.

(3) 매주 2~3시간씩 2년 이상 중국어를 학습하고, 약 3,000개의 상용 어휘와 관련 어법 지식을 마스터한 응시자를 대상으로 한다.

2 시험 구성 및 상세 내용

(1) **제1부분** 듣고 다시 말하기(听后复述): 한 단락의 내용을 끝까지 들은 후, 그 내용을 다시 말하기 (3문항)

(2) **제2부분** 낭독(朗读): 주어진 한 단락의 글을 소리내어 읽기 (1문항)

(3) **제3부분** 질문에 대답하기(回答问题): 주어진 문제에 대해 대답하기 (2문항)

	시험 내용	문항 수	시험 시간
시험 진행에 앞서 응시자 정보 (이름, 국적, 수험번호 등)에 대한 질의 응답이 이루어짐			
제1부분	듣고 다시 말하기	3문항	8분
준비 시간			10분
제2부분	낭독	1문항	2분
제3부분	질문에 대답하기	2문항	5분
총계		6문항	약 25분

3 시험 성적 및 결과

HSKK 고급은 100점 만점으로 총점 60점 이상이면 합격이며, 성적은 시험일로부터 2년간 유효하다.

1 시험 순서

(1) **고사장 및 좌석표 확인:** 수험표 번호로 고사장 확인 후, 입구에서 좌석 확인

(2) **시험 안내:** 감독관이 응시자 본인 확인 및 유의사항 안내, 시험 설명

(3) **언어 선택**

(4) **응시 주의사항 및 로그인:** 수험번호 및 비밀번호는 시험 당일 모니터 하단에 부착되어 있음

(5) **응시자 정보 확인**

(6) 마이크 테스트

① **테스트 듣기(试听):** 클릭하면 테스트 음원이 송출, 헤드셋을 통해 소리가 나오는지 확인.
　　　　　　　　　　한 번 더 누르면 재생 정지. 양쪽의 + − 버튼을 눌러서 볼륨 조절

② **녹음(录音):** 클릭해서 녹음이 되는지 확인. 한 번 더 누르면 녹음 정지

③ **녹음 재생(播放):** 클릭해서 녹음된 소리 확인. 한 번 더 누르면 재생 정지

(7) **시험 문제 다운로드:** 다운로드가 완료되면 '다음으로' 버튼을 눌러서 시험 시작

(8) **시험 진행**

(9) **제출:** '답안지 제출' 버튼을 누르면 시험이 종료되므로, 시험을 모두 끝내고 클릭할 것

2 시험 녹음 내용

(1) 응시자 정보 질의 응답

你好，你叫什么名字? 안녕하세요, 당신의 이름은 무엇입니까?

→ 我叫○○○。 저의 이름은 ○○○입니다.

你是哪国人? 당신은 어느 나라 사람입니까?

→ 我是韩国人。 저는 한국인입니다.

你的序号是多少? 당신의 수험번호는 몇 번입니까?

→ 我的序号是○○○。 저의 수험번호는 ○○○입니다.

① 오른쪽 상단에 남은 시간 표시

② 응시자 정보 질의 응답을 녹음하는 동안 마이크 볼륨이 활성화됨

③ '답안지 제출' 버튼을 누르면 시험이 종료되므로, 문제를 모두 풀기 전에는 절대 클릭 금지

(2) 제1부분 시험 안내

好，现在开始第1到3题，每题你会听到一段话，请在"嘀"声后复述这段话。现在开始第1题。

그럼 지금부터 1번~3번 문제를 시작하겠습니다. 각 문제마다 한 단락의 내용을 끝까지 듣고, '삐' 소리 후에 다시 말하세요.

지금부터 1번 문제를 시작하겠습니다.

① 오른쪽 상단에 남은 시간 표시

② 문제가 송출되는 동안은 마이크만 표시되고, 답안을 녹음하는 시간에는 마이크 볼륨이 활성화됨

③ 답안 녹음을 완료한 문제 옆에는 펜 그림이 표시됨

(3) 제2~3부분 준비 시간 안내

好，现在开始准备第4到6题。可以在试卷上写提纲。准备时间为10分钟。

그럼 지금부터 4~6번 문제를 준비하십시오. 시험지에 개요를 메모해도 좋습니다.

준비 시간은 10분입니다.

① 오른쪽 상단에 남은 준비 시간 표시

② 메모 작성란(草稿区)에는 중국어만 입력 가능 (점수에 계산되지 않음)

③ ☆은 클릭하면 ★로 바뀌며, 준비 시간 동안 다시 검토할 문제에 체크하는 용도로 활용 가능

(4) 제2부분 시험 안내

准备时间结束。现在开始朗读，第4题。 준비 시간이 끝났습니다. 지금부터 4번 문제 낭독을 시작하십시오.

① 오른쪽 상단에 남은 시간 표시
② 답안을 녹음하는 동안 마이크 볼륨이 활성화됨

(5) 제3부분 시험 안내

第4题结束。现在开始回答第5题。 4번 문제가 끝났습니다. 지금부터 5번 문제를 대답하십시오.
第5题结束。现在开始回答第6题。 5번 문제가 끝났습니다. 지금부터 6번 문제를 대답하십시오.

① 오른쪽 상단에 남은 시간 표시
② 답안을 녹음하는 동안 마이크 볼륨이 활성화됨
③ 답안 녹음을 완료한 문제 옆에는 펜 그림이 표시됨

(6) 시험 종료 안내

好，考试现在结束，谢谢你! 이제 시험이 끝났습니다. 감사합니다!

이제 시험이 끝났습니다. 감사합니다!

중국어 입력 tip

- 일반적으로 Alt+Shift 키를 누르면 중국어 자판으로 변경되며, 마우스로 변경도 가능함
- [ü] 발음의 중국어를 입력할 때는 알파벳 v를 입력함
- 상용 중국어는 입력기 초반에 표시되므로, 내가 입력하려는 글자가 맞는지 확인해야 함

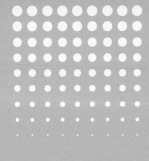

第一部分 听后复述

제1부분 | 듣고 다시 말하기

녹음된 내용을 먼저 듣고 그 내용을 기억해서 다시 말하는 유형으로, 이 야기, 설명문, 논설문 등의 유형에서 총 세 문제가 출제된다.

컴퓨터를 사용하는 IBT 방식 시험에서는 녹음된 내용을 들으면서 직접 메모를 할 수 없는 데다가, 제한된 녹음 시간(1분 30초~2분) 내에 들은 내용을 바로 말해야 하기 때문에 많은 수험생들이 많이 어려워하는 부 분이다.

문제의 내용이 알고 있는 것이라고 유추해서 말하거나 자신의 의견이나 느낌을 덧붙여 말하지 않도록 주의해야 한다.

제1부분 공략법

1 어려운 표현을 쉬운 표현으로 말하자

들은 내용을 기억했다가 바로 말해야 하는 경우, 내용을 이해했다 하더라도 그 내용을 그대로 말하는 것은 매우 어려운 일이다. 따라서 내가 들은 내용을 그대로 이야기하려고 하지 말고, 뜻이 바뀌지 않는 범위 내에서 비슷한 의미의 어휘로 바꿔서 이야기해도 좋다.

2 다 들으려 하지 말고 키워드를 듣고 기억하자

녹음을 듣고 그 내용을 순간적으로 외우기 위해서는 많은 연습이 필요하다. 그러므로 들으면서 내용 전체를 외우려고 하지 말고 중요한 키워드들을 중심으로 기억하자.

3 듣기 실력을 향상시키자

아무리 말하기 능력이 뛰어나도 문제를 제대로 듣지 못하고 기억하지 못한다면 그대로 말할 수 없다. 따라서 평소 중국어 공부를 할 때 듣기 연습을 꾸준히 해서 듣기 실력을 향상시키는 것이 무엇보다 중요하다.

이야기

STEP 1 유형 파악하기

이야기 유형은 재미있고 유쾌한 내용의 유머 이야기와 단순히 이야기만 전달하는 것이 아닌, 교훈을 담고 있는 단문 형태로 출제된다. 이야기의 등장인물, 등장인물이 하는 행동에 대해 정확하게 기억하자.

▷ 출제 경향

- **유머 이야기**

    일반적으로 인물, 장소, 사건으로 구성된 이야기가 출제되며, 반전, 풍자 등의 내용도 등장하기 때문에 녹음 문제를 끝까지 집중해서 들어야 한다.

- **우화, 성공한 인물의 이야기**

    교훈이 담긴 이야기, 어려움에 맞닥뜨린 인물이 어려움을 극복하는 과정을 서술한 이야기 등이 출제되며, 녹음된 내용 이외에 자신의 생각이나 느낌을 덧붙이지 않도록 주의해야 한다.

▷ 문제 풀이 비법

- **녹음에 있는 내용만 말해야 한다**

    이야기 유형의 경우 간혹 내가 아는 이야기, 들어본 적이 있는 이야기가 나올 수 있다. 그러나 본인이 알고 있는 내용을 말하는 것이 아니라 녹음에 있는 내용만 말해야 한다. 알고 있는 이야기라고 제대로 듣지 않고 녹음에 없는 내용까지 임의로 말하면, 감점의 요인이 될 수 있다.

- **어렵고 복잡한 표현을 쉬운 표현으로 바꿔 말하자**

    문제를 듣고 외운 내용을 그대로 말하려고 하지 말고, 내가 기억하고 있는 내용을 뜻이 바뀌거나 변하지 않는 범위 내에서 다른 표현으로 바꿔서 말해도 된다.

- **교훈은 보통 결말에 많이 나온다**

    이야기에서 교훈은 일반적으로 결말 부분에서 많이 나오기 때문에 문제를 끝까지 집중해서 듣고 서술해야 한다.

- **문장의 기본 성분을 잘 파악하자**

    제1부분이 어렵다고 느끼는 이유는 기본 문장 성분(주어+술어+목적어)을 수식하는 관형어, 부사어, 보어가 중급 시험에 비해 길기 때문이다. 수식하는 부분은 크게 중요하지 않으므로, 주어, 술어, 목적어 위주로 정확하게 듣자.

해석&풀이

　几个星期前，小王去应征一部电影中的一个角色。面试时，他对导演说，自己表演的最大特点就是自然。导演听后，让他来个即兴表演，只见他走到门口对其他应征同一角色的应征者说："请大家都回去吧！刚才导演说公司已经录用我了。"没想到，那些人听了小王的话后，竟然真的走了。导演看到这个情况，虽然有一瞬间感到了吃惊，但也对小王的机智和幽默产生了好感。

미니 정리

- 인물 小王, 导演
- 시간 面试时
- 원인 即兴表演
- 과정 告诉门口的应征者自己已经被录用了
- 결과 对小王的机智产生了好感

해석 몇 주 전, 샤오왕은 한 영화의 배역에 지원했다. 면접 때 그는 감독에게 자기 연기의 가장 큰 장점은 자연스러움이라고 했다. 감독은 그 얘기를 듣고 샤오왕에게 즉흥 연기를 해보라고 했다. 샤오왕은 문으로 가더니 같은 배역에 지원한 지원자들에게 "모두 돌아가세요! 방금 감독님이 회사에서 저를 뽑기로 했다고 하셨어요."라고 했다. 뜻밖에도 그 얘기를 들은 지원자들은 정말 가버렸다. 감독은 이 상황을 보고 순간 놀랐으나 샤오왕의 기지와 유머에 호감을 느꼈다.

어휘 星期 xīngqī 명 주, 주일 | 应征 yìngzhēng 통 지원하다, 응시하다 | 部 bù 양 부, 편 [서적·영화 편수 등을 세는 단위] | 角色 juésè 명 역할, 배역 | 面试 miànshì 명 면접시험 | 导演 dǎoyǎn 명 감독, 연출자 | 表演 biǎoyǎn 명 연기 | 特点 tèdiǎn 명 장점, 특징 | 自然 zìran 형 자연스럽다 | 即兴 jíxìng 통 즉흥적으로 하다 | 门口 ménkǒu 명 입구, 현관 | 其他 qítā 대 기타, 그 외 | 应征者 yìngzhēngzhě 명 지원자 | 刚才 gāngcái 명 지금 막, 방금 | 录用 lùyòng 통 뽑다, 채용하다, 고용하다 [录用+사람] | 没想到 méixiǎngdào 생각지 못하다 | 竟然 jìngrán 부 놀랍게도, 의외로 [≒居然] | 情况 qíngkuàng 명 상황 | 一瞬间 yíshùnjiān 명 순간 | 吃惊 chījīng 통 놀라다 | ★机智 jīzhì 명 기지 | 幽默 yōumò 명 유머 | 产生 chǎnshēng 통 생기다, 발생하다 [产生+추상 명사] | 好感 hǎogǎn 명 호감, 좋은 감정

모범 답안 ● track 102

　小王应征演员时，对导演说，自己最大的优点就是自然。导演让他即兴表演，他便告诉门口的其他应征者自己已经被录用了。其他人听了后，居然真的都走了。导演虽然很吃惊，但也对小王的机智产生了好感。

남쌤 만의 **고득점 tip**

직접 화법의 경우, 그대로 다시 말해도 되지만, 들은 내용을 그대로 말하기 어려운 부분이 있으므로 직접 화법으로 말한 내용을 간단하게 정리해서 간접 화법으로 바꿔서 말해도 좋다. 단, 말하는 도중 화법을 바꾸면 안 된다. 예를 들어 간접 화법으로 말했으면 끝까지 간접 화법으로 이야기해야 하며, 직접 화법으로 말하기 시작했으면 끝까지 직접 화법으로 이야기해야 한다.

해석 샤오왕은 배우 모집에 지원했을 때 감독에게 자신의 최대 장점은 자연스러움이라고 말했다. 감독은 그에게 즉흥 연기를 시켰는데, 그는 바로 입구의 다른 응시자에게 자신이 이미 채용되었다고 알렸다. 다른 응시자들은 (그 말을) 듣고는 정말 가버렸다. 감독은 놀라기는 했지만 샤오왕의 기지에 호감을 느꼈다.

*직접 화법 남의 말을 인용할 때, 그 사람의 말을 그대로 직접 되풀이하는 화법

*간접 화법 남의 말을 인용할 때, 현재 말하는 사람의 입장에서 인칭, 시제 등을 고쳐 말하는 화법

녹음된 내용을 듣고 그대로 외워서 말하는 것은 상당히 어려우므로 들은 내용을 기억해 두었다가 본인이 아는 어휘와 표현을 사용하여 다시 말하는 연습을 해보자. 이를 위해서는 활용도 높은 어휘, 중국인들이 습관적으로 호응해서 쓰는 표현 등을 제대로 숙지하고 있어야 한다. 수험생들이 많이 틀리는 표현과 잘못 사용하는 어휘를 다음과 같이 정리해 놓았으므로 주의해서 학습하자.

✪ 1 在A的时候 / 在A时

'A할 때'라는 뜻을 가진 고정격식으로, 수험생들이 '在～的时', '在～时候' 등으로 잘못 말하는 경우가 많다. 정확한 표현을 기억해서 틀리지 않도록 주의하자!

• 在他最困难的时，过去那些人都对他置之不理。	(X)
• 在他最困难时候，过去那些人都对他置之不理。	(X)
→ 在他最困难的时候，过去那些人都对他置之不理。	(O)
→ 在他最困难时，过去那些人都对他置之不理。	(O)

그가 가장 어려울 때, 과거 그 사람들은 모두 그를 외면했다.

✪ 2 忘 / 忘记

일반적으로 완료된 상황(잊다, 잊어버리다)을 나타내므로, 뒤에 완료를 나타내는 동태 조사 '了'를 붙여서 쓴다. '了'를 빠뜨리고 말하는 경우가 많으니 반드시 주의하자!

• 如果你忘记登录密码，就用手机号码验证一下。	(X)
→ 如果你忘记了登录密码，就用手机号码验证一下。	(O)

만약 로그인 비밀번호를 잊어버렸다면, 핸드폰 번호로 인증하세요.

3 是不是

동사 또는 형용사의 긍정형과 부정형을 같이 써서 만드는 정반의문문 형태로, 문장 끝에 '吗', '吧' 등의 의문 어기 조사를 사용하지 않는다.

• 是不是它把你的体重大声说出来了吗？	(X)
→ 是不是它把你的体重大声说出来了？	(O)

그게 네 체중을 큰 소리로 이야기한 거 아니야?

4 有没有

긍정형과 부정형을 같이 쓴 정반의문문 형태로 문장 끝에 어기 조사 '吗'를 사용할 수 없으며, '有……吗' 또는 '没有……吗'의 형식으로 바꿔서 사용해야 한다.

• 你到底有没有认真在听我说话吗？	(X)
→ 你到底有没有认真在听我说话？	(O)
→ 你到底有认真在听我说话吗？	(O)

너 도대체 내 말을 진지하게 듣고 있는 거야?

5 刚 / 刚才

'刚'은 시간 부사로 오직 주어 뒤, 술어 앞에서만 사용할 수 있지만, '刚才'는 시간 명사로 술어(동사, 형용사) 또는 주어(명사) 앞에서 사용할 수 있어 위치가 비교적 자유롭다.

- 我意识到自己刚的话太过分了，所以向姐姐道了歉。 (X)
  - → 我意识到自己刚才的话太过分了，所以向姐姐道了歉。 (O)

  나는 내가 방금 한 말이 너무 지나쳤다는 것을 깨닫고서 언니에게 사과했다.

6 在 + 추상 명사 + 中
주로 추상적인 범위, 추상적인 의미의 과정을 나타낼 때 사용한다.

- 我的印象中，外婆很温柔、和蔼，总是干干净净的。 (X)
  - → 在我的印象中，外婆很温柔、和蔼，总是干干净净的。 (O)

  나의 기억 속에 외할머니는 온화하고 상냥하며 늘 깔끔하셨다.

✪ 7 连续 / 继续
'连续'는 (상황이) 끊어지지 않고 연속해서 이어지는 것을 의미하고, '继续'는 진행 중이었던 행동이 중단되었다가 다시 이어지는 것을 의미한다.

- 乒乓球队在国际大赛上继续几年取得了世界冠军的好成绩。 (X)
  - → 乒乓球队在国际大赛上连续几年取得了世界冠军的好成绩。 (O)

  탁구 팀은 국제 대회에서 연속으로 몇 년 동안 세계 제1위라는 좋은 성적을 얻었다.

8 有 / 有了
'有'는 사건의 상태를 나타내는 동사로, 과거 시제가 없다. 따라서 '有了'는 잘못된 표현이다.

- 很久很久以前，在一个遥远的王国里，有了一位非常漂亮的公主。 (X)
  - → 很久很久以前，在一个遥远的王国里，有一位非常漂亮的公主。 (O)

  아주 아주 오래 전에 머나먼 왕국에 매우 아름다운 공주가 있었다.

9 回家 / 去家
'回家'의 '回'는 다른 장소에서 원래 있던 곳으로 되돌아오는 것을 의미하고, '去'는 위치한 곳에서 다른 장소로 가는 것을 의미한다. 따라서 '去家'는 잘못된 표현이다.

- 早上我刚从家里出来，就发现U盘没带，所以赶紧去家取了。 (X)
  - → 早上我刚从家里出来，就发现U盘没带，所以赶紧回家取了。 (O)

  아침에 집에서 막 나왔는데, USB를 가져오지 않아서 서둘러 집으로 돌아가 챙겼다.

✪ 10 后来 / 以后
'后来'는 과거의 어느 시간 후의 시간을 가리킨다. 반면, '以后'는 미래의 의미를 갖고 있기 때문에 '曾经' 등과 같은 과거, 경험을 나타내는 부사와 함께 쓸 수 없다.

- 小丽曾经是一名演员，以后，她为了照顾儿女，退出了娱乐圈。 (X)
  - → 小丽曾经是一名演员，后来，她为了照顾儿女，退出了娱乐圈。 (O)

  샤오리는 일찍이 배우였는데, 후에 자식을 돌보기 위해 연예계를 은퇴했다.

✪ 11 又 / 再
'又'는 이미 완료한 상황이나 동작이 반복될 때 많이 쓰이며, 주로 '了'와 함께 쓴다. '再'는 일반적으로 아직 완료되지 않은 상황이나 동작에 많이 쓰이며, 주로 '吧'와 함께 쓴다.

- 年轻人不甘心，他再问了一遍老人能练好剑的秘诀。 (X)
  - → 年轻人不甘心，他又问了一遍老人能练好剑的秘诀。 (O)

  젊은이는 직성이 풀리지 않아 노인에게 검을 잘 연마할 수 있는 비결을 또 한 번 물었다.

✪ 12 对A感兴趣 / 对A有兴趣

'对A感兴趣'와 '对A有兴趣'는 의미는 기본적으로 같으나, '对A感兴趣'의 부정형은 '对A不感兴趣'이고 '对A有兴趣'의 부정형은 '对A没有兴趣'이다. '对A没感兴趣'는 잘못된 표현이다.

· 虽然她对书法没感兴趣，可是妈妈非让她学习书法。　　　　　(X)

→ 虽然她对书法不感兴趣，可是妈妈非让她学习书法。　　　(O)

그녀는 서예에 관심이 없지만 엄마는 그녀에게 서예 공부를 하게 했다.

✪ 13 告诉

'告诉'는 이중 목적어를 취하는 동사로, [告诉+대상(간접 목적어)+말하고자 하는 내용(직접 목적어)]의 형태로 쓰이며, '告诉' 앞에는 [给+동작의 대상] 형식의 개사구가 올 수 없다. '告诉'와 비슷한 성격의 이중 목적어를 취하는 동사로는 '问', '打听', '通知', '回答' 등이 있다.

· 很多年以后，他给我们告诉了当年那件事故的真相。　　　(X)

→ 很多年以后，他告诉了我们当年那件事故的真相。　　　(O)

여러 해 이후, 그는 우리에게 그 해 사고의 진상을 알려 주었다.

14 常常 / 经常

'常常', '经常'은 과거 또는 현재 시점에 발생한 일의 빈도를 나타내는 부사어로, 일반적으로 문장 끝에 어기 조사 '了'를 넣지 않는다. 수험생들이 많이 틀리는 부분이니 주의하자!

· 小时候，我常常与伙伴们一起来河边游泳、玩耍、捞鱼了。　　(X)

→ 小时候，我常常与伙伴们一起来河边游泳、玩耍、捞鱼。　　(O)

어릴 때 나는 친구들과 함께 강가에 와서 수영을 하고, 놀고, 물고기를 잡았다.

15 第二天

(일이 발생한) 당일이 지난 다음 날은 '下一天'이 아니고 '第二天'이다.

· 高考后下一天，我终于可以好好放松一下，睡个懒觉了。　(X)

→ 高考后第二天，我终于可以好好放松一下，睡个懒觉了。　(O)

대입 시험 다음 날, 나는 마침내 긴장을 풀고 늦잠을 잘 수 있었다.

STEP 3 　실력 다지기

💬 녹음을 듣고 다시 말해 봅시다. (각 문항당 녹음 시간 약 2분)

1 ── ● track **104**

2   ● track **105**

3   ● track **106**

4   ● track **107**

5   ● track **108**

6   ● track **109**

모범 답안 및 해설 ▶ p.108

02 설명문·논설문

STEP 1 유형 파악하기

설명문이나 논설문 유형은 이야기처럼 줄거리가 있는 내용이 아니기 때문에 앞뒤의 내용이 서사적인 연관성이 없다. 어휘 및 표현 또한 이야기 유형에 비해 난이도가 높아 다소 어렵게 출제된다.

▶ 출제 경향

- **설명문**

  줄거리가 있는 이야기 유형과는 달리 정보, 현상 등에 관한 구체적인 내용을 포함하고 있기 때문에 화자가 말하고자 하는 중심 내용이 무엇인지 주의해서 들어야 한다. 설명문의 경우, 정보 전달이 주된 목적이기 때문에 언급되는 핵심 어휘를 정확하게 파악해야 하며 사전 지식이 있다면 녹음을 이해하는 데 도움이 된다.

- **논설문**

  상대방을 설득하기 위해 쓴 글로, 화자의 주관적인 견해나 주장을 뒷받침할 수 있는 체계적인 근거와 구체적인 예시가 등장한다.

▶ 문제 풀이 비법

- **자신의 의견이나 생각을 절대 말하면 안 된다**

  녹음 내용을 들으면서 기억한 내용을 바로 정리해서 말하는 것이 중요하며, 자신의 생각이나 견해를 덧붙여 말하지 않도록 주의하자.

- **무조건 외우려고 하지 마라**

  녹음을 암기해서 바로 말하는 것은 어렵다. 따라서 무조건 외우려고 하지 말고 녹음을 듣고 이해한 내용을 내가 알고 있는 어휘로 바꿔서 말해 보자.

- **첫 문장과 마지막 문장을 잘 들어야 한다**

  논설문 유형은 그 글에서 말하고자 하는 중심 내용이나 주제를 잘 듣고 말해야 한다. 중심 내용과 주제는 일반적으로 글의 시작과 끝에 많이 나오므로 시작과 끝을 주의해서 듣고 기억해 두는 것이 좋다.

- **설명문 고유의 특징을 잘 파악하자**

  설명문은 대체적으로 특정 대상을 설명하는 글이므로, 녹음 내용 중에 'A是B(A는 B이다)', 'A是指B(A는 B를 가리킨다)', '所谓A， B(소위 A라는 것은 B이다, 이른바 A는 B이다)' 등과 같은 표현이 나오면 우선 설명문으로 이해하고 듣도록 하자.

해석&풀이

　许多人都想找到<u>幸福的定义</u>。其实，幸福是一种<u>感觉</u>，没有唯一的答案，幸福的关键是选择一种自己最舒适的生活态度。善于体会到满足和快乐的人，才懂得什么是幸福。我们经常误以为感受幸福是件很困难的事，但经过多年辗转后才明白：幸福是很简单的，只要<u>心灵有所满足、有所慰藉</u>，那就是真正的幸福。

미니 정리

핵심 어휘 幸福的定义

기본 정의 感觉 / 没有唯一的答案

결과 很简单 / 心灵有所满足、有所慰藉＝真正的幸福

해석 많은 사람은 행복의 정의를 찾고 싶어 한다. 사실 행복은 일종의 감정으로 유일한 답이 아니다. 행복의 관건은 자신이 가장 편안하다고 느끼는 생활 태도를 선택하는 것이다. 만족과 즐거움을 잘 느끼는 사람이야말로 무엇이 행복인지 잘 안다. 우리는 행복을 느끼는 것은 어려운 일이라고 생각하지만, 다년간 이런저런 일을 겪은 후 비로소 알게 된다. 행복은 단순한 것이며, 마음에 만족과 위안이 있다면 그것이 진정한 행복이라는 것을.

어휘 许多 xǔduō 혱 대단히 많은 [≒很多] | 幸福 xìngfú 몡 행복 | ★定义 dìngyì 몡 정의 | 感觉 gǎnjué 몡 감정, 느낌 | 唯一 wéiyī 혱 유일한, 하나밖에 없는 | 答案 dá'àn 몡 답, 답안 | 关键 guānjiàn 몡 키포인트, 관건 | 舒适 shūshì 혱 편안하다, 쾌적하다 | 生活 shēnghuó 몡 생활 | 态度 tàidu 몡 태도 | 善于 shànyú 동 ~을 잘하다, ~에 능하다 [善于+동사구] | 体会 tǐhuì 몡 (체험에서 얻은) 경험, 느낌 | 满足 mǎnzú 동 만족시키다 | 快乐 kuàilè 혱 즐겁다, 유쾌하다, 행복하다 | 误以为 wùyǐwéi ~인 줄 알다, ~로 착각하다 [≒以为] | 感受 gǎnshòu 동 (감정을) 느끼다 | 困难 kùnnan 혱 어렵다 | 辗转 zhǎnzhuǎn 동 전전하다, 여러 곳을 거치다 | 明白 míngbai 동 알다, 이해하다 [明白+이해한 내용] | 只要 zhǐyào 젭 ~하기만 하면 [只要A就B: A하기만 하면 B하다] | ★心灵 xīnlíng 몡 마음 | 有所 yǒusuǒ 동 다소 ~하다, 어느 정도 ~하다 [주로 뒤에 쌍음절(이음절) 동사를 동반함] | 慰藉 wèijiè 동 위안하다, 위로하다 | 真正 zhēnzhèng 혱 진정한, 순수한

모범 답안 ⊙ track 111

　很多人都想找到幸福的定义，但幸福没有唯一的答案，关键是选择自己喜欢的生活。善于满足的人才懂得什么是幸福。我们常误以为感受幸福很难，但现在才明白，幸福很简单，只要心灵有所满足，就是真正的幸福。

남쌤 만의 **고득점 tip**

설명문, 논설문의 경우, 특히 처음과 끝을 주의해서 들어야 한다.

해석 많은 사람들이 행복의 정의를 찾고 싶어하지만, 행복은 유일한 답이 아니다. 관건은 자신이 좋아하는 생활을 선택하는 것이다. 만족할 줄 아는 사람이야말로 무엇이 행복인지 안다. 우리는 행복을 느끼는 것이 어려운 일이라고 생각하지만, 이제는 행복은 단순하며, 마음에 만족이 있다면 진정한 행복이라는 것을 안다.

녹음된 내용을 듣고 바로 외워서 말하는 것은 매우 어렵다. 따라서 듣고 이해한 내용을 토대로 자신이 아는 표현을 써서 다시 말하는 연습을 하는 것이 중요하다. 아래의 표현들은 설명문, 논설문 유형에서 많이 틀리는 부분을 정리해 놓은 것으로 반드시 숙지하자.

1 对于 / 关于

'对于'와 '关于'의 차이점을 모르고 잘못 쓰는 경우가 많다. '对于'는 문장 앞이나 중간에 사용할 수 있지만, '关于'는 문장 앞에서만 사용한다. '对于'는 일반적으로 대상 앞에 쓴다.

- 相信大家关于这个问题都已经不陌生了。　　(X)

  → 相信大家对于这个问题都已经不陌生了。　(O)
  모두 이 문제에 대해 이미 생소하지 않을 것이라고 믿습니다.

✪ 2 A是B / A相当于B

'A是B'는 A와 B가 완전히 같음을 의미하며, 'A相当于B'는 어떤 부분에서 비슷함을 의미하므로 각각 그 쓰임이 다르다는 것을 기억하자.

- 学校是社会，既有消极的一面，也有积极的一面。　　(X)

  → 学校相当于社会，既有消极的一面，也有积极的一面。　(O)
  학교는 사회와 비슷하여, 부정적인 측면도 있고 긍정적인 측면도 있다.

✪ 3 研究表明 / 研究发现

'研究表明', '研究发现'은 '연구를 통해 얻은 결론'을 의미하는 것으로, 객관적인 사실로써 자신의 견해가 옳음을 뒷받침할 때 쓰는 표현이다.

- 研究表明，现在社会竞争压力太大，导致越来越多的年轻人患上抑郁症。　　(O)
- 研究发现，现在社会竞争压力太大，导致越来越多的年轻人患上抑郁症。　　(O)
  연구 결과, 오늘날 사회는 경쟁에서 오는 스트레스가 너무나 커서 갈수록 많은 젊은이가 우울증을 앓고 있다고 한다.

✪ 4 随着

일반적으로 문장 첫머리에 쓰이며, '随着 +~的变化 / ~的发展 / ~的改善 / ~的结果' 등의 형식으로 쓰인다.

- 随着生活节奏加快，快餐越来越受到上班族的青睐。　　(X)

  → 随着生活节奏的加快，快餐越来越受到上班族的青睐。　(O)
  생활 리듬이 빨라지면서 패스트푸드가 갈수록 직장인들의 사랑을 받고 있다.

✪ 5 首先……，其次……，再次……，最后……

순서를 나열할 때는 '首先', '其次', '再次', '最后'를 사용한다. 만약 단락이 너무 많다면, 중간에 '另外', '还有' 등의 어휘를 추가할 수 있다.

- 如果想学好外语，首先，要多背生词；再次，经常复习学过的内容；其次，多和外国人交流。　(X)

  → 如果想学好外语，首先，要多背生词；其次，经常复习学过的内容；再次，多和外国人交流。　(O)
  만약 외국어를 잘 공부하고 싶다면, 우선 단어를 많이 외워야 하고, 다음으로는 배웠던 내용을 항상 복습해야 하며, 마지막으로는 외국인과 많이 교류해야 한다.

6 有俗话 / 俗话说 / 俗话说得好

속담처럼 많은 사람들이 알고 있는 말을 인용할 경우, 인용하고자 하는 말 앞에 '俗话说', '俗话说得好', '有一句俗话说' 등의 표현을 사용한다. 단, 주어가 없는 [술어+목적어] 구조로 되어 있는 '有俗话'는 인용하고자 하는 말 앞에서 사용할 수 없다.

- 有俗话："生命在于运动"，可见运动对健康的重要程度。 (X)
- → 俗话说得好："生命在于运动"，可见运动对健康的重要程度。 (O)

  '생명은 운동에 달려 있다'라는 말이 있을 정도로 운동은 건강에 중요한 부분이다.

7 导致

[A导致B (A라는 원인으로 B라는 결과를 야기하다/초래하다/가져오다)]의 형식에서 B 부분에는 일반적으로 좋지 않은 결과를 의미하는 문구나 문장이 온다.

- 不和谐的家庭环境导致孩子心理健康出现一系列问题的原因。 (X)
- → 不和谐的家庭环境导致孩子心理健康出现一系列问题。 (O)

  화목하지 않은 가정 환경으로 인해 아이의 정신 건강에 일련의 문제가 나타나고 있다.

8 (就)拿A来说吧 / 就说A吧 / 对A来说

'(就)拿A来说吧', '就说A吧'는 여러 가지 사례를 인용할 때 쓸 수 있는 표현이다. 반면 '对A来说(A의 관점에서 말한다면)'는 A의 범위를 '문제를 분석하는 사람의 관점'으로 제한하여 가리키므로 차이점을 알고 구별해서 써야 한다.

- 企业招聘时，对应聘者能力的要求越来越高，就对英语能力来说吧，很多企业倾向于招有过国外留学经验的毕业生。 (X)
- → 企业招聘时，对应聘者能力的要求越来越高，就拿英语能力来说吧，很多企业倾向于招有过国外留学经验的毕业生。 (O)

  기업이 채용을 할 때, 지원자의 능력에 대한 요구가 날로 높아져서 영어 능력만 놓고 보면, 많은 기업에서 해외 유학 경험이 있는 졸업생을 뽑으려는 경향이 있다.

9 又A又B

A, B 두 가지 상황이 함께 존재함을 나타내며, '又' 뒤에 오는 형용사 A, B 앞에는 '很' 등과 같은 정도 부사를 넣을 수 없다.

- 随着科技的发展，互联网也迅速发展起来，尤其是网上购物又很快捷又很方便。 (X)
- → 随着科技的发展，互联网也迅速发展起来，尤其是网上购物又快捷又方便。 (O)

  과학 기술의 발전에 따라 인터넷도 급속히 발전하기 시작했는데, 특히 인터넷 쇼핑은 빠르기도 하면서 편리하다.

10 一方面A, (另)一方面B / 一面A, 一面B

'一方面A, (另)一方面B'는 사물의 두 가지 상황이나 방면을 연결하여 말할 때 쓰고, '一面A, 一面B'는 시간의 측면을 부각시켜 동시에 진행되는 두 가지 동작이나 상황을 연결 지어 말할 때 쓴다.

- 适当提薪一面能提高员工的工作积极性，一面能为公司带来良好的声誉。 (X)
- → 适当提薪一方面能提高员工的工作积极性，（另）一方面能为公司带来良好的声誉。 (O)

  적당한 임금 인상은 직원들의 업무 의욕을 높이는 한편 회사에 좋은 명성을 가져다줄 수 있다.

11 由此可见 / 可见

'이로부터(이로써) 알 수 있다'라는 의미로, 한 가지 사물에서 그와 관련된 결론을 판단할 수 있음을 나타낸다. 일반적으로 문장 첫머리에 쓰이며, 쉼표를 써서 이어지는 문장과 구분을 짓는다. 비슷한 표현으로는 '可见'이 있다.

- 由此可见，买东西时一味地追求价廉而忽视品质的话，最终吃亏的只会是自己。　　(O)

- 可见，买东西时一味地追求价廉而忽视品质的话，最终吃亏的只会是自己。　　(O)
  이로부터 알 수 있듯이 물건을 살 때 값싸게 사려고만 하고 품질을 소홀히 하면, 결국 자기 자신만 손해를 보게 된다.

12 由于…… 所以 / 由于……因此 / 由于……因而

'由于'는 '所以', '因此', '因而'와 함께 쓸 수 있지만, '因为'는 일반적으로 '因此', '因而'과 함께 사용하지 않는다. '因此'와 '因而'는 모두 '이 때문에 (因为这个)'라는 의미로, 만일 '因为'와 함께 쓰면 의미가 중복되므로 '因为'는 일반적으로 '所以'와 함께 쓴다.

- 因为人们不顾一切地过度追求经济生活，因此人们的生活环境也逐渐恶化。　　(X)

  → 由于人们不顾一切地过度追求经济生活，因此人们的生活环境也逐渐恶化。　　(O)
  사람들이 아무것도 신경 쓰지 않고 지나치게 경제생활을 추구하기 때문에 사람들의 생활 환경도 점점 나빠지고 있다.

실력 다지기

💬 녹음을 듣고 다시 말해 봅시다. (각 문항당 녹음 시간 약 2분)

7 ⦿ track **113**

8 ⦿ track **114**

9 ⦿ track **115**

10 ⦿ track **116**

모범 답안 및 해설 ▶ p.113

11 ● track **117**

12 ● track **118**

13 ● track **119**

14 ● track **120**

모범 답안 및 해설 ▶ p.116

15 ● track **121**

16 ● track **122**

17 ● track **123**

18 ● track **124**

모범 답안 및 해설 > p.119

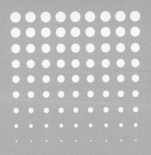

第二部分 朗读

제2부분 | 낭독

시험지에 주어진 중국어 단문을 소리 내어 읽어야 하는 부분으로, 발음과 성조를 정확히 읽어야 하며, 억양과 끊어 읽기도 중요하다.

준비 시간은 이어지는 제3부분(질문에 대답하기)과 함께 총 10분이 주어지는데, 낭독 부분의 준비 시간은 10분 중 2분가량이 적절하며, 시험 시간 역시 2분이므로 2분 내에 낭독을 마쳐야 한다.

저자 직강

제2부분 공략법

1 끊어 읽기에 주의하자

문장을 끊어 읽는 이유는 의미를 분명하게 표현하고 내용을 정확하게 전달하기 위함이다. 문장을 중간에 끊지 않고 계속 이어서 읽는다면 읽는 사람이 힘들뿐만 아니라 듣는 사람도 이해하기 어렵다. 일반적으로 마침표, 쉼표 등의 문장 부호 뒤는 끊어 읽고, 문장이 길다면 주어와 술어 사이에서도 잠깐 쉬었다가 읽는다. 만약 주어를 수식하는 관형어가 길 경우에는 주어 앞에서, 동사를 수식하는 부사어가 길 경우에는 동사 앞에서 잠깐 끊어서 읽어 준다. 실제 시험에서 낭독 문제 준비 시간(약 2분) 동안 긴 문장은 끊어 읽을 부분을 미리 확인하자.

2 나만의 낭독 속도를 찾자

낭독으로 글의 내용을 정확하게 전달하기 위해서는 낭독하는 속도 또한 중요하다. 보통 낭독을 할 때 아는 글자들이 많은 부분은 빠르게 읽다가 발음을 모르는 글자가 나오는 부분에서 당황하여 느리게 읽거나 버벅거리기 쉽다. 그러나 낭독 속도는 글의 내용을 전달할 때 많은 영향을 주는 부분이기 때문에 나만의 낭독 속도를 유지하는 것이 중요하다.

3 낭독의 내용에 따라 속도, 강세가 달라진다

앞에서 말한 것처럼 낭독할 때는 일정한 속도를 유지하는 것이 중요하나, 글의 내용에 따라 속도를 빠르게 또는 느리게 읽어야 하며, 강조해야 하는 부분이 있다면 어조의 강약을 조절해서 읽는 것이 좋다.

4 정확한 성조와 발음이 중요하다

중국어는 성조 하나로 뜻이 달라지는 경우가 있기 때문에 정확한 성조와 발음이 무엇보다 중요하다. HSKK 고급 제1부분(듣고 다시 말하기) 문제 위주로, 좀 더 많이 연습하고 싶다면, HSK 듣기 영역의 문제로 나오는 단문 등 중국인 성우가 녹음한 음원을 듣고 따라 읽으면서 꾸준히 연습하자.

01 자주 틀리는 발음

STEP 1 유형 파악하기

중국어에는 한국어에 없는 생소한 발음들이 있어서 수험생들이 어려워한다. 문제로 제시된 단문을 일정 속도를 유지하면서 정확한 발음으로 낭독하는 것이 중요하다.

▷ 출제 경향

• 중국어 발음

중국어에는 한국어에 없는 발음, 한국어와 비슷하게 들리지만 다른 발음 등이 있다. 발음을 정확하게 하지 않으면 완전 다른 의미가 될 수 있기 때문에 발음이 매우 중요하다.

• 다음자

음이 두 가지 이상이거나 성조가 여러 개인 다음자(多音字)는 수험생들이 많이 어려워하는 부분이다. 시험에 자주 출제되는 어휘 중 다음자가 포함된 어휘의 발음을 반드시 숙지해야 한다.

▷ 문제 풀이 비법

• 정확한 발음으로 읽는다

중국어에는 하나의 한자에 두 개 이상의 발음이 있는 경우가 있어서, 발음에 따라 그 뜻이 달라지기 때문에 정확한 발음으로 읽어야 한다. 또한 발음이 정확하지 않을 경우, 상대방이 자칫 다른 의미로 받아들일 수 있다. 평소 중국어를 공부하면서 모르는 단어의 발음은 바로 사전을 찾아서 정확한 발음을 알아 두고, 기억하는 습관이 중요하다.

• 모르는 글자가 나오더라도 자신있게 읽자

약 2분의 준비 시간 동안 지문에서 모르는 글자가 나오면 그냥 넘어가지 말고 해당 글자의 부수의 발음을 알고 있다면 그 부수라도 자신있게 읽는 것이 중요하다. 중국어는 부수가 모여서 만들어진 글자가 많기 때문에 간단한 부수 정도는 알아 두는 것이 좋다.

众所周知，打哈欠、咳嗽、打喷嚏、眨眼等都是人体的一种本能反应。在这些本能反应中，打哈欠算得上是频率最高的反应之一了。

打哈欠时，人体会吸入比平时更多的氧气，这能够降低鼻腔中血管和血液的温度。而这些低温血液进入大脑后，会进一步刺激大脑，这种刺激不仅能提高大脑的活动能力，也可以提高大脑的运行效率。

那么，为什么说"打哈欠会传染"呢？其实，到目前为止，这种说法的确切原因仍尚未揭晓。据说，这种说法的目的是要提醒周围的人保持清醒。然而，人们还是可以通过一些方式控制打哈欠这一行为，这也是为了让我们在一些"不适宜的场合"时，避免打一些"不合时宜的哈欠"。

这个诀窍其实很简单，那就是：不用嘴，只用鼻腔呼吸。因为用鼻腔呼吸时，鼻腔的温度会下降，这可以起到与打哈欠类似的效果。

해석 모든 사람이 알고 있듯이 하품, 기침, 재채기, 눈 깜빡이기 등은 모두 인체의 본능적인 반응이다. 이러한 본능 중에 하품은 빈도가 가장 높은 반응의 하나라고 할 수 있다.

하품할 때 인체는 평소보다 더 많은 양의 산소를 흡입하여 비강의 혈관과 혈액의 온도를 낮출 수 있다. 온도가 낮아진 혈액이 대뇌로 흘러가면 대뇌를 더욱더 자극한다. 이러한 자극은 대뇌의 활동 능력을 높여줄 뿐만 아니라 대뇌의 작업 효율도 높여줄 수 있다.

그렇다면, 왜 '하품은 전염될 수 있다'고 말할까? 사실 현재까지 이 말의 정확한 원인은 아직 밝혀지지 않았다. 말하는 바에 의하면, 이 표현의 목적은 주변 사람들에게 정신을 차리라고 일깨워 주는 것이라고 한다. 하지만 사람들은 몇 가지 방법을 통해 하품하는 행동을 통제할 수 있는데, 이것 역시 '적절하지 않은 장소'에서 '적절하지 않은 하품'을 피하게 하기 위함이다.

이 비결은 사실 간단하다. 바로 입이 아닌 코로만 호흡하는 것이다. 코로 호흡하면 비강의 온도가 낮아지게 되는데 그러면 하품할 때와 비슷한 효과를 내기 때문이다.

어휘 ★众所周知 zhòngsuǒzhōuzhī 성 모든 사람이 다 알고 있다 | 打哈欠 dǎ hāqian 하품을 하다 | 咳嗽 késou 동 기침하다 명 기침 | 打喷嚏 dǎ pēntì 재채기를 하다 | 眨眼 zhǎyǎn 동 눈을 깜박거리다 | 人体 réntǐ 명 인체 | ★本能 běnnéng 명 본능 | 反应 fǎnyìng 명 반응 | 算得 suàndé ~라고 여기다 | ★频率 pínlǜ 빈도(수), 주파수 | 之一 zhīyī 명 (의) 하나 [A是……之一: A는 ~중 하나이다] | 吸入 xīrù 동 흡입하다, 빨아들이다 | 平时 píngshí 명 평소, 평상시 | ★氧气 yǎngqì 명 산소 | 降低 jiàngdī 동 내리다, 낮추다 | 鼻腔 bíqiāng 명 비강 | 血管 xuèguǎn 명 혈관 | 血液 xuèyè 명 혈액 | 温度 wēndù 명 온도 | 低温 dīwēn 명 저온 | 进入 jìnrù 동 진입하다, 들다 | 大脑 dànǎo 명 대뇌 | 进一步 jìnyíbù 명 (한 걸음 더) 나아가 | 刺激 cìjī 동 자극하다, 흥분시키다 | ★运行 yùnxíng 동 운행하다 | 效率 xiàolǜ 명 효율 [提高效率: 효율을 높이다] | 那么 nàme 접 그렇다면, 그러면 | 传染 chuánrǎn 동 전염하다, 감염하다 | 说法 shuōfa 표현법 | ★确切 quèqiè 형 확실하다 | 原因 yuányīn 명 원인 | 仍 réng 부 여전히, 아직도 | 尚未 shàngwèi 부 아직 ~하지 않다 | 揭晓 jiēxiǎo 동 (결과를) 발표하다, 공표하다 | 据说 jùshuō 동 말하는 바에 의하면 ~라 한다 | 目的 mùdì 명 목적 | 提醒 tíxǐng 동 일깨우다, 깨우치다 | 周围 zhōuwéi 명 주변, 주위 | 保持 bǎochí 동 유지하다, 지키다 | ★清醒 qīngxǐng 형 (정신이) 맑다, 분명하다, 또렷하다 | 然而 rán'ér 접 하지만, 그러나 | 通过 tōngguò 개 ~을 통해, ~에 의해 | 方式 fāngshì 명 방식, 방법 [通过……方式: ~한 방식을 통해서] | 控制 kòngzhì 동 통제하다, 제어하다 | 行为 xíngwéi 명 행위, 행동 | 为了 wèile 개 ~을/를 하기 위하여 [为了+A(목적), B(행위): A하기 위하여 B하다] | ★适宜 shìyí 형 알맞다, 적합하다, 적절하다 | ★场合 chǎnghé 명 특정한 장소, 상황 | 避免 bìmiǎn 동 피하다, 면하다 | 不合时宜 bùhé shíyí 성 시의에 맞지 않다, 시기에 적합하지 않다, 유행에 맞지 않다 | 诀窍 juéqiào 명 좋은 방법, 비결 | 嘴 zuǐ 명 입 | 呼吸 hūxī 동 호흡하다, 숨을 쉬다 | 起到 qǐdào 동 (어떤 상황을) 초래하다, 일으키다 | ★类似 lèisì 형 유사하다, 비슷하다 | 效果 xiàoguǒ 명 효과

모범답안 ● track 201

众所周知①，打哈欠、咳嗽、打喷嚏、眨眼等 / 都是人体的 / 一种②本能反应③。在这些本能反应中，打哈欠 / 算得上④ / 是频率最高的反应之一了。

발음 tip

① 众所周知 네 자가 권설음(zh)과 설치음(s)으로 되어 있어 발음하기 어려운 어휘

② 一种 / 进一步 / 一些 '一'는 1, 2, 3성 앞에서는 4성으로, 4성 앞에서는 2성으로 읽는다

打哈欠时，人体会吸入 / 比平时更多的氧气，这能够 / 降低鼻腔中血管 / 和血液的温度。而这些低温血液 / 进入大脑后，会进一步^② / 刺激大脑，这种刺激 / 不仅能提高 / 大脑的活动能力，也可以提高^⑤ / 大脑的运行效率^⑥。

那么，为什么说 / "打哈欠会传染"呢？其实，到目前为止，这种说法的确切原因 / 仍尚未揭晓。据说，这种说法的目的^⑦是 / 要提醒周围的人 / 保持^⑧清醒。然而，人们 / 还是可以通过 / 一些^②方式 / 控制打哈欠 / 这一行为^⑨，这也是为了 / 让我们在一些"不适宜的场合"时，避免打一些"不合时宜的哈欠"。

这个诀窍 / 其实很简单，那就是：不用^⑩嘴，只用鼻腔呼吸。因为用鼻腔呼吸时，鼻腔的温度会下降，这可以 / 起到 / 与打哈欠类似的效果。

발음 tip

③ **反应** '应'을 1성으로 읽지 않도록 주의! '反应'처럼 3성+4성으로 된 단어는 3성을 반3성으로 발음한 후 4성을 아래로 내리꽂는 느낌으로 끝까지 정확하게 발음해야 한다

④ **算得上** '得'는 다음자로, dé로 읽는다

⑤ **也可以提高** 3성의 성조 변화 주의! 3성+3성+3성+2성+1성 → 2성+2성+반3성+2성+1성

⑥ **效率** '率lǜ'의 발음 주의. 입술을 동그랗게 말아 발음한다

⑦ **目的** '的'가 조사로 쓰일 경우에는 de로 읽지만, '目的'의 '的'는 dì로 읽는다

⑧ **保持** 3성의 성조 변화 주의! 3성 뒤에 2성이 올 경우 반3성+2성으로 읽는다

⑨ **行为** '行'과 '为' 모두 다음자로, '行'은 xíng, '为'는 wéi로 읽어야 한다

⑩ **不用** '不'의 성조 변화 주의! '不' 뒤에 4성이 오면 2성으로 바꿔서 읽는다

STEP 2 내공 쌓기

중국어를 처음 배우는 기초 단계와 초급 단계에서 발음 연습을 많이 했더라도, HSKK 고급을 준비하는 많은 수험생들은 여전히 중국어 발음을 많이 어려워한다. 특히 우리말에는 없는 일부 생소한 중국어 발음을 잘못 발음할 경우, 고득점을 받기 어렵다. 이 단원에서는 틀리기 쉬운 발음들을 연습 어휘 및 연습 문장과 함께 정리해 두었다. 실제 시험에서도 익숙하게 낭독할 수 있도록 평소에 소리 내어 많이 읽어 보자.

1 yu / ü 발음

'ü' 발음을 할 때 우리말의 '위'와 흡사한 소리를 내지만 처음부터 끝까지 둥글게 모은 입술 모양을 그대로 유지해야 한다. 또한 'j', 'q', 'x', 'y' 뒤에 'ü'가 왔을 때 두 점을 빼고 'u'로 표기하므로 'u(우)'로 발음하지 않도록 주의하자.

(1) yu/ü 발음 연습 어휘 ● track 202

□ 于是	yúshì	접 그래서	□ 顾虑	gùlǜ	동 고려하다
□ 遇到	yùdào	동 만나다	□ 培训	péixùn	동 훈련하다
□ 预习	yùxí	동 예습하다	□ 戏剧	xìjù	명 연극
□ 业余	yèyú	형 여가의	□ 情绪	qíngxù	명 정서, 기분
□ 语言	yǔyán	명 언어	□ 领域	lǐngyù	명 영역
□ 钓鱼	diàoyú	동 낚시하다	□ 失去	shīqù	동 잃다
□ 教育	jiàoyù	동 교육하다	□ 沮丧	jǔsàng	동 실망하다
□ 给予	jǐyǔ	동 주다	□ 电视剧	diànshìjù	명 TV 드라마
□ 娱乐	yúlè	명 오락	□ 邻居	línjū	명 이웃
□ 羽毛球	yǔmáoqiú	명 배드민턴	□ 汇率	huìlǜ	명 환율
□ 关于	guānyú	개 ~에 관해서	□ 红绿灯	hónglǜdēng	명 신호등
□ 汉语	Hànyǔ	고유 중국어	□ 美女	měinǚ	명 미녀
□ 终于	zhōngyú	부 결국, 마침내	□ 郎才女貌	lángcái nǚmào	성 잘 어울리는 부부
□ 不亚于	búyàyú	~에 못지 않다	□ 孙女	sūnnǚ	명 손녀
□ 毫不犹豫	háobùyóuyù	성 전혀 주저하지 않다	□ 采取	cǎiqǔ	동 채택하다
□ 旅馆	lǚguǎn	명 여관	□ 地区	dìqū	명 지역
□ 过滤	guòlǜ	동 여과하다	□ 谦虚	qiānxū	형 겸허하다
□ 屡次	lǚcì	부 누차, 자주	□ 英俊	yīngjùn	형 재능이 출중하다
□ 情侣	qínglǚ	명 애인	□ 吸取	xīqǔ	동 흡수하다
□ 履行	lǚxíng	동 실행하다	□ 公寓	gōngyù	명 아파트
□ 出生率	chūshēnglǜ	명 출생률	□ 去除	qùchú	동 제거하다
□ 律师	lǜshī	명 변호사	□ 曲折	qūzhé	형 구불구불하다
□ 伴侣	bànlǚ	명 배우자	□ 规矩	guīju	명 규율

(2) yu/ü 발음 연습 문장 ● track 203

- 虽然哥哥是个业余歌手，但他的实力不亚于专业歌手。
  오빠는 비록 아마추어 가수이지만, 그의 실력은 전문 가수 못지 않다.

- 从小到大，父母给予了我无限的关爱与支持。
  어릴 때부터 부모님은 나에게 무한한 사랑과 지지를 보내주셨다.

- 关于经理辞职的事，我早就有所耳闻了。
  지배인이 사직한 일에 관해 나는 이미 들은 바가 있다.

- 每次我遇到困难，朋友总是毫不犹豫地帮助我。
  매번 내가 어려움을 맞닥뜨릴 때 친구는 항상 주저하지 않고 나를 돕는다.

- 听说张家的女儿大学毕业后，开了一家律师事务所。
  듣자하니 장씨네 딸이 대학 졸업 후, 변호사 사무실을 차렸다고 한다.

- 小冰经过了多年的奋斗，终于当上了电视剧女主角。
  샤오빙은 여러 해 고군분투하여 마침내 드라마 여자 주인공이 되었다.

- 这对情侣在十年的爱情长跑后，终于走入了婚姻的殿堂。
  이 커플은 10년의 장기간 열애 끝에 마침내 결혼식장에 들어섰다.

2 yue/üe 발음

'yu'와 'ü'를 발음할 때는 둥글게 모은 입술 모양을 그대로 유지하면서 '위'라고 발음하고 그 다음 'e'는 '에'라고 발음한다.

(1) yue/üe 발음 연습 어휘　◉ track 204

☐ 越来越	yuèláiyuè	부 점점, 갈수록		☐ 略知一二	lüè zhī yī èr	성 조금 알다
☐ 月食	yuèshí	명 월식		☐ 的确	díquè	부 확실히
☐ 乐器	yuèqì	명 악기		☐ 缺点	quēdiǎn	명 결점
☐ 阅读	yuèdú	동 읽다		☐ 挖掘	wājué	동 발굴하다
☐ 隐隐约约	yǐnyǐnyuēyuē	형 어렴풋하다		☐ 策略	cèlüè	명 책략
☐ 月亮	yuèliang	명 달		☐ 战略	zhànlüè	명 전략
☐ 公约	gōngyuē	명 공약, 계약		☐ 侵略	qīnlüè	동 침략하다
☐ 制约	zhìyuē	동 제약하다		☐ 掠夺	lüèduó	동 약탈하다
☐ 大约	dàyuē	부 대략		☐ 忽略	hūlüè	동 소홀히 하다
☐ 节约	jiéyuē	동 절약하다		☐ 领略	lǐnglüè	동 깨닫다, 이해하다
☐ 音乐	yīnyuè	명 음악		☐ 明确	míngquè	형 명확하다
☐ 约会	yuēhuì	동 데이트하다		☐ 洞穴	dòngxué	명 동굴
☐ 省略	shěnglüè	동 생략하다		☐ 角色	juésè	명 배역

(2) yue/üe 발음 연습 문장　◉ track 205

· 雪下得越来越大，人们回家的脚步也越来越快了。
　눈이 점점 많이 내리면서 사람들의 집에 돌아가는 발걸음도 점점 빨라졌다.

· 从小，老师就告诉我们：“节约是一种美德”，要懂得节约。
　어릴 때부터 선생님은 우리에게 "절약은 미덕이다"라며, 절약을 할 줄 알아야 한다고 알려 주셨다.

· 我受不了男朋友约会总是迟到，就跟他提出了分手。
　나는 남자 친구가 데이트에 항상 늦는 것을 참을 수가 없어 그에게 헤어지자고 했다.

· 阅读不仅让我们获得新知识，也让我们的生活更充实。
　독서하는 것은 우리에게 새로운 지식을 얻게 할 뿐만 아니라, 우리의 생활을 더 풍부하게 한다.

· 我隐隐约约记得一些童年发生的有趣的事情。
　나는 어린 시절에 일어난 재미있는 일들이 어렴풋이 기억이 난다.

· 自从银行开办了快捷业务，百姓办卡省略了很多手续。
　은행에서 간편 업무가 개설되면서부터 국민들이 카드를 발급 받을 때 많은 수속이 생략되었다.

· 国家采取了一系列有效的策略，降低房价。
　국가가 일련의 효과적인 전략을 채택하여 집값을 내렸다.

3 z/zh 발음

설치음 'z'와 권설음 'zh'는 발음할 때 혀의 위치가 다르다. 'z'는 혀끝을 윗니 뒤쪽에 마찰시켜 발음하고, 'zh'는 말아 올린 혀끝을 치아 뒤가 아닌 입천장에 두어야 정확한 발음을 낼 수 있다. 이 때, 혀를 입천장에 완전히 붙이지 않고 약간의 공간을 두고 발음을 해야 한다.

(1) z/zh 발음 연습 어휘　● track 206

□ 发展	fāzhǎn	동 발전하다	□ 制造	zhìzào	동 제조하다
□ 分钟	fēnzhōng	명 분	□ 责任	zérèn	명 책임
□ 通知	tōngzhī	동 통지하다	□ 赞美	zànměi	동 찬미하다
□ 护照	hùzhào	명 여권	□ 砸碎	zásuì	동 때려 부수다
□ 或者	huòzhě	부 아마, 어쩌면	□ 宗教	zōngjiào	명 종교
□ 接着	jiēzhe	부 이어서	□ 暂停	zàntíng	동 정지하다
□ 网站	wǎngzhàn	명 웹사이트	□ 总是	zǒngshì	부 늘, 줄곧
□ 专业	zhuānyè	명 전공	□ 自然而然	zìrán'érrán	저절로
□ 炸弹	zhàdàn	명 폭탄	□ 糟糕	zāogāo	동 망치다
□ 禁止	jìnzhǐ	동 금지하다	□ 选择	xuǎnzé	동 선택하다
□ 其中	qízhōng	명 그중	□ 钻石	zuànshí	명 다이아몬드
□ 签证	qiānzhèng	명 비자	□ 污渍	wūzì	명 얼룩, 때
□ 中国	Zhōngguó	고유 중국	□ 赠送	zèngsòng	동 증정하다
□ 挫折	cuòzhé	명 좌절	□ 民族	mínzú	명 민족
□ 只有	zhǐyǒu	접 오직 ~해야만	□ 暂时	zànshí	명 잠시
□ 真正	zhēnzhèng	형 진정한, 참된	□ 综合	zōnghé	명 종합

(2) z/zh 발음 연습 문장　● track 207

- 中国有五十六个民族，其中少数民族有五十五个。
  중국은 56개의 민족이 있고, 그중 소수 민족이 55개가 있다.

- 这条马路这几天正在施工，所以道路封闭，禁止车辆通行。
  이 도로는 며칠 동안 공사 중이라 도로가 폐쇄되고 차량 통행을 금지한다.

- 父母承担着养育子女的责任，老师承担着教书育人的责任。
  부모는 자녀를 양육하는 책임을 지고, 선생님은 지식을 가르치고 인성을 길러주는 책임을 진다.

- 经过一番努力，他终于收到了北京大学的录取通知书。
  노력 끝에 그는 마침내 베이징 대학 합격 통지서를 받았다.

- 任何困难和挫折都是暂时的，只要坚持下去，就会胜利！
  어떠한 어려움과 좌절 모두 잠시 뿐이고, 끝까지 버텨 나간다면 반드시 승리할 것이다!

- 老爷爷省吃俭用，用攒下来的钱资助了三名大学生。
  할아버지는 아껴 모은 돈으로 3명의 대학생을 도와 주셨다.

- 真正的朋友，就是把你看透了，还能喜欢你的人。
  진정한 친구란 바로 당신을 꿰뚫어보고 그래도 당신을 좋아할 수 있는 사람이다.

- 很多材料显示，绝大多数的生活用品都离不开"中国制造"。
  많은 재료에서 절대다수의 생활용품이 모두 '중국 제조(메이드 인 차이나)'와 떼려야 뗄 수 없다는 것을 보여 준다.

- 做父母的，要尊重孩子的意愿，多听听孩子的心里话。
  부모 된 사람은 아이의 의사를 존중하고 아이의 속마음을 많이 들어야 한다.

- 只有通过综合考试，才能顺利从这所学校毕业。
  종합시험에 통과해야만 이 학교를 순조롭게 졸업할 수 있다.

4 c / ch 발음

설치음 'c'는 혀끝을 위의 앞니 안쪽에 마찰시켜 발음해야 하고, 권설음 'ch'는 혀끝의 위치를 설치음 'c'보다 더 뒤쪽으로 밀어 입천장을 이용하여 발음해야 한다. 한국인들은 이 발음에 익숙하지 않다 보니 신경 쓰지 않으면 권설음 'ch' 발음이 설치음 'c'가 될 수 있으니 주의해야 한다.

(1) c / ch 발음 연습 어휘 ● track 208

□ 到处	dàochù	몡 도처	□ 促进	cùjìn	동 촉진하다
□ 警察	jǐngchá	몡 경찰	□ 苍白	cāngbái	혱 생기가 없다
□ 过程	guòchéng	몡 과정	□ 层次	céngcì	몡 단계
□ 好吃	hǎochī	혱 맛있다	□ 刺激	cìjī	동 자극하다
□ 牙齿	yáchǐ	몡 치아	□ 赐给	cì gěi	~에게 하사하다
□ 坚持	jiānchí	동 견지하다	□ 词语	cíyǔ	몡 단어
□ 检查	jiǎnchá	동 조사하다	□ 搓擦	cuōcā	동 비비다
□ 经常	jīngcháng	뷔 자주	□ 隐藏	yǐncáng	동 숨기다
□ 垂直	chuízhí	몡 수직	□ 脆弱	cuìruò	동 취약하다
□ 起床	qǐchuáng	동 일어나다	□ 仓库	cāngkù	몡 창고
□ 清楚	qīngchu	혱 분명하다	□ 粗糙	cūcāo	혱 투박하다, 거칠다
□ 推迟	tuīchí	동 늦추다	□ 辞职	cízhí	동 사직하다
□ 乘坐	chéngzuò	동 타다	□ 蹭饭	cèng fàn	밥을 얻어먹다
□ 宠物	chǒngwù	몡 반려동물, 애완동물	□ 匆忙	cōngmáng	혱 매우 바쁘다
□ 迟到	chídào	동 늦다	□ 彼此	bǐcǐ	몡 상호, 서로
□ 传真	chuánzhēn	몡 팩스	□ 彩虹	cǎihóng	몡 무지개
□ 产品	chǎnpǐn	몡 상품	□ 参与	cānyù	동 참여하다
□ 产生	chǎnshēng	동 생기다	□ 餐饮业	cānyǐnyè	몡 요식업
□ 吵架	chǎojià	동 싸우다	□ 操纵	cāozòng	동 조작하다
□ 非常	fēicháng	뷔 매우, 아주	□ 餐厅	cāntīng	몡 식당
□ 成绩	chéngjì	몡 성적	□ 措施	cuòshī	몡 조치
□ 自助餐	zìzhùcān	몡 뷔페	□ 采取	cǎiqǔ	동 취하다, 채택하다

(2) c / ch 발음 연습 문장 ● track 209

· 这家"网红餐厅"环境优美，价格实惠，非常值得一去。
  이 '(인터넷에서) 인기 있는 식당'은 환경이 좋고 가격은 실속이 있어 한 번은 가 볼 만하다.

· 我的肠胃不太好，所以平时要少吃辛辣的，以免刺激肠胃。
  나는 위가 그다지 좋지 않아서 평소에 매운 것을 적게 먹어 위를 자극시키지 않아야 한다.

· 工作中出了问题时，经理总能及时采取措施，进行弥补。
  업무 중에 문제가 생겼을 때, 사장은 항상 제때 조치를 취하고 보완을 할 수 있다.

· 冬天的时候，哈尔滨到处都是冰天雪地，因此被称为"冰城"。
  겨울에 하얼빈은 주위가 온통 얼음과 눈으로 뒤덮여서, '얼음 도시'라고 불린다.

· 减肥的过程会很辛苦，但是结果一定是美好的。
  다이어트 과정은 아주 고되지만 결과는 분명 좋다.

- 如果你认为考驾照没有用，那就真的大错特错了。
  만약 운전면허를 따는 것이 소용이 없다고 생각하면 큰 오산이다.

- 家里条件不好，没钱买衣服，妹妹只能凑合穿姐姐穿过的衣服。
  집안 형편이 좋지 않아 옷을 살 돈이 없어 여동생은 아쉬운 대로 언니가 입었던 옷을 입을 수밖에 없다.

- 姐姐的成绩在班上一直都名列前茅，比弟弟强多了。
  누나의 성적은 반에서 줄곧 상위권이어서, 남동생보다 훨씬 낫다.

- 每天吃面条都吃腻了，我们今天吃自助餐怎么样?
  매일 국수를 먹는 것도 질리는데 우리 오늘은 뷔페 먹는 거 어때요?

- 酒后驾车非常危险，发生车祸的概率非常大。
  음주 후 차를 운전하는 것은 매우 위험하며 차량 사고가 발생할 확률이 매우 크다.

5 s/sh 발음

설치음 's'는 혀끝을 윗니 안쪽 부분에 닿지 않게 두고 혀끝과 윗니 사이 공간으로 공기를 내보내며 발음하고, 권설음 'sh'는 혀끝을 윗니 뒤쪽의 입천장에 두고 공간을 두어 공기를 내보내면서 발음해야 한다.

(1) s/sh 발음 연습 어휘 ● track 210

□	发烧	fāshāo	동 열이 나다	□	事物	shìwù	명 사물
□	扇贝	shànbèi	명 가리비	□	擅长	shàncháng	동 뛰어나다
□	故事	gùshi	명 이야기	□	删除	shānchú	동 삭제하다
□	合适	héshì	형 적합하다	□	扫描	sǎomiáo	동 스캔하다
□	护士	hùshi	명 간호사	□	散步	sànbù	동 산책하다
□	勺子	sháozi	명 수저	□	类似	lèisì	형 비슷하다
□	技术	jìshù	명 기술	□	司机	sījī	명 기사
□	摄影展	shèyǐngzhǎn	명 사진전	□	丝绸	sīchóu	명 비단
□	睡着	shuìzháo	동 잠이 들다	□	骚扰	sāorǎo	동 교란하다
□	瞬间	shùnjiān	명 순간	□	塑料袋	sùliàodài	명 비닐봉지
□	教授	jiàoshòu	명 교수	□	颜色	yánsè	명 색깔
□	拴	shuān	동 묶다	□	随着	suízhe	개 ~에 따라
□	结束	jiéshù	동 끝나다	□	孙子	sūnzi	명 손자
□	解释	jiěshì	동 설명하다	□	搜索	sōusuǒ	동 검색하다
□	青少年	qīngshàonián	명 청소년	□	酸	suān	형 시다
□	考试	kǎoshì	명 시험	□	倾诉	qīngsù	동 다 털어놓다
□	设施	shèshī	명 시설	□	丝毫	sīháo	명 극히 적은 수량
□	老师	lǎoshī	명 선생님	□	嫂子	sǎozi	명 형수
□	沙发	shāfā	명 소파	□	思想	sīxiǎng	명 생각, 견해
□	上班	shàngbān	동 출근하다	□	色彩	sècǎi	명 색채
□	稍微	shāowēi	부 조금, 약간	□	隐私	yǐnsī	명 사생활
□	束缚	shùfù	명 속박	□	撒谎	sāhuǎng	동 거짓말을 하다
□	申请	shēnqǐng	동 신청하다	□	丧失	sàngshī	동 상실하다
□	缺少	quēshǎo	동 모자라다	□	雨伞	yǔsǎn	명 우산

□ 风俗	fēngsú	몡 풍속	□ 丝绸之路	sīchóuzhīlù	몡 실크로드
□ 森林	sēnlín	몡 삼림	□ 蒜	suàn	몡 마늘
□ 损失	sǔnshī	동 손해보다	□ 潇洒	xiāosǎ	혱 말쑥하고 멋스럽다
□ 相似	xiāngsì	동 비슷하다	□ 俗话	súhuà	몡 속담
□ 散场	sànchǎng	동 해산하다	□ 比赛	bǐsài	몡 대회, 시합

(2) s/sh 발음 연습 문장 ◉ track 211

- 精彩的网络世界，为青少年提供了很多便利。
  멋진 인터넷 세계는 청소년에게 많은 편의를 제공했다.

- 我们要保护环境，清除白色污染，少用塑料袋。
  우리는 환경을 보호하고 백색 오염을 완전히 없애고 비닐봉지를 적게 사용해야 한다.

- 丝绸之路起始于古代中国，是一条促进东西文化交流的途径。
  실크로드는 고대 중국에서 시작된 것으로, 동서 문화 교류를 촉진하는 길이다.

- 洪水到来之前，要做好防护，这样才能降低损失。
  홍수가 나기 전에 방어를 잘 해야 손실을 줄일 수 있다.

- 王老师现在不在，请你稍微等一会儿，他马上就回来了。
  왕 선생님은 지금 안 계시니 조금만 기다려 주세요. 곧 돌아오실 겁니다.

- 和男友分手后，我把他的所有信息和照片都删除了。
  남자 친구와 헤어진 후 나는 그의 모든 메시지와 사진을 삭제했다.

- 我不喜欢吃葱、姜、蒜等刺激性很强的东西。
  나는 파, 생강, 마늘 등과 같이 자극성이 강한 것을 좋아하지 않는다.

- 我很羡慕姐姐总是那么潇洒，不在意别人的眼光。
  나는 항상 소탈하고 남의 눈을 의식하지 않는 언니가 부럽다.

- 俗话说："人不可貌相"，内在美比外在美更重要。
  '사람은 외모로 판단할 수 없다'는 속담이 있을 정도로 외적인 아름다움보다 내적인 아름다움이 더 중요하다.

- 这场辩论比赛非常激烈，双方你不让我，我不让你，太精彩了。
  이 토론 대회는 매우 격렬하고, 쌍방이 서로 양보하지 않아서 매우 볼만하다.

6 r/l 발음

'r'는 권설음 중에서 가장 어려운 부분이다. 특히 'l'와 혼동해서 발음할 수 있으니 주의해서 읽어야 한다. 'r'는 혀끝을 입천장 가까이 대고 발음하며, 'l'는 혀끝을 세워서 윗잇몸에 붙이고 우리말 받침 'ㄹ'에 가깝게 발음 한다.

(1) r/l 발음 연습 어휘 ◉ track 212

□ 既然	jìrán	젭 기왕 그렇게 된 이상	□ 偷懒	tōulǎn	동 게으름 피우다
□ 节日	jiérì	몡 기념일	□ 锋利	fēnglì	혱 날카롭다
□ 竟然	jìngrán	뭐 결국, 마침내	□ 围栏	wéilán	몡 울타리
□ 仍然	réngrán	뭐 변함없이	□ 寒冷	hánlěng	혱 몹시 춥다
□ 利润	lìrùn	몡 이윤	□ 耳聋	ěrlóng	혱 귀가 먹다
□ 人类	rénlèi	몡 인류	□ 临时	línshí	동 때에 이르다
□ 例如	lìrú	동 예를 들다	□ 炉灶	lúzào	몡 부뚜막

□ 比如	bǐrú	동 예를 들다	□ 大陆	dàlù	명 대륙, 중국 대륙
□ 如果	rúguǒ	접 만약	□ 录取	lùqǔ	동 채용하다
□ 内容	nèiróng	명 내용	□ 乌龙茶	wūlóngchá	명 우롱차
□ 生日	shēngrì	명 생일	□ 铃铛	língdang	명 방울
□ 突然	tūrán	부 갑자기	□ 混乱	hùnluàn	형 혼란하다
□ 污染	wūrǎn	명 오염	□ 泛滥	fànlàn	동 범람하다
□ 打扰	dǎrǎo	동 방해하다	□ 劳动	láodòng	명 노동
□ 认识	rènshi	동 알다, 인식하다	□ 灵魂	línghún	명 영혼
□ 热烈	rèliè	형 열렬하다	□ 乐观	lèguān	형 낙관적이다
□ 日期	rìqī	명 날짜	□ 华丽	huálì	형 화려하다
□ 不如	bùrú	동 ~만 못하다	□ 弯路	wānlù	명 우회로
□ 承认	chéngrèn	동 시인하다	□ 概率为零	gàilǜ wéi líng	가능성이 없다
□ 宽容	kuānróng	동 관용하다	□ 努力	nǔlì	동 노력하다
□ 大鱼大肉	dàyú dàròu	성 푸짐한 음식	□ 未来	wèilái	명 미래

(2) r/l 발음 연습 문장 ● track 213

- 既然改变不了过去，那么就接受过去，并努力改变未来。
  과거를 바꿀 수 없는 이상, 과거를 받아들이고 미래를 바꾸려고 노력한다.

- 空气污染、水污染、以及噪音污染对人类和地球造成了很大危害。
  공기 오염, 수질 오염 및 소음 공해는 인류와 지구에 커다란 해를 끼쳤다.

- 话剧表演谢幕后，台下响起了一阵又一阵热烈的掌声。
  연극 공연이 막을 내린 후, 무대 아래에서 열렬한 박수 소리가 울려 퍼졌다.

- 在经理的一再追问下，小李承认了自己挪用公款的事实。
  사장의 거듭된 추궁 아래 샤오리는 자신이 공금을 유용한 사실을 시인했다.

- 每天傍晚，楼下都有人大声唱歌，这严重打扰了居民休息。
  저녁마다 아래층에서 큰 소리로 노래를 불러 주민의 휴식을 심각하게 방해했다.

- 人体的正常需求未必要大鱼大肉才能满足，简单的饮食也可以满足。
  인체의 정상적인 수요는 반드시 푸짐한 음식이 있어야만 만족할 수 있는 것이 아니라 간단한 음식으로도 만족할 수 있다.

- 谦让是一种美德，多谦让，多宽容，社会才会更温暖。
  양보는 미덕이며, 많이 양보하고 많이 관용을 베풀면 사회는 더 따뜻해질 것이다.

- 对于灵魂这个话题，不同的民族与宗教有不同的解释。
  영혼이라는 이 주제에 대해 서로 다른 민족과 종교는 다른 해석을 가지고 있다.

- 球员们一致向裁判表示抗议，导致现场一片混乱。
  선수들이 일제히 심판에게 항의를 해 현장은 아수라장이 됐다.

- 在社会生活中，每个人都在尽可能地避免走弯路。
  사회 생활에서 모든 사람들은 시행착오 겪는 것을 가능한 피한다.

7 儿 발음

권설 운모 '儿'은 한국어에는 없는 발음이기 때문에 많은 학생들이 자연스럽게 발음하지 못하는 부분이다. 'n', 'g', 'ng' 발음으로 끝나는 단어 뒤에 '儿'이 오면 'n', 'g', 'ng' 발음을 빼고 운모에 이어서 읽어주자.

(1) 儿 발음 연습 어휘　● track 214

□ 哪儿	nǎr	때 어디, 어느 곳	□ 一点儿	yìdiǎnr	수량 조금, 약간
□ 那儿	nàr	때 그곳	□ 门口儿	ménkǒur	명 현관
□ 干活儿	gànhuór	동 일을 하다	□ 小偷儿	xiǎotōur	명 좀도둑
□ 唱歌儿	chànggēr	동 노래를 부르다	□ 小孩儿	xiǎoháir	명 어린아이
□ 果汁儿	guǒzhīr	명 과일주스, 과일즙	□ 没空儿	méikòngr	동 여유가 없다
□ 名片儿	míngpiànr	명 명함	□ 串儿	chuànr	명 꼬치
□ 项链儿	xiàngliànr	명 목걸이	□ 纳闷儿	nàmènr	동 속이 터진다
□ 一下儿	yíxiàr	수량 좀 ~하다	□ 一会儿	yíhuìr	명 잠시, 잠깐 동안
□ 高手儿	gāoshǒur	명 고수, 달인	□ 聊天儿	liáotiānr	동 이야기하다, 잡담하다
□ 俗话儿	súhuàr	명 속담, 옛말	□ 费劲儿	fèijìnr	동 힘이 들다, 애를 쓰다
□ 墨水儿	mòshuǐr	명 먹물, 잉크, 물감	□ 纽扣儿	niǔkòur	명 단추
□ 使劲儿	shǐjìnr	동 힘을 쓰다, 힘을 내다	□ 玩意儿	wányìr	명 장난감
□ 馅儿	xiànr	명 (만두 등의) 소	□ 心眼儿	xīnyǎnr	명 내심, 마음속
□ 大伙儿	dàhuǒr	때 모두들, 모든 사람	□ 儿子	érzi	명 아들
□ 女儿	nǚ'ér	명 딸	□ 婴儿	yīng'ér	명 영아, 젖먹이, 아기
□ 儿童	értóng	명 아동	□ 幼儿园	yòu'éryuán	명 유아원, 유치원
□ 跑腿儿	pǎotuǐr	동 여기저기 뛰어다니며 심부름하다	□ 小窍门儿	xiǎoqiàoménr	명 요령, 비법

(2) 儿 발음 연습 문장　● track 215

- 小亮干活儿总是磨磨蹭蹭的，经常挨老板批。
  샤오량은 일을 하면서 늘 꾸물거려서 사장에게 종종 꾸지람을 듣는다.

- 大年三十的时候，家家门口儿都贴上了春联和福字。
  섣달그믐날 집집마다 춘련과 '福(복)'자가 붙었다.

- 这条珍珠项链儿是姥姥传给她的，她一直舍不得戴。
  이 진주 목걸이는 외할머니가 그녀에게 물려준 것으로 그녀는 줄곧 착용하는 것을 아까워했다.

- 妹妹是个开心果，哪儿有她，哪儿就充满了欢声笑语。
  여동생은 재롱둥이로, 그녀가 있는 곳마다 즐거운 웃음소리와 말소리로 가득 찼다.

- 父母没时间带小孩儿，就把孩子送到幼儿园，或者爷爷奶奶家。
  부모는 아이를 데리고 있을 시간이 없어서 아이를 유치원이나 할아버지 할머니 집에 데려다 준다.

- 生活中，只要你留心，就会发现很多生活小窍门儿。
  생활하면서 당신이 주의를 기울이기만 한다면, 많은 생활의 비법을 발견할 수 있다.

- 浩明很勤快，经常帮爷爷奶奶跑腿儿，去市场买东西。
  하오밍은 부지런해서 항상 할아버지와 할머니를 도와 심부름을 하고 시장에 가서 물건을 산다.

背	bēi	통 (등에) 짊어지다, (책임·부담 등을) 지다	**背包** bēibāo 명 배낭 | **背包袱** bēi bāofu 정신적으로 부담을 가지다
	bèi	명 등, (사물의) 뒷면 통 암기하다	**后背** hòubèi 명 등 | **背景** bèijǐng 명 배경 **背诵** bèisòng 통 암송하다
奔	bēn	통 내달리다	**奔驰** bēnchí 통 질주하다 | **奔跑** bēnpǎo 통 분주히 싸다니다
	bèn	통 (어떤 힘을 위해) 힘쓰다	**投奔** tóubèn 통 의탁하다 | **奔命** bènmìng 통 죽을 힘을 다하다
便	biàn	형 편리하다	**方便** fāngbiàn 형 편리하다 | **便利** biànlì 형 편리하다 **顺便** shùnbiàn 부 ~하는 김에
	pián	'便宜(저렴하다)'의 구성자	**便宜** piányi 형 저렴하다
藏	cáng	통 간직하다 통 감추다	**收藏** shōucáng 통 수집하다 | **躲藏** duǒcáng 통 피하다 **藏而不露** cáng ér bú lòu 깊이 감추다
	zàng	고유 티베트 명 창고, 저장소	**西藏** Xīzàng 고유 티베트 **宝藏** bǎozàng 명 지하자원
差	chā	명 잘못, 실수	**差错** chācuò 명 착오 | **差别** chābié 명 차별, 차이
	chāi	통 (사람을) 보내다	**出差** chūchāi 통 출장하다
	chà	형 다르다, 차이가 나다	**差不多** chàbuduō 형 비슷하다 | **相差** xiāngchà 통 서로 다르다
长	cháng	형 길다	**长度** chángdù 명 길이 | **长久** chángjiǔ 형 장구하다 **长城** Chángchéng 고유 만리장성
	zhǎng	통 자라다 형 나이가 많다	**生长** shēngzhǎng 통 성장하다 | **成长** chéngzhǎng 통 성장하다 **长辈** zhǎngbèi 명 손윗사람
场	cháng	명 마당 양 차례, 바탕(자연 현상)	**场院** chángyuàn 명 마당 **下一场雨** xià yì cháng yǔ 비가 한 차례 내리다
	chǎng	명 장소 양 차례, 회(체육 활동)	**操场** cāochǎng 명 운동장 | **市场** shìchǎng 명 시장 **一场比赛** yì chǎng bǐsài 한 경기
朝	cháo	명 왕조 고유 조선족	**朝代** cháodài 명 왕조의 연대 **朝鲜族** Cháoxiānzú 고유 조선족
	zhāo	명 이른 아침	**朝阳** zhāoyáng 명 아침 해 **朝思暮想** zhāosī mùxiǎng 성 아침저녁으로 생각하다
称	chēng	명 명칭 통 칭찬하다 통 부르다	**名称** míngchēng 명 이름, 명칭 **称赞** chēngzàn 통 칭찬하다 **称呼** chēnghu 명 호칭
	chèn	통 어울리다, 부합하다	**对称** duìchèn 명 대칭 | **称心如意** chènxīn rúyì 성 마음에 꼭 들다
处	chǔ	통 처리하다 통 거주하다 통 처하다	**处理** chǔlǐ 통 처리하다 | **相处** xiāngchǔ 통 함께 살다 **处境** chǔjìng 명 (처한) 상태 | **处置** chǔzhì 통 처리하다
	chù	명 점, 부분 명 곳, 장소 명 처	**好处** hǎochù 명 장점 | **去处** qùchù 명 행선지 **办事处** bànshìchù 명 사무소 | **到处** dàochù 명 도처
传	chuán	통 전파하다 통 전염되다	**传单** chuándān 명 전단 | **传真** chuánzhēn 명 팩스 **传染** chuánrǎn 통 전염하다
	zhuàn	명 전기(傳記)	**传记** zhuànjì 명 전기 | **自传** zìzhuàn 명 자서전

创	chuāng	명 상처	创伤 chuāngshāng 명 외상 重创 zhòngchuāng 동 중상을 입다
	chuàng	동 시작하다, 창조하다	创作 chuàngzuò 동 창작하다 ǀ 创立 chuànglì 동 창립하다 创新 chuàngxīn 동 창조하다
大	dà	형 크다, 많다 형 상대방과 관련되는 사물 앞에 붙여 경의를 나타냄	大众 dàzhòng 명 대중 ǀ 大家 dàjiā 대 모두 大约 dàyuē 부 대략 大名 dàmíng 명 명망
	dài	'大(dà)'와 동의어	大夫 dàifu 명 의사 ǀ 山大王 shāndàiwáng 명 산적의 두목
担	dān	동 맡다, 부담하다	负担 fùdān 명 부담 ǀ 担心 dānxīn 동 걱정하다 担任 dānrèn 동 담당하다
	dàn	명 짐	担子 dànzi 명 짐 ǀ 挑担 tiāodàn 동 물건을 메다
当	dāng	형 비슷하다 동 ~가 되다 개 바로 그 시간	相当 xiāngdāng 형 비슷하다 ǀ 当老师 dāng lǎoshī 선생님이 되다 当时 dāngshí 명 당시
	dàng	형 적합하다 명 속임수	适当 shìdàng 형 적당하다 ǀ 恰当 qiàdàng 형 알맞다 上当 shàngdàng 동 속다
倒	dǎo	동 넘어지다 동 바꾸다 동 파산하다	倒霉 dǎoméi 형 재수 없다 ǀ 颠倒 diāndǎo 동 뒤바뀌다 倒闭 dǎobì 동 도산하다
	dào	동 쏟다 동 후퇴하다	倒水 dàoshuǐ 동 물을 쏟다 ǀ 倒退 dàotuì 동 후퇴하다
得	dé	동 얻다	得到 dédào 동 얻다 ǀ 得当 dédàng 형 타당하다
	děi	조동 ~해야 한다	我得走了 wǒ děi zǒu le 나는 가야 한다
	de	조 동사와 보어 사이에 쓰임	跑得快 pǎo de kuài 빨리 달린다
的	de	조 ~의(주어·목적어 수식)	你的 nǐ de 너의 ǀ 我的妈妈 wǒ de māma 나의 엄마
	dí	형 확실한	的确 díquè 부 확실히, 정말
	dì	명 목표 형 명확하다	目的 mùdì 명 목적 ǀ 有的放矢 yǒudì fàngshǐ 성 목표가 명확하다
地	de	조 동사·형용사를 수식할 경우에 쓰임	高兴地笑了 gāoxìng de xiào le 즐겁게 웃었다 热情地欢迎 rèqíng de huānyíng 열정적으로 환영하다
	dì	명 땅, 육지	地势 dìshì 명 지세 ǀ 地理 dìlǐ 명 지리 ǀ 地方 dìfang 명 장소
调	diào	동 조사하다 명 음조, 어조 명 성조	调查 diàochá 동 조사하다 ǀ 调度 diàodù 동 지도하다 音调 yīndiào 명 음조 ǀ 强调 qiángdiào 동 강조하다
	tiáo	동 조정하다 동 고루 섞다	调整 tiáozhěng 동 조정하다 ǀ 调节 tiáojié 동 조절하다 空调 kōngtiáo 명 에어컨 调料 tiáoliào 명 조미료
都	dōu	부 모두	都是 dōu shì 모두 ~이다 ǀ 都去 dōu qù 모두 가다 我们都 wǒmen dōu 우리 모두
	dū	명 수도, 도시	首都 shǒudū 명 수도 ǀ 都市 dūshì 명 도시
恶	è	명 악행 형 흉악하다	罪恶 zuì'è 명 죄악 ǀ 恶劣 èliè 형 아주 나쁘다 丑恶 chǒu'è 형 추악하다
	ě	'恶心(구역질이 나다)'의 구성자	恶心 ěxin 동 구역질이 나다
	wù	동 미워하다	可恶 kěwù 형 가증스럽다 ǀ 厌恶 yànwù 동 혐오하다

发	fā	图 발사하다 图 발생하다	发射 fāshè 图 발사하다 ｜ 发生 fāshēng 图 발생하다 发烧 fāshāo 图 열이 나다
	fà	图 머리카락	理发 lǐfà 图 이발하다
分	fēn	图 나누다	分开 fēnkāi 图 갈라지다 ｜ 分寸 fēncun 图 적당한 정도 分手 fēnshǒu 图 헤어지다
	fèn	图 책임, 본분	充分 chōngfèn 图 충분하다 ｜ 过分 guòfèn 图 지나치다
干	gān	图 건조하다 图 말린 음식	干燥 gānzào 图 건조하다 ｜ 干脆 gāncuì 图 명쾌하다 饼干 bǐnggān 图 과자
	gàn	图 줄기 图 일을 하다	树干 shùgàn 图 나무줄기 ｜ 骨干 gǔgàn 图 골간 干活儿 gànhuór 图 일을 하다
更	gēng	图 바꾸다	更换 gēnghuàn 图 교체하다 ｜ 更正 gēngzhèng 图 잘못을 고치다 自力更生 zìlì gēngshēng 图 자력갱생하다
	gèng	图 더욱	更加 gèngjiā 图 더욱 더 ｜ 更好 gèng hǎo 더 좋다
好	hǎo	图 좋다 图 우호적이다	好人 hǎorén 图 좋은 사람 ｜ 好吃 hǎochī 图 맛있다 好友 hǎoyǒu 图 친한 친구
	hào	图 ~하기를 좋아하다	爱好 àihào 图 취미 ｜ 好恶 hàowù 图 좋음과 싫음 好客 hàokè 图 손님 접대를 좋아하다
喝	hē	图 마시다	喝水 hē shuǐ 물을 마시다 ｜ 喝酒 hē jiǔ 술을 마시다 喝醉 hēzuì 图 취하다
	hè	图 크게 외치다	喝彩 hècǎi 图 갈채하다 大喝一声 dàhè yìshēng 图 크게 호통 치다
和	hé	图 평화롭다 图 화목하다, 조화롭다	和平 hépíng 图 평화 和睦 hémù 图 화목하다 ｜ 和谐 héxié 图 잘 어울리다
	hè	图 따라하다	唱和 chànghè 图 호응하다 ｜ 附和 fùhè 图 남의 언행을 따라하다
	huó	图 섞다, 배합하다	和面 huó miàn 밀가루를 반죽하다 ｜ 和泥 huó ní 진흙을 이기다
还	huán	图 돌려주다, 갚다	还原 huányuán 图 환원하다 ｜ 还钱 huán qián 환불하다 还书 huán shū 책을 반납하다 ｜ 偿还 chánghuán 图 상환하다
	hái	图 아직, 아직도	还是 háishi 图 아직도 ｜ 还有 háiyǒu 图 그리고
几	jī	图 거의　图 작은 상	几乎 jīhū 图 거의 ｜ 茶几 chájī 图 찻상
	jǐ	图 몇	几天 jǐ tiān 며칠 ｜ 好几 hǎojǐ 图 여러, 몇
假	jiǎ	图 거짓의 图 가정하다	虚假 xūjiǎ 图 거짓의 ｜ 假装 jiǎzhuāng 图 가장하다 假设 jiǎshè 图 가정하다 ｜ 假如 jiǎrú 图 만약, 만일
	jià	图 휴가	放假 fàngjià 图 방학하다 ｜ 假期 jiàqī 图 휴일 暑假 shǔjià 图 여름방학 ｜ 寒假 hánjià 图 겨울방학
间	jiān	图 사이 图 방	时间 shíjiān 图 시간 房间 fángjiān 图 방 ｜ 洗手间 xǐshǒujiān 图 화장실
	jiàn	图 틈, 사이	间隔 jiàngé 图 간격, 사이 ｜ 间断 jiànduàn 图 중단되다 间谍 jiàndié 图 스파이

降	jiàng	통 떨어지다 통 내리다	下降 xiàjiàng 통 떨어지다 降低 jiàngdī 통 낮추다, 내리다 ㅣ 降临 jiànglín 통 강림하다
	xiáng	통 투항하다	投降 tóuxiáng 통 투항하다
教	jiāo	통 가르치다	教书 jiāoshū 통 수업하다 ㅣ 教汉语 jiāo Hànyǔ 중국어를 가르치다
	jiào	통 교육하다 명 교육	教学 jiàoxué 명 수업 ㅣ 教育 jiàoyù 명 교육 教材 jiàocái 명 교재 ㅣ 教室 jiàoshì 명 교실
结	jiē	통 열매를 맺다	结实 jiēshí 통 열매를 맺다 开花结果 kāi huā jiē guǒ 성 순조롭게 좋은 결과를 맺다
	jié	통 엉기다 통 매다, 묶다	团结 tuánjié 통 단결하다 ㅣ 结构 jiégòu 명 구조 结合 jiéhé 통 결합하다
禁	jīn	통 견디다	禁不住 jīnbuzhù 참지 못하다 ㅣ 禁不起 jīnbuqǐ 이겨 내지 못하다 不禁 bùjīn 견디지 못하다
	jìn	통 금하다 명 궁궐	禁止 jìnzhǐ 통 금지하다 ㅣ 禁忌 jìnjì 명 금기하다 紫禁城 Zǐjìnchéng 고유 자금성
卷	juǎn	통 말다, 감다 명 말아서 둥글게 한 것	卷报纸 juǎn bàozhǐ 신문지를 말다 行李卷儿 xínglijuǎnr 명 침낭 ㅣ 春卷 chūnjuǎn 명 춘권
	juàn	명 서화 명 시험지 명 서류	画卷 huàjuàn 명 두루마리 그림 试卷 shìjuàn 명 시험지 问卷 wènjuàn 명 앙케트, 설문지
卡	kǎ	명 트럭 명 카드	卡车 kǎchē 명 트럭 卡片 kǎpiàn 명 카드 ㅣ 刷卡 shuākǎ 통 카드로 결제하다
	qiǎ	명 초소, 관문 명 클립	关卡 guānqiǎ 명 세관 卡子 qiǎzi 명 클립
看	kān	통 돌보다	看门 kānmén 통 집을 보다 ㅣ 看护 kānhù 통 간호하다 看守 kānshǒu 통 관리하다
	kàn	통 보다 통 ~라고 판단하다	看书 kànshū 통 책을 읽다 ㅣ 看法 kànfǎ 명 견해 好看 hǎokàn 형 아름답다
空	kōng	명 하늘 형 없다	天空 tiānkōng 명 하늘 ㅣ 空气 kōngqì 명 공기 空前 kōngqián 형 전대미문의
	kòng	명 여백, 짬 겨를 통 비우다	空白 kòngbái 명 여백 ㅣ 有空儿 yǒu kòngr 틈(겨를)이 있다 填空 tiánkòng 통 괄호를 채우다
乐	lè	형 즐겁다	快乐 kuàilè 형 즐겁다 ㅣ 乐趣 lèqù 명 재미 乐意 lèyì 통 만족해하다 ㅣ 乐观 lèguān 형 낙관적이다
	yuè	명 음악	音乐 yīnyuè 명 음악 ㅣ 乐曲 yuèqǔ 명 악곡 奏乐 zòuyuè 통 음악을 연주하다 ㅣ 乐器 yuèqì 명 악기
了	le	조 완료를 나타냄	吃了 chī le 먹었다 ㅣ 看了 kàn le 봤다 ㅣ 完了 wán le 끝났다
	liǎo	통 이해하다 통 가능 또는 불가능을 나타냄	了解 liǎojiě 통 알다 ㅣ 了不起 liǎobuqǐ 형 뛰어나다 受不了 shòubuliǎo 참을 수 없다

率	lǜ	명 율, 비율	效率 xiàolǜ 명 효율 | 比率 bǐlǜ 명 비율
	shuài	동 인솔하다 형 솔직하다 명 모범, 본보기	率领 shuàilǐng 동 인솔하다 直率 zhíshuài 형 솔직하다 率先 shuàixiān 동 솔선하다
落	luò	동 떨어지다, 자리잡다 명 부락	落实 luòshí 동 확정하다 | 落成 luòchéng 동 준공하다 部落 bùluò 명 부락
	lào	'落luò'와 의미가 같다 (특정 구어에서 쓰임)	落枕 làozhěn 동 베개를 베다
	là	동 빠뜨리다	丢三落四 diūsān làsì 성 잘 빠뜨리다 落东西 là dōngxi 물건을 흘리다
难	nán	형 어렵다	难题 nántí 명 난제 | 难免 nánmiǎn 형 면하기 어렵다 艰难 jiānnán 형 어렵다, 힘들다
	nàn	명 재난	灾难 zāinàn 명 재난 | 遇难 yùnàn 동 재난을 만나다
强	qiáng	형 강하다	坚强 jiānqiáng 형 완강하다 | 强壮 qiángzhuàng 형 강건하다 强烈 qiángliè 형 강렬하다
	jiàng	형 고집이 세다	倔强 juéjiàng 형 고집이 세다
	qiǎng	동 강제로 하다	勉强 miǎnqiǎng 동 강요하다 | 强迫 qiǎngpò 동 강박하다
曲	qū	형 굽다	曲折 qūzhé 형 굽다 | 曲线 qūxiàn 명 곡선 歪曲 wāiqū 동 왜곡하다
	qǔ	명 곡	歌曲 gēqǔ 명 노래 | 戏曲 xìqǔ 명 (곤곡, 경극 등을 포함한) 중국 전통극
圈	quān	명 동그라미 명 고리	圆圈 yuánquān 명 동그라미 圈套 quāntào 명 올가미
	juàn	동 가두다	羊圈 yángjuàn 명 양의 우리 圈养 juànyǎng 동 우리에 가두어 사육하다
塞	sāi	동 막히다, 통하지 않다	塞住 sāizhù 동 밀폐하다 | 塞车 sāichē 동 차가 막히다
	sài	명 변경	塞外 sàiwài 명 국경 밖 | 塞翁失马 sàiwēng shīmǎ 성 새옹지마
	sè	동 막히다	闭塞 bìsè 동 막히다 | 堵塞 dǔsè 동 막히다
散	sǎn	형 흩어진, 산만하다	散文 sǎnwén 명 산문 | 松散 sōngsǎn 동 산만하다 散漫 sǎnmàn 형 산만하다
	sàn	동 떨어지다	解散 jiěsàn 동 해산하다 | 散步 sànbù 동 산책하다 散发 sànfā 동 발산하다
省	shěng	명 성 동 절약하다 동 빼다	江苏省 Jiāngsū shěng 장쑤성 节省 jiéshěng 동 절약하다 省略 shěnglüè 동 생략하다
	xǐng	동 반성하다	反省 fǎnxǐng 동 반성하다 | 省悟 xǐngwù 동 각성하다

为	wèi	깨 ～때문에, ～하기 위하여, ～를 위하여	因为 yīnwèi 젭 왜냐하면 | 为什么 wèishénme 대 왜 为了 wèile 깨 ～를 위하여
	wéi	통 ～로 삼다 통 하다	作为 zuòwéi 통 ～으로 삼다 | 为期 wéiqī 통 ～을 기한으로 하다 以为 yǐwéi 통 ～라고 잘못 생각하다
行	xíng	통 행하다, 실행하다	飞行 fēixíng 통 비행하다 | 行文 xíngwén 통 공문을 보내다 行为 xíngwéi 명 행위
	háng	명 줄, 열 명 영업 기구 명 직업, 업무	行列 hángliè 명 행렬 银行 yínháng 명 은행 | 行业 hángyè 명 업무, 직업
要	yāo	통 요구하다	要求 yāoqiú 통 요구하다
	yào	통 요구하다 명 요점	需要 xūyào 통 요구되다 | 要命 yàomìng 통 목숨을 빼앗다 要点 yàodiǎn 명 요점
应	yīng	조통 ～해야 한다 통 응하다	应届 yīngjiè 형 당해 연도의 | 应该 yīnggāi 통 ～해야 한다 应有尽有 yīngyǒu jìnyǒu 셩 있어야 할 것은 모두 다 있다
	yìng	통 응답하다, 응하다, 응대하다	反应 fǎnyìng 명 반응 | 应聘 yìngpìn 통 지원하다 应酬 yìngchou 통 접대하다
载	zǎi	통 기재하다	记载 jìzǎi 통 기록하다
	zài	통 싣다, 적재하다	下载 xiàzài 통 다운로드하다 | 装载 zhuāngzài 통 (짐을) 싣다 载重 zàizhòng 명 적재량
着	zháo	통 불이 붙다 통 잠들다	着急 zháojí 통 초조해하다 | 着火 zháohuǒ 통 발화하다 睡着 shuìzháo 통 잠들다
	zhāo	명 계책, 방법	高着儿 gāozhāor 명 묘수
	zhe	조 ～하고 있다	拿着 názhe 가지고 있다 | 看着 kànzhe 보기에 忙着 mángzhe 바쁘게
	zhuó	통 (옷을) 입다 통 더하다	衣着 yīzhuó 명 옷차림 着重 zhuózhòng 통 강조하다 | 着色 zhuósè 통 색칠하다
只	zhī	양 쪽, 짝 형 단독의	两只手 liǎng zhī shǒu 두 손 只身 zhīshēn 명 홀몸
	zhǐ	부 오직, 다만	只有 zhǐyǒu 젭 ～해야만 | 只好 zhǐhǎo 부 부득이
中	zhōng	고유 중국 명 가운데, 중간, 중심 명 중개	中国 Zhōngguó 고유 중국 | 中文 Zhōngwén 고유 중국어 中间 zhōngjiān 명 가운데 | 中心 zhōngxīn 명 중심 中介 zhōngjiè 명 중개
	zhòng	통 당첨되다, 들어맞다 통 받다, 당하다, 입다	看中 kànzhòng 통 마음에 들다 中毒 zhòngdú 통 중독되다
种	zhǒng	명 종류, 종	种族 zhǒngzú 명 종족 | 种子 zhǒngzi 명 종자 种类 zhǒnglèi 명 종류
	zhòng	통 심다	种植 zhòngzhí 통 심다 | 播种 bōzhòng 통 파종하다
重	zhòng	명 중량 통 중시하다	重量 zhòngliàng 명 중량 重视 zhòngshì 통 중시하다 | 尊重 zūnzhòng 통 존중하다
	chóng	부 다시 통 중복하다	重新 chóngxīn 부 다시 重叠 chóngdié 통 중첩되다 | 重复 chóngfù 통 중복하다

STEP 3 실력 다지기

💬 **다음을 낭독해 봅시다.** (각 문항당 준비 시간 약 2분, 녹음 시간 1분 30초~2분)

1

　　近年来，随着经济的快速增长，中国的国际影响力也在不断提升。学汉语、学汉字、关心中国文化的人也多了起来。

　　"汉语"一度被认为是世界上最难的语言之一。其中的一大原因就是因为很多人觉得"汉字"难学，但也有不少人表示在学汉字的过程中获得了愉快的体验。

　　汉字积淀了丰富的历史文化内容，然而，上个世纪初，随着西方文化的传入，有人认为中国的落后，是因为使用汉字，主张将汉字废除，到了上个世纪后半叶，计算机科学技术飞速发展，有人说，汉字无法输入电脑，所以要废除汉字。后来，汉字输入的问题解决了，废除汉字的声音也随之消散了。现在，汉字越来越受到人们的重视，人们发现，汉字包含着丰富的文化内涵，在科技迅速发展的今天，反而越来越显示出它的光彩。

2

　　梦，是睡眠的伴侣。做梦是人体一种正常的、必不可少的生理现象，我们睡觉时常常会做各种各样、无奇不有的梦。至于人为什么会做梦，梦到底有什么意义，人类观察了几千年也没有找到一个精准的答案。

　　不过，人们相信一些常见的梦包含着特别的意义。例如，我们梦见出门时，错过公交车、火车、飞机等交通工具，或者错过面试、演出迟到等。这种梦代表你错过了人生的一次机会，在面对重要的选择而犹豫不决之时，很容易做这种梦。再比如说，有时我们会梦见参加考试，但可能没准备好需要的工具，或拿到试卷后发现一道题都不会做。这种梦表明你在现实生活中正经受着考验，但是还没有做好准备，这让你感到焦虑和不安。

　　另外，长期频繁做梦对于睡眠、精神状态和健康都有影响，所以要警惕这种情况，尽早检查。

모범 답안 및 해설 ▶ p.123

3

生活中，不少人都有"不好意思"的心理体验，这里的"不好意思"指的是过于谨小慎微而导致不敢主动说出自己想法的行为。这种"不好意思"的心理影响并不小，一旦被别人利用，往往会使自己被迫做出不情愿的选择。

有研究表明，很多商家常利用顾客的这种"不好意思"的心理来推销产品。比如，走进商店后，虽然一开始没打算买某种产品，但是在店员耐心讲解了它的一堆优点后，你不好拒绝，结果掏钱购买了不在计划中的东西；又比如说，到饭店吃饭时，本来菜已经够了，但服务员热情的推荐让你不好意思说"不"，最后还是同意加个菜尝尝。这些情况几乎人人都遇到过，而这种结果的产生一般就是"不好意思"的心理在作祟。

因此，作为消费者，我们一定要摆正心态，从容拒绝一些不合理的消费，避免自己的"不好意思"心理被别人利用。

4

父母对孩子的教育方式会影响孩子的一生。拿"打桌子"这种教育方式来说，比如，两个孩子不小心撞到了桌子，第一位母亲立即伸手去打桌子，然后哄孩子说："都怪这个桌子，把宝贝弄疼了。"第二位母亲则会开导孩子说："人会撞到桌子，有三个理由：一是跑得太快，停不下来；二是低着头走路；三是走路时心不在焉。找到你撞到桌子的原因，下次就能尽量避免犯同样的错误了。"

桌子是静止不动的，是孩子自己撞上去的，伸手打桌子，就等于告诉孩子那不是你的错，在这种教育方式下长大的孩子，可能会在以后的人际关系中形成一种逃避责任、对人对事都是指责抱怨的坏习惯。反之，通过分析具体原因，引导孩子找到问题的解决方法，可以让孩子养成及时反省自己、改正自己缺点的习惯，避免下次犯同样的错误。

모범 답안 및 해설 p.126

5

现代社会，大部分人的生活都离不开电视。但是众所周知，看电视需要眼睛高度集中，长时间看电视，不但会让眼睛感到酸痛，还会使人体受到辐射，因此在观看电视时，要注意与电视的距离。

观看电视过近会导致视力下降，引发近视，时间一长还容易引发各种眼部疾病。但离电视的距离也不是越远越好，专家指出，观看电视的距离应根据电视屏幕的大小来调整，最佳距离应该是屏幕对角线长度的4至6倍。但是这种距离量起来很费劲儿，所以很多人嫌麻烦而省略了这个步骤。其实除此以外，还有一个简单的方法：对着电视把一只胳膊向前伸直，然后把手掌横放，使其与眼睛处于同一水平线，再闭上一只眼，调整身体与电视之间的距离，当手掌正好能把电视挡住时，那个位置就是观看电视的最佳位置。

6

"变脸"是川剧中塑造人物的特技之一，用于表达剧中人物的内心及思想感情的变化。

相传，"变脸"是古代人类在面对凶猛的野兽时，为了生存，就在自己的脸上用颜料涂抹上不同的图案，以吓跑入侵的野兽。随着时间的推移，逐渐演变成了富有纪念意义的脸谱。后来，川剧把这种以颜料涂抹面部的仪式搬上了舞台，作为表演并形成了一门独特的艺术。"变脸"具有新、奇、快的特点，其神奇之处就在于演员能在极短的时间内，迅速地变换脸部的图案，并且根据剧中故事情节的发展，在舞蹈动作的掩饰下，通过一张一张地变换脸上的图案，来表达角色的喜怒哀乐，以此满足观众的观赏需求。比如说，在著名的川剧《白蛇传》的演出中，众目睽睽之下，演员就能变出绿脸、红脸、白脸、黑脸等七八种不同颜色的脸。

모범 답안 및 해설 ▶ p.129

02 자주 틀리는 성조

STEP 1 유형 파악하기

수험생이 특히 어려워하는 중국어 성조는 정확하게 소리내지 않으면 말하고자 하는 뜻이 달라지므로 반복적인 학습이 중요하다.

출제 경향

성조는 중국어를 학습하는 한국인들이 많이 어려워하고 틀리기 쉬운 중국어의 특징 중 하나이다. 또한 어떤 글자는 뒤에 어떤 성조가 오느냐에 따라 성조가 변화하기 때문에 그 특징과 변화를 숙지해서 정확하게 읽는 것이 중요하다.

문제 풀이 비법

- **성조를 정확하게 읽는 것은 중국어 말하기의 기본이다**

  중국어의 성조는 발음과 마찬가지로 정확하게 읽는 것이 중요하다. 발음만 정확하고 성조가 뒤죽박죽이면 화자가 전달하려는 의미를 알 수 없으므로, 정확한 발음은 물론 정확한 성조로 읽는 것이 제2부분 낭독의 포인트이다.

- **중국어의 성조 변화를 주의하자**

  일반적으로 '一'와 '不', 그리고 '3성'은 뒤에 오는 글자의 성조에 따라 변화하는데, 특히 '3성'으로 읽는 글자가 여러 개 이어질 경우에 띄어 읽기를 어떻게 하느냐에 따라 성조가 달라지므로 주의해서 읽어야 한다.

- **경성의 음높이를 주의해서 읽자**

  중국어 성조에는 네 가지 성조 외에 경성이 있다. 경성은 원래의 성조가 없어지고 짧고 가볍게 발음하는 성조로, 앞 글자의 성조에 따라 경성의 높낮이가 달라지므로 주의해야 한다. 1성, 2성, 4성 뒤에 경성이 오면 높은 음높이에서 낮은 음높이로 떨어지듯이 읽지만, 3성 뒤에 경성이 오면 음이 약간 높아졌다가 낮아진다.

生活中，不知你有没有注意到这样一个现象：当我们走进一条一眼看不到头的商业街购物时，通常不会马上在第一家店铺消费，因为我们总认为买东西要货比三家，否则容易上当，因此就想去前方其他店铺再比较一下。当这条街走得差不多时，我们也很少会选择在最后一家买东西，因为一旦到了街道尽头，我们就会产生一种后悔心理，觉得前边看过的商品可能会更好些，于是便会回到街道两头三分之一位置的店铺进行消费。而如果这条街是一眼就能看到头的，位于街道两头三分之一位置的店铺同样也是成交率相对较高的。

这个现象就是心理学中讲到的"三分之一效应"。生活中，我们在面临这样那样的选择时会存在心理偏差，在"多者择一"的情况下，随着选择难度的加大，选择中间的概率也会增高。

해석 일상생활에서 당신이 이 현상에 대해 주의를 기울인 적이 있는지 모르겠다. 끝이 보이지 않는 상점가에 들어가 쇼핑할 때, 보통은 첫 번째 가게에서 바로 소비하지 않는 현상 말이다. 이는 사람들이 세 곳은 비교해 보고 사야 하며 그렇지 않으면 쉽게 속을 수 있다고 생각하기 때문이다. 그래서 앞쪽의 가게에 가서 다시 비교해 보고 싶어 한다. 상점가 끝까지 거의 다 걸어갔을 때 우리는 또 가장 마지막 가게를 선택하는 경우가 드물다. 일단 상점가 끝까지 가면 일종의 후회 심리가 생겨 앞에서 봤던 상품이 더 좋은 것 같다는 생각이 들기 때문이다. 그래서 상점가 양 끝의 3분의 1 지점까지 되돌아가서 그곳의 가게에서 소비하게 된다. 만약 이 상점가가 한눈에 끝까지 다 보이는 곳이라면 마찬가지로 상점가의 양 끝 3분의 1 지점에 있는 가게에서 소비할 확률이 상대적으로 높다.

이 현상이 바로 심리학에서 말하는 '3분의 1 효과'이다. 일상생활에서 우리는 이런저런 선택을 해야 할 때 심리적 편차가 존재하는데, 다자택일을 해야 하는 상황에서 선택의 난이도가 높아짐에 따라 중간을 선택할 확률도 높아지게 된다.

어휘 注意 zhùyì 통 주의하다 | 现象 xiànxiàng 명 현상 | 当A时 dāng A shí A할 때 | 商业街 shāngyèjiē 명 상가, 상점가 | 购物 gòuwù 통 물품을 구입하다, 물건을 사다 [≒买东西] | 通常 tōngcháng 형 일반적이다, 보통이다 | 店铺 diànpù 명 점포, 상점 | 消费 xiāofèi 통 소비하다 | 货比三家 huòbǐsānjiā 다른 곳의 상품과 비교해 보고 구입하다 | 否则 fǒuzé 접 만약 그렇지 않으면 | 上当 shàngdàng 통 속다, 사기를 당하다 | 前方 qiánfāng 명 앞쪽, 앞 | 尽头 jìntóu 명 막바지, 말단 | 产生 chǎnshēng 통 생기다, 발생하다, 나타나다 | 后悔 hòuhuǐ 통 후회하다 | 心理 xīnlǐ 명 심리 | 商品 shāngpǐn 명 상품 | 街道 jiēdào 명 대로, 길거리 | 位置 wèizhi 명 위치 | 进行 jìnxíng 통 하다, 진행하다 | 位于 wèiyú 통 ~에 위치하다 | 成交率 chéngjiāolǜ 명 거래 성립률 | 相对 xiāngduì 형 상대적이다 | 心理学 xīnlǐxué 명 심리학 | 效应 xiàoyìng 명 효과와 반응 | 面临 miànlín 통 직면하다, 당면하다 | 存在 cúnzài 통 존재하다 | ★偏差 piānchā 명 편차, 잘못, 오류 | 多者择一 duōzhě zéyī 다자택일 | 情况 qíngkuàng 명 상황, 형편 | 随着 suízhe 개 ~따라서, ~에 따라 | 难度 nándù 명 난이도 | 概率 gàilǜ 명 확률, 개연율

모범 답안 ● track 222

生活中，不知 / 你有没有① 注意到 / 这样一个② 现象：当我们 / 走进一条③ / 一眼③ 看不到头的 / 商业街购物时，通常 / 不会④ 马上 / 在第一⑤ 家店铺消费，因为 / 我们总认为 / 买东西⑥ 要货比三家，否则 / 容易上当，因此 / 就想 / 去前方其他店铺 / 再比较一下。当这条街 / 走得差不多时，我们们 / 也很少⑦ / 会选择在最后一家③ / 买东西，因为 / 一旦到了街道尽头，我们就会 / 产生 / 一种后悔心理，觉得 / 前边看过的商品 / 可能会更好些，于是 / 便会回到街道两头 / 三分之一位置的店铺 / 进行消费。而如果 / 这条街 / 是一眼就能看到头的，位于 / 街道两头 / 三分之一位置的店铺 / 同样也是 / 成交率相对较高的。

발음 tip

① 你有没有 3성의 성조 변화 주의! 3성+3성+2성+3성 → 2성+반3성+2성+3성

② 一个 '一'의 성조 변화 주의! 1성+4성 → 2성+4성
'个'가 양사로 쓰일 경우, 경성으로 읽는다

③ 一条 / 一眼 / 一家 '一'는 1, 2, 3성 앞에서는 4성으로, 4성 앞에서는 2성으로 읽는다

④ 不会 '不'의 성조 변화 주의! 4성+4성 → 2성+4성

⑤ 第一 서수일 경우 '一'는 성조 변화 없이 원래 성조대로 1성으로 읽는다

这个现象 / 就是心理学中 / 讲到的"三分之一效应"。生活中，我们 / 在面临这样那样的选择时 / 会存在心理偏差，在 "多者择一"的情况下，随着选择难度的加大，选择中间的概率⑧也会增高。

발음 tip

⑥ **东西** 여기에서는 '西'를 경성으로 읽는다. 성조에 따라 단어의 뜻이 달라지므로 주의하자

⑦ **也很少** 3성+3성+3성 → 2성+2성+3성으로 읽는다

⑧ **概率** '率lǜ'의 발음 주의. 입술을 동그랗게 말아 발음한다

STEP 2 내공 쌓기

중국어의 성조는 한국어에는 없는 특징이기 때문에 한국인들이 많이 틀리고 어려워하는 부분이다. 특히 낭독의 경우, 발음과 더불어 성조 또한 시험에서 고득점을 얻기 위한 중요한 요소이기 때문에 성조의 특징을 제대로 알고 있어야 한다. 아래는 수험생들이 많이 틀리고 헷갈려 하는 성조의 특징을 정리해 놓은 부분이므로 반드시 숙지하도록 하자.

1 1성

1성은 높고 긴 소리로, 높낮이가 없이 평평하게 발음한다. 단독으로 읽을 때는 정확하게 발음하지만, 다른 어휘와 함께 읽거나 문장에 있는 어휘를 읽을 때는 잘못 발음하는 경우가 있다. 1성은 4개의 성조 중에 음이 가장 높고 길게 읽어야 하는데, 1성을 높고 짧게 소리를 내면 4성처럼 들릴 수 있으니 주의해서 발음해야 한다.

*'1성'과 '4성'의 구분 방법은?

간혹 1성과 4성을 명확히 구분하지 못하는 경우가 있는데, 1성은 높은 음에서 길고 평평하게 발음하지만, 4성은 높은 음에서 아래로 내리찍는 음이다. 따라서 1성을 발음하는 음의 높이에서 길게 끌지 않고 짧게 소리를 내면 4성과 같은 성조로 들리기 때문에 1성은 반드시 길게 끌어서 소리를 내는 연습을 해서 4성과 정확히 구분하도록 하자.

(1) 1성 연습 어휘 ● track **223**

□ 突出	tūchū	형 두드러지다	□ 押金	yājīn	명 보증금
□ 温柔	wēnróu	형 온유하다	□ 传说	chuánshuō	명 전설
□ 吸收	xīshōu	동 흡수하다	□ 观察	guānchá	동 관찰하다
□ 规矩	guīju	명 규율, 규칙	□ 说道	shuōdào	동 ~라고 말하다
□ 出色	chūsè	형 대단히 뛰어나다	□ 修理工	xiūlǐgōng	명 수리기사, 수리공
□ 小说	xiǎoshuō	명 소설	□ 增加	zēngjiā	동 늘리다, 증가하다
□ 成功	chénggōng	명 성공 동 성공하다	□ 悲伤	bēishāng	형 몹시 슬퍼하다
□ 分担	fēndān	동 나누어 맡다, 분담하다	□ 特殊	tèshū	형 특수하다, 특별하다
□ 客观	kèguān	형 객관적이다	□ 主观	zhǔguān	형 주관적이다
□ 搬家	bānjiā	동 이사하다	□ 精心	jīngxīn	형 정성을 들이다

□ 乐观	lèguān	형 낙관적이다	□ 象征	xiàngzhēng	동 상징하다
□ 浓烟	nóngyān	명 짙은 연기	□ 员工	yuángōng	명 직원
□ 发挥	fāhuī	동 발휘하다	□ 眼光	yǎnguāng	명 시선, 눈길
□ 集中	jízhōng	동 집중하다, 모으다	□ 提供	tígōng	동 제공하다, 공급하다
□ 刮风	guā fēng	바람이 불다	□ 最初	zuìchū	명 최초, 처음
□ 年轻	niánqīng	형 어리다, 젊다	□ 更加	gèngjiā	부 더욱, 훨씬
□ 放松	fàngsōng	동 느슨하게 하다	□ 尊敬	zūnjìng	동 존경하다

(2) 1성 연습 문장 ● track 224

- 这个女孩子的声音很温柔，谁都喜欢听她说话。
  이 여자아이의 목소리는 따뜻하고 상냥해서 누구나 그녀의 말을 듣는 것을 좋아한다.

- 善于观察生活的人，也容易感受到生活中的小幸福。
  삶을 관찰하는 것이 능숙한 사람은 삶의 작은 행복도 쉽게 느낄 수 있다.

- 晒太阳有助于身体对维生素D和钙物质的吸收。
  햇볕을 쬐면 비타민 D와 칼슘 물질의 흡수에 도움이 된다.

- 每个国家，每个民族都有很多美丽动人的民间传说。
  모든 나라, 모든 민족은 아름답고 감동적인 민간 설화가 많다.

- 爸爸搬家时总是舍不得扔掉那些"老古董"。
  아버지는 이사를 갈 때 늘 '골동품' 버리는 것을 아까워하신다.

- 在医生和护士的精心照顾下，爷爷很快就恢复了健康。
  의사와 간호사의 정성 어린 보살핌으로 할아버지는 빠르게 건강을 회복했다.

2 경성

경성은 앞 성조의 영향을 받아 본래의 성조를 잃어버리고 가볍고 짧게 읽는 음이다. 그러나 무조건 가볍게 읽는 것이 아니라 앞 글자의 성조에 따라 음높이가 조금씩 달라진다. 1성, 2성, 4성 뒤에 오는 경성은 높은 음높이에서 낮은 음높이로 떨어지듯이 읽으며, 3성 뒤에 경성이 오면 3성은 성조가 변화하여 반3성으로 읽는다.

*반3성이란?

앞 글자의 성조가 3성이고 뒤에 오는 성조가 1성, 2성, 4성, 경성일 때 앞의 3성을 완전히 3성으로 읽지 않고 내려갔다가 다음 성조를 바로 연결해서 읽는 것을 말한다. (p.63 STEP 2 내공 쌓기 3번 3성의 성조 변화 ②번 참조)

(1) 경성 연습 어휘 ● track 225

□ 脖子	bózi	명 목	□ 打听	dǎting	동 알아보다
□ 叉子	chāzi	명 포크	□ 大方	dàfang	형 시원스럽다
□ 尺子	chǐzi	명 자	□ 舅舅	jiùjiu	명 외삼촌
□ 尾巴	wěiba	명 꼬리	□ 巴不得	bābude	동 간절히 바라다
□ 委屈	wěiqu	형 억울하다	□ 部分	bùfen	명 부분
□ 把手	bǎshou	명 손잡이, 핸들	□ 称呼	chēnghu	동 부르다, 일컫다
□ 地道	dìdao	형 진짜의, 본고장의	□ 东西	dōngxi	명 물건

□ 聪明	cōngming	형 똑똑하다, 총명하다	□ 明白	míngbai	동 알다, 이해하다
□ 困难	kùnnan	형 어렵다	□ 打哈欠	dǎ hāqian	하품을 하다
□ 院子	yuànzi	명 마당, 정원, 뜰	□ 免得	miǎnde	접 ~않기 위해서, ~하지 않도록
□ 清楚	qīngchu	형 정확하다, 분명하다	□ 显得	xiǎnde	동 ~인 것처럼 보이다, ~하게 보이다
□ 耽误	dānwu	동 (시간을 지체하다가) 지장을 받다, 시기를 놓치다	□ 说法	shuōfa	명 말, 견해
□ 意思	yìsi	명 의미, 뜻	□ 朋友	péngyou	명 친구
□ 随着	suízhe	개 ~에 따라	□ 事实上	shìshíshang	사실상
□ 讲究	jiǎngjiu	동 소중히 여기다	□ 地方	dìfang	명 곳, 장소
□ 胜过	shèngguo	동 ~보다 낫다 (우수하다)	□ 麻烦	máfan	동 번거롭게 하다, 폐를 끼치다
□ 任务	rènwu	명 임무, 책무	□ 想法	xiǎngfa	명 생각, 의견

(2) 경성 연습 문장 ● track 226

- 人们都称呼他张大爷。
  사람들은 모두 그를 장씨 어르신이라고 부른다.

- 龙龙虽然挣钱不多，但是对朋友很大方，经常请客。
  룽룽은 돈을 많이 벌지는 못하지만 친구에게는 인색하지 않아서 자주 한턱을 낸다.

- 今天在学校被老师错怪了，我觉得非常委屈。
  오늘 학교에서 선생님에게 오해를 받고 혼나서 매우 억울하다.

- 小黄狗每天都摇着尾巴，在主人面前撒娇。
  누렁이는 매일 꼬리를 흔들며 주인 앞에서 애교를 부린다.

- 为了找到照片上的女人，他开始用各种方式打听。
  사진 속 여자를 찾기 위해 여러 가지 방법을 써서 알아보기 시작했다.

- 这个美国人在北京呆了十年，北京话说得非常地道。
  이 미국인은 베이징에서 10년 동안 있어서, 베이징 말을 (원어민처럼) 매우 잘한다.

- 买东西要"货比三家"，才能买到物美价廉的物品。
  물건을 사려면 다른 곳의 상품과 비교해야 비로소 값싸고 질 좋은 물건을 구매할 수 있다.

- 随着生活水平的提高，人们更加看重生活品质。
  생활 수준이 높아짐에 따라 사람들은 삶의 질을 더욱 중시한다

3 3성의 성조 변화

3성은 위에서 아래로 내려갔다 다시 올라가는 음으로, 음을 확실하게 내리지 않은 상태에서 다시 올리지 않도록 주의해야 한다. 음을 끝까지 내리지 않고 중간에 올리면 정확한 성조를 나타낼 수 없을 뿐만 아니라 매우 부자연스럽게 들린다.

3성으로 읽는 글자 뒤에 다른 한자가 올 경우 아래와 같이 성조 변화가 발생한다. 특히 3성의 성조 변화는 낭독 부분뿐만 아니라 HSKK 각 부분에서 어휘는 물론 길이가 긴 문장을 끊어 읽을 때도 주의를 기울여야 하는 부분이다. 따라서 실제 시험에서 실수를 하지 않도록 다시 정리해 보고, 아래 제시한 어휘와 문장을 성조 변화에 유의하면서 읽어 보고, 듣기를 반복하면서 연습해 보자.

① 3성 뒤에 3성이 연이어 올 경우, 앞의 3성은 2성으로 읽는다.

- 3성+3성 → 2성+3성
- 3성+3성+3성+3성+3성 → 2성+2성+2성+2성+3성

- **我很想你**。나는 네가 매우 보고 싶다.
  wǒ hěn xiǎng nǐ. → wó hén xiáng nǐ.

- **我给你寄了几本书**。너에게 책 몇 권을 우편으로 부쳤다.
  wǒ gěi nǐ jì le jǐ běn shū. → wó géi nǐ jì le jí běn shū.

문장을 끊어 읽어야 할 경우, 성조 변화는 끊어 읽는 부분을 기준으로 앞, 뒤 모두 적용한다. 예를 들어 연속된 5개의 3성을 3개, 2개로 끊어 읽는다면, 2성+2성+3성 / 2성+3성으로 읽는다.

- **这家博物馆也可以展览现代画家的作品**。이 박물관에서도 현대 화가의 작품을 관람할 수 있다.

위의 예문에서 3성으로 읽는 글자 5개로 이루어진 '也可以展览yě kěyǐ zhǎnlǎn' 부분은 끊지 않고 읽으면 yé kéyí zhánlǎn (2성+2성+2성+2성+3성)으로 읽어야 하나, '也可以 / 展览'과 같이 중간에 끊어 읽기를 하면 yé kéyǐ / zhánlǎn (2성+2성+3성 / 2성+3성) 으로 읽는다.

② 앞 글자의 성조가 3성이고 뒤에 3성을 제외한 성조가 오면 앞의 3성을 온전하게 3성으로 읽지 않고, 내려갔다가 다음 성조를 바로 연결해서 읽는데, 이를 '반3성'이라고 한다.

- 3성+1성/2성/4성/경성 → 반3성+1성/2성/4성/경성

- **早睡早起** zǎoshuìzǎoqǐ (3성+4성+3성+3성) → zǎoshuìzáoqǐ (반3성+4성+2성+3성)
  일찍 자고 일찍 일어나다

(1) 3성의 성조 변화 연습 어휘 ● track 227

□ 采访	cǎifǎng	통 취재하다		□ 本领	běnlǐng	명 능력, 재능	
□ 厂长	chǎngzhǎng	명 공장장		□ 网友	wǎngyǒu	명 네티즌	
□ 洗澡	xǐzǎo	통 목욕하다		□ 感慨	gǎnkǎi	통 감개하다	
□ 举止	jǔzhǐ	명 행동거지		□ 理想	lǐxiǎng	형 이상적이다	
□ 老板	lǎobǎn	명 사장		□ 养老院	yǎnglǎoyuàn	명 양로원	
□ 导演	dǎoyǎn	명 감독, 연출자		□ 委婉	wěiwǎn	형 (말이) 완곡하다	
□ 所有	suǒyǒu	형 모든		□ 理解	lǐjiě	통 이해하다	
□ 口语	kǒuyǔ	명 회화, 구어		□ 展览馆	zhǎnlǎnguǎn	명 전시관, 전람관	
□ 允许	yǔnxǔ	통 허가하다		□ 展品	zhǎnpǐn	명 전시품	
□ 美好	měihǎo	형 아름답다, 행복하다		□ 手表	shǒubiǎo	명 시계	
□ 祖母	zǔmǔ	명 할머니		□ 保管	bǎoguǎn	통 보관하다	
□ 永远	yǒngyuǎn	형 영원하다		□ 补充	bǔchōng	통 보충하다	
□ 所以	suǒyǐ	접 그래서		□ 假装	jiǎzhuāng	통 가장하다	
□ 品种	pǐnzhǒng	명 품종		□ 角度	jiǎodù	명 각도	
□ 手指	shǒuzhǐ	명 손가락		□ 可怕	kěpà	형 두렵다, 무섭다	
□ 处理	chǔlǐ	통 처리하다		□ 理论	lǐlùn	명 이론	
□ 敏感	mǐngǎn	형 민감하다		□ 母亲	mǔqīn	명 어머니	
□ 缓解	huǎnjiě	통 완화시키다		□ 眼界	yǎnjiè	명 견문, 식견	
□ 鼓掌	gǔzhǎng	통 박수를 치다		□ 体验	tǐyàn	통 체험하다	

☐ 把握	bǎwò	통 파악하다		☐ 感冒	gǎnmào	통 감기에 걸리다
☐ 伙伴	huǒbàn	명 동료		☐ 小心	xiǎoxīn	통 조심하다, 주의하다
☐ 否定	fǒudìng	통 부정하다		☐ 反映	fǎnyìng	통 반영하다
☐ 导致	dǎozhì	통 야기하다, 초래하다		☐ 软件	ruǎnjiàn	명 소프트웨어
☐ 保障	bǎozhàng	통 보장하다, 보증하다		☐ 表面	biǎomiàn	명 표면
☐ 语言	yǔyán	명 언어		☐ 感觉	gǎnjué	명 감정, 느낌
☐ 保持	bǎochí	통 유지하다		☐ 满足	mǎnzú	통 만족시키다
☐ 等于	děngyú	통 ～와 같다		☐ 反而	fǎn'ér	부 오히려, 도리어
☐ 倒霉	dǎoméi	형 운이 없다		☐ 反驳	fǎnbó	통 반박하다
☐ 饮食	yǐnshí	명 음식		☐ 以及	yǐjí	접 및, 그리고, 아울러
☐ 表情	biǎoqíng	명 표정		☐ 品尝	pǐncháng	통 맛보다, 시식하다
☐ 主角	zhǔjué	명 주인공		☐ 假如	jiǎrú	접 만약, 만일
☐ 感情	gǎnqíng	명 감정		☐ 比如	bǐrú	접 예를 들어, 예컨대
☐ 点燃	diǎnrán	통 불을 붙이다		☐ 老人	lǎorén	명 노인
☐ 眼神	yǎnshén	명 눈빛, 눈매		☐ 理由	lǐyóu	명 이유, 까닭

(2) 3성의 성조 변화 연습 문장 ● track 228

- 每到季节交替时，都要加强自身保护，小心感冒。
  계절이 바뀔 때마다 자신의 몸을 더 튼튼하게 해서 감기에 걸리지 않게 해야 한다.

- 三年前，母亲送我离开时的眼神让我终生难忘。
  3년 전 나와 헤어졌을 때의 어머니의 눈빛은 평생 잊을 수 없다.

- 网友爆料，近来共享单车的租赁价格越来越高。
  네티즌은 최근 공유 자전거의 대여료가 점점 비싸지고 있다고 폭로했다.

- 小区公告栏上贴满了各种各样的电影海报。
  동네 게시판에는 각양각색의 영화 포스터가 가득 붙어 있다.

- 马上就要天亮了，我却在床上翻来覆去，怎么也睡不着。
  곧 날이 밝아오는데, 나는 침대에서 뒤척이며 도무지 잠을 이룰 수가 없다.

- 为了健康长寿，我们要注意养生，早睡早起，合理饮食。
  건강하게 장수하기 위해 우리는 건강 관리에 주의를 기울이고, 일찍 자고 일찍 일어나며 합리적인 식사를 해야 한다.

- 回国以后，我不得不感慨祖国的变化太大了。
  귀국 이후, 나는 조국의 변화가 대단히 크다는 것에 감탄하지 않을 수 없었다.

- 为了考上理想的大学，姐姐每天都拼命地学习。
  이상적인 대학에 들어가기 위해 언니는 매일 열심히 공부한다.

- 每个礼拜天，她都去养老院照顾残障老人。
  일요일마다 그녀는 양로원에 가서 장애 노인을 돌본다.

- 老师怕学生接受不了落榜的事实，故意把话说得很委婉。
  선생님은 학생들이 시험에 떨어진 사실을 받아들이지 못할까 걱정해 일부러 완곡하게 말했다.

- 作为过来人，我也经历过高考失利，我很 / 理解 / 你现在的心情。
  경험자로서 나도 대입 시험에 실패를 겪어 봐서 당신의 지금 심정을 이해한다.

- 这个展览馆 / 里 / 展品的数量非常多，吸引了很多游客前来观看。
  이 전시관에는 전시품의 수가 많아 많은 관람객들이 찾고 있다.

- 这里人很多，容易丢失东西，请你把 / 手表 / 保管好。
  이곳은 사람이 많아서 물건을 잃어버리기 쉬우므로 손목시계를 잘 보관하세요.

- 我有 / 好几把 / 雨伞，可是每次下雨，我都忘记带雨伞出门。
  나는 우산을 몇 개 가지고 있지만 비가 올 때마다 우산을 가지고 나가는 것을 잊는다.

4 '一'의 성조 변화

중국어의 성조 및 성조 변화를 정확하게 파악하고 발음을 할 수 있는가는 HSKK의 중요 평가 항목 중 하나이다. 성조 변화가 발생하는 한자 중 '一yī'는 뒤에 오는 성조에 따라 원래 성조, 즉 1성이 아닌 바뀐 성조로 읽어야 한다. '一'를 포함한 어휘뿐만 아니라, '一' 뒤에 양사가 온다면, 오는 양사의 성조에 따라 '一'의 성조가 변화하는 것도 반드시 기억해 두자.

① '一' 뒤에 1성, 2성, 3성이 오면 '4성'으로 읽는다.

  - '一 yī' + 1성 / 2성 / 3성 → '一yì' + 1성 / 2성 / 3성

    - 一般 yībān → yìbān
    - 一边 yī biān → yìbiān
    - 一起 yīqǐ → yìqǐ
    - 一点儿 yīdiǎnr → yìdiǎnr
    - 一直 yīzhí → yìzhí

② '一' 뒤에 4성이 오면 '2성'으로 읽는다.

  - '一 yī' + 4성 → '一yí' + 4성

    - 一定 yīdìng → yídìng
    - 一共 yīgòng → yígòng

성조 변화는 중국어를 배울 때 기초 단계의 발음 연습을 하면서 이미 학습했던 내용이지만, 낭독 문제에서 반드시 주의해야 할 부분으로 실제 시험에서 실수하지 않도록 다시 정리해 보고, 아래의 어휘와 연습 문장을 듣고 연습해 보자.

(1) '一'의 성조 변화 연습 어휘　● track 229

□ 一口气	yìkǒuqì	분 단숨에, 한번에	□ 一起	yìqǐ	분 같이, 함께
□ 一些	yìxiē	약간	□ 一般	yìbān	형 일반적이다
□ 一模一样	yìmú yíyàng	성 모양이 완전히 같다	□ 难得一见	nándéyíjiàn	보기 드물다
□ 一辈子	yíbèizi	명 한평생	□ 一会儿	yíhuìr	수량 잠깐 동안
□ 一共	yígòng	분 전부, 모두	□ 一路平安	yílù píng'ān	성 가시는 길에 평안하시길 바랍니다
□ 一定	yídìng	분 반드시	□ 进一步	jìnyíbù	분 한 걸음 나아가
□ 一切	yíqiè	명 모든 것, 일체	□ 一边	yìbiān	접 한편으로 ~하면서 ~하다
□ 一律	yílǜ	분 일률적으로	□ 一致	yízhì	형 일치하다
□ 一贯	yíguàn	형 한결같은, 일관적인	□ 一点儿	yìdiǎnr	수량 조금, 약간
□ 一度	yídù	명 한 번, 한 차례	□ 一向	yíxiàng	분 여태까지, 줄곧
□ 一举两得	yìjǔ liǎngdé	성 일거양득	□ 一直	yìzhí	분 계속해서, 줄곧

□ 一样	yíyàng	휑 같다, 동일하다	□ 一再	yízài	뮈 거듭, 반복해서
□ 一长一短	yìcháng yìduǎn	졩 일장일단, 일면의 장점과 다른 일면의 단점	□ 一目了然	yímù liǎorán	졩 일목요연하다, 한 번 보고 대번에 알 수 있다
□ 一齐	yìqí	뮈 일제히, 동시에			

(2) '一'의 성조 변화 연습 문장 ● track 230

- 每次和朋友们一起谈天说地的时候，就能忘掉一切烦恼。
  매번 친구들과 수다를 떨 때마다 모든 걱정을 떨쳐 버릴 수 있다.

- 李平去北京上学，全家人一起送他去车站，祝他一路平安。
  리핑은 학교에 다니려고 베이징에 가는데, 온 가족이 함께 그를 역에 데려다 주면서 그가 가는 길이 평안하길 기원했다.

- 比起相信别人，我们一般更相信自己的能力。
  다른 사람을 믿는 것보다 우리는 보통 자신의 능력을 더 믿는다.

- 我周末喜欢在公园一边听古典音乐，一边欣赏风景。
  나는 주말에 공원에서 클래식 음악을 듣고 경치를 감상하는 것을 좋아한다.

- 爸爸对钓鱼特别感兴趣，每周必去海边钓一次。
  아빠는 낚시에 특히 관심이 많아서 매주 한 번씩 꼭 바다에 가서 낚시를 한다.

5 '不'의 성조 변화

'不bù'도 '一'와 마찬가지로 아래와 같은 몇 가지 조건에서 성조가 변화한다. 이미 중국어 학습 기초 단계에서 배웠지만 막상 시험에서는 많이 헷갈려 하는 성조 변화이므로 HSKK 응시 전에 반드시 완벽하게 숙지하자.

① '不' 뒤에 4성이 오면 '2성'으로 읽는다.

- '不bù' + 4성 → '不bú' + 4성
  - 不用 búyòng → búyòng
  - 不在乎 búzàihu → búzàihu

② 중첩형 서술어 사이에서는 일반적으로 '경성'으로 읽는다.

- A + '不bù' + A → A + '不bu' + A
  - 好不好 hǎo bù hǎo → hǎo bu hǎo
  - 喜不喜欢 xǐ bù xǐhuan → xǐ bu xǐhuan

③ 가능보어에서는 '경성'으로 읽는다.

- A(동사) + '不bù' + B(보어) → A + '不bu' + B
  - 上不去 shàng bù qù → shàng bu qù
  - 数不清 shǔ bù qīng → shǔ bu qīng

(1) '不'의 성조 변화 연습 어휘 ● track 231

□ 不用	búyòng	뮈 ~할 필요가 없다	□ 不错	búcuò	휑 맞다, 틀림없다
□ 不但	búdàn	젭 ~뿐만 아니라	□ 不够	búgòu	휑 부족하다, 모자라다
□ 不要	búyào	뮈 ~하지 마라	□ 不必	búbì	뮈 ~할 필요가 없다
□ 不见不散	bújiàn búsàn	됭 만날 때까지 기다리다	□ 不便	búbiàn	휑 불편하다
□ 不适	búshì	휑 (몸이) 불편하다	□ 不耐烦	búnàifán	휑 성가시다, 귀찮다

□ 不断	búduàn	🔠 끊임없이	□ 不论	búlùn	🔠 ~을 막론하고
□ 不顾	búgù	고려하지 않다	□ 不至于	búzhìyú	🔠 ~에 이르지 못하다
□ 不懈	búxiè	🔠 게을리하지 않다	□ 不见得	bújiàndé	🔠 반드시 ~라고는 할 수 없다
□ 不利	búlì	🔠 불리하다	□ 多不多	duō bu duō	많습니까?
□ 好不好	hǎo bu hǎo	좋습니까?	□ 不在乎	búzàihu	🔠 대수롭지 않게 여기다
□ 不要紧	búyàojǐn	🔠 괜찮다, 문제없다	□ 吃不了	chī bu liǎo	다 먹지 못하다
□ 冷不冷	lěng bu lěng	춥습니까?	□ 上不去	shàng bu qù	올라갈 수 없다
□ 回不来	huí bu lái	돌아올 수 없다	□ 数不清	shǔ bu qīng	(많아서) 다 헤아릴 수 없다
□ 看不见	kàn bu jiàn	보이지 않다	□ 来不及	lái bu jí	🔠 ~할 겨를이 없다, 미처 ~하지 못하다
□ 听不懂	tīng bu dǒng	알아듣지 못하다, 듣고도 모르다	□ 说不定	shuō bu dìng	🔠 단언하기가 어렵다
□ 做不好	zuò bu hǎo	잘 안 되다, 잘 하지 못하다	□ 说不上	shuō bu shàng	🔠 말이 되지 않는다, 이치에 맞지 않는다
□ 了不起	liǎo buqǐ	🔠 대단하다, 뛰어나다			

(2) '不'의 성조 변화 연습 문장 ● track 232

- 我跟朋友约好明天下午在学校门口见面，不见不散。
  나는 친구와 내일 오후에 학교 앞에서 꼭 보자고 약속했다.

- 王经理由于身体不适，今天提前下班了。
  왕 사장은 몸이 불편해서 오늘 일찍 퇴근했다.

- 人只有不断提升自己，才不会轻易被这个社会淘汰掉。
  사람은 끊임없이 자신을 끌어올려야만 이 사회에서 쉽게 도태되지 않는다.

- 会议时间太长，大家听报告听得有些不耐烦了。
  회의 시간이 너무 길어서 모두 보고를 듣는 것을 조금 귀찮아 했다.

- 奶奶上了年纪，行动有些不便，所以不太喜欢出门。
  할머니는 나이가 드시고 거동이 조금 불편해서 외출하는 것을 그다지 좋아하시지 않는다.

- 不论困难有多大，希望有多小，我都要坚持到底。
  어려움이 얼마나 크든, 희망이 얼마나 작든 나는 끝까지 버텨 낼 것이다.

- 南京是中国四大古都之一，有数不清的名胜古迹。
  난징은 중국 4대 고도 중 하나로 셀 수 없이 많은 명승고적이 있다.

- 你再求她一次，说不定她会答应你。
  네가 그녀에게 다시 한 번 부탁하면 그녀가 허락할지도 모른다.

- 我喜欢清淡的饭菜，太油腻的东西我吃不了。
  나는 담백한 요리를 좋아하며, 너무 기름진 음식은 못 먹는다.

- 要珍惜身边人，等失去后再去后悔就来不及了。
  주변 사람을 소중히 여겨야지, 그 사람을 잃은 후에 후회하면 늦는다.

💬 **다음을 낭독해 봅시다.** (각 문항당 준비 시간 약 2분, 녹음 시간 1분 30초~2분)

7

人们常说，第一印象非常重要，但实际上，在社会关系中，人们留给对方的最后印象也是不容忽视的。某些情况下，最后印象甚至直接决定着个人或单位起初的完美形象能否维持，以及整体形象是否完美，这就是末轮效应。

末轮效应强调"事情圆满结束"，倡导事情应当善始善终，其核心思想是要求人们能够始终如一地保持单位或个人的形象。末轮效应经常被运用在服务过程中，要求服务人员从始至终要保持热情，细致周到，在接待工作顺利完成后，也要讲究"送客礼仪"，这样可以给对方留下不错的印象。如果送客工作处理得不好的话，很可能给对方留下不佳的最后印象，从而影响整个服务过程，不管接待工作再完美，也有可能功亏一篑。

8

鼓励是人生中必不可少的东西。有了鼓励，我们可以树立信心；有了鼓励，我们可以再接再厉；有了鼓励，我们才会有进步。

对于老师和家长来说，鼓励是一种重要的教育方法，每个孩子都能在不断地鼓励下获得自信、勇气和上进心。实践证明，鼓励可以让人开心起来，而在一个愉悦的心情下学习时，无论是感觉，还是思维和记忆力，都会产生事半功倍的效果。因此，在教育孩子时，可以适当地鼓励孩子，这样不仅可以增强他们的自信，提高学习效率，还能让他们在动力的驱使下增强对学习的兴趣，激发孩子的求知欲。

对于领导来说，鼓励员工是最有效的方法。鼓励可以提高员工的效率和业绩，激发员工的积极性与创造性，让员工更加努力，在取得个人业绩的同时，为企业创造出更多的价值。

모범 답안 및 해설 ▶ p.132

9

很多人在生活中都会有这样的经历：在你参与到一些任务的同时，对自己说一些暗示性的话语，可以更有效地帮助你完成任务。从心理学上讲，自我暗示对人的心理作用很大，甚至会改变我们做事的结果。

不同的目标，需要我们使用不同的暗示语。对于一些要求精细操作的任务，要用比较具体的暗示语，如打高尔夫时，可以暗示自己："不要慌，放慢点儿"，"再把手抬高一点儿"等；而对于一些要求有耐力和韧性的任务，我们要使用积极性的暗示语，不停地给自己精神上的鼓舞，这样效果会更好，比如参加马拉松、竞走时，对自己说："再坚持一下就赢了"，"我一定能做到"等。

总之，自我暗示可以帮助我们调整心态，发挥最大的能量，让人更自信、注意力更集中，可以起到事半功倍的效果。

10

幸福是什么？这是一个近乎无解，却又处处是答案的问题。其实，幸福是一种主观感受，是一种体会，但绝不是物质方面的东西。幸福不是奢侈品，也不是高价才能买得到的，它应该是一种日常，是一种美好而珍贵的感觉。

每个人对幸福的定义都不一样，幸福生活的真正意义，是你在定义了自己的幸福后，建设属于自己的幸福家园。如果有人告诉你，他知道让人变得幸福的东西，你千万不要盲目相信他。因为那可能是别人的幸福，并不一定适合你。你要通过自身努力，去找到属于自己的幸福。当然，别人的幸福也可能适合你，这时候，需要你去试验一下这个到底是不是你想追求的幸福，如果是的话，你可以把这种幸福分享给大家，为别人多提供一个选项，这样每个人都可以轻松地享受到幸福。

모범 답안 및 해설 ▶ p.135

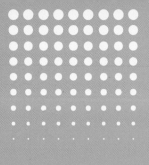

第三部分 回答问题

제3부분 | 질문에 대답하기

제시된 질문에 답하는 형식으로 총 두 문제가 출제된다. 각 문제당 약 2분~2분30초 동안 대답해야 하며, 주어진 녹음 시간을 모두 채우지 못해도 시간 내에 대답을 끝내는 것이 무엇보다 중요하다.

대답하는 중간에 주제가 바뀌지 않아야 하며, 녹음 시간을 채우기 위해 같은 말을 반복하거나 주제와는 관련 없는 말을 하지 않도록 주의해야 한다.

녹음하기 전에 주어지는 준비 시간은 제2부분(낭독)과 함께 총 10분이며, 제3부분은 각 문제당 약 4분씩, 총 8분 동안 준비한 후 대답하면 된다.

제3부분 공략법

1 준비 시간 동안 대답할 내용을 정리하자

정해진 시간을 모두 채워 질문에 대한 대답을 해야 한다는 부담감을 갖지 말자. 질문을 정확히 이해하고 준비 시간을 충분히 활용하여 질문에 대한 자신의 생각을 정리하여 대답하는 것이 중요하다.

2 문어체보다 구어체를 사용하자

국어에도 문어체와 구어체가 있듯이 중국어에도 문어체와 구어체가 있다. 제3부분은 질문을 보고 질문에 대한 나의 생각을 대답하는 파트이므로 문어체보다는 구어체를 활용해서 말하는 것이 좋다.

3 자연스러운 말투로 말하자

정확한 성조와 발음으로 대답하되 낭독하는 어투가 아닌 실제 대화하는 말투로 자연스럽게 대답하는 것이 좋다. 평소 중국인들과 직접 대화할 기회가 많지 않아 자연스러운 말투가 다소 어색할 수는 있겠지만, 중국인의 대화가 녹음된 음원 등을 꾸준히 듣고 따라해 보고, 대화에 자주 등장하는 표현을 정리하여 익혀 보자.

STEP 1 유형 파악하기

우리 주변의 생활과 관련된 질문은 빠지지 않고 등장하는 유형이다. 취미, 나만의 스트레스 해소법 등 개인으로 국한시켜 대답할 수 있는 질문부터 일반적인 생활 상식과 관련된 질문에 이르기까지 광범위하게 출제된다.

> ### 출제 경향

- **일상생활**

    취미가 무엇인지, 어떤 책을 좋아하고, 어떤 영화를 즐겨 보는지, 여가 시간에 무엇을 하는지 등을 묻거나 스트레스 해소 방법, 휴가를 보내는 방법 등 개인적인 일상에 관해 묻는 문제가 출제된다.

- **생활 상식**

    학업, 취업, 결혼, 육아, 성격, 음식, 교우 관계, 주거 문제, 교통 문제 등 생활에서 많이 이야기하는 주제들이 출제된다.

> ### 문제풀이 비법

- **자신의 상황에 대입해서 이야기하자**

    개인적인 일상생활에 관련된 질문은 현재 자신의 생활과 경험에 대입해 내용을 정리하면 쉽게 말할 수 있다.

- **공감할 수 있는 내용을 이야기하자**

    일상생활, 생활 상식 등 내 주변에서 일어난 경험이나 생활을 이야기하는 것이므로 지나치게 독창적인 내용이나 특수한 상황에 대해 이야기하는 것보다 듣는 사람이 공감할 수 있는 내용을 편안한 어조로 이야기하는 것이 좋다.

- **무조건 많이 이야기한다고 고득점을 받는 것은 아니다**

    제3부분의 경우 긴 시간 동안 많이 이야기하는 것이 중요한 것이 아니라 문제당 주어지는 약 2분 30초 동안 문제를 정확히 이해하고 문제에 대한 대답을 오류 없이 정확한 성조와 발음으로 말하는 것이 중요하다.

请说说你的兴趣和业余爱好，并谈谈它们对你的影响。(2.5分钟)

당신의 취미는 무엇이 있는지, 그리고 그것들이 당신에게 어떤 영향을 주었는지 말해 보세요. (2분 30초)

모범 답안 ● track **301**

我有很多兴趣爱好^①，其中一个就是看电视剧，无论是韩剧还是中剧，只要有空，我都会看。有的电视剧我甚至会反复看三四遍，<u>比如</u>^②韩国的《鬼怪》、中国的《三十而已》<u>等等</u>^②。看电视剧的时候，有时我会把自己想象成剧中的主角，完全沉浸在剧情当中；有时还会和家人们<u>一边</u>^③看剧<u>一边</u>^③讨论剧情，其乐融融。看电视剧不仅可以让我暂时忘记所有烦恼，看外国电视剧还可以提高外语听力和口语水平，简直是一举两得。

除了追剧，我还有一个兴趣爱好就是和朋友结伴旅行。<u>俗话说得好</u>^④，独乐乐不如众乐乐，旅途中有很多新鲜有趣的事情可以和好朋友一起经历与分享，制造属于我们的回忆。

<u>我认为</u>^⑤，结伴旅行在帮助我们开阔眼界、增长见识、放松身心的同时，还能促进彼此互相帮助，这样<u>不仅</u>^⑥可以让旅行更方便划算、舒适安全，<u>还</u>^⑥可以增进我和朋友的感情，<u>何乐而不为呢</u>^⑦？

해석 저는 많은 취미가 있는데 그중 하나가 바로 드라마 보는 것입니다. 한국 드라마이든 중국 드라마이든, 시간만 나면 드라마를 봅니다. 일부 드라마, 예를 들어 한국의 「도깨비」나 중국의 「겨우 서른」 등의 드라마는 심지어 서너 번 반복해서 봅니다. 드라마를 볼 때 가끔 저는 스스로를 드라마 속 주인공으로 상상하면서 스토리에 완전히 빠져들기도 하며, 가끔은 가족과 함께 드라마를 보면서 스토리에 관해 이야기하며 즐거워합니다. 드라마를 보면, 모든 걱정을 잠시나마 잊을 수 있을 뿐만 아니라, 외국 드라마를 볼 땐 외국어 듣기와 회화 수준도 높일 수 있어 일거양득입니다.

드라마 외에 다른 취미는 친구와 여행을 가는 것입니다. 옛말에 '혼자보다 여럿이 낫다'는 말이 있습니다. 여행 도중 생기는 새롭고 재미난 일들을 친구와 함께 경험하고 나눌 수 있으며, 우리만의 추억을 만들 수 있습니다.

저는 친구와 함께하는 여행은 시야와 식견을 넓혀 주고 몸과 마음을 편안하게 해 주는 동시에 상호 간의 도움을 촉진할 수 있다고 생각합니다. 이렇게 하면 여행이 더 편리하고 가격도 합리적이며, 마음이 편안하고 안전할 뿐만 아니라 친구와의 감정도 증진할 수 있는데, 마다할 이유가 있을까요?

어휘 兴趣 xìngqù 몡 취미 | 业余爱好 yèyú àihào 여가, 취미 | 电视剧 diànshìjù 몡 텔레비전 드라마 | 韩剧 hánjù 몡 한국 드라마 | 中剧 zhōngjù 몡 중국 드라마 | 反复 fǎnfù 뷘 반복해서, 반복적으로 | 鬼怪 Guǐguài 몡 도깨비 [드라마 제목] | 三十而已 Sānshí éryǐ 겨우 서른 [드라마 제목] | 想象 xiǎngxiàng 동 상상하다 | 主角 zhǔjué 몡 주인공 | 沉浸 chénjìn 동 빠지다, 몰두하다 | 剧情 jùqíng 몡 극의 줄거리 | 当中 dāngzhōng 몡 그 가운데 | 其乐融融 qílè róngróng 셍 화기애애하다 | 所有 suǒyǒu 혱 모든, 일체의 | 烦恼 fánnǎo 몡 걱정, 번뇌 | 外语 wàiyǔ 몡 외국어 | 听力 tīnglì 몡 듣기 | 口语 kǒuyǔ 몡 회화, 구어 | 简直 jiǎnzhí 뷘 그야말로, 완전히 | 一举两得 yìjǔ liǎngdé 셍 일거양득, 꿩 먹고 알 먹기 | 结伴 jiébàn 동 함께 하다, 동행이 되다 | 俗话 súhuà 몡 속담, 속어 | 独乐乐不如众乐乐 dú yuè lè bù rú zhòng yuè lè 혼자보다 여럿이 낫다 | 旅途 lǚtú 몡 여정, 여행 도중 | 分享 fēnxiǎng 동 함께 나누다 | 制造 zhìzào 동 만들다 | 属于 shǔyú 동 ~에 속하다 | 回忆 huíyì 몡 회상, 추억 | 开阔 kāikuò 동 넓히다 | 眼界 yǎnjiè 몡 견문, 식견 | 增长 zēngzhǎng 동 늘어나다, 높아지다 |

남쌤만의 **고득점 tip**

취미와 관련된 질문으로, 내가 가지고 있는 여러 취미 중에 한 두 개를 선택해 소개하고, 그 취미의 장점과 취미를 하게 된 이유를 함께 설명해 보자.

표현 활용 tip

① 我有很多兴趣爱好 문장의 맨 처음 부분에서 앞으로 내가 말할 주제에 대해 언급해 줘도 좋다

② 比如A、B、C等等 내가 설명하고 있는 부분에 대한 예시들을 말할 때 쓰기 좋은 표현

③ 一边A一边B 동시 동작을 표현하고 싶을 때 A, B에 동사를 써서 표현하자

④ 俗话说得好 속담이나 숙어 같은 표현을 말하기 전에 도입 부분에 쓰기 좋은 표현

⑤ 我认为 마지막에 내가 말한 내용을 총정리할 때 쓰자

⑥ 不仅A还B A뿐만 아니라 B 하다
점층 관계를 나타낼 때 쓰는 표현

⑦ 何乐而不为呢 내가 말한 내용에 대해 상대방의 동의를 이끌어낼 때 쓰는 표현

见识 jiànshi 명 식견, 견문 | **身心** shēnxīn 명 심신, 몸과 마음 | **促进** cùjìn 동 촉진하다 | **彼此** bǐcǐ 명 서로, 상호 | **划算** huásuàn 형 수지가 맞다, 계산이 맞다 | **舒适** shūshì 형 기분이 좋다, 편하다 | **何乐而不为** hé lè ér bù wéi 속 왜 하려 하지 않겠는가 [기꺼이 하기를 원함을 나타냄]

💬 **예제 2**

如果有"假期"或者"公休日"，你们国家的人一般会怎样度过? 请介绍一下。(2.5分钟)

'휴가 기간'이나 '공휴일'에 당신의 나라 사람들은 보통 어떻게 보내나요? 소개해 주세요. (2분 30초)

모범답안 ● track **302**

　　我们国家的人一般①很重视假期，每到②放假前夕，很多人都开始精心制定假期计划。

　　对于③上班族来说③，如果时间允许的话，就约上几个朋友出国旅游。很多人会选择就近的国家，比如中国、东南亚等一些国家，在那里玩儿个三天两夜，既④能缓解压力、放松心情，又④能和朋友们制造美好的回忆。如果⑤假期比较短的话⑤，大部分人会选择待在家里陪陪家人，或者一起出去兜兜风、散散步什么的⑥，很多上班族平时工作繁忙，有的甚至在他乡打工，和家人聚少离多，趁⑦这个假期可以好好沟通一下感情。

　　对于学生们来说，平时紧张地学习和不规律的作息导致⑧自己快要喘不过气来了，好不容易才放几天假，好好休息是再重要不过的了。而对于一些备考生来说，假期是一个逆袭的好机会，可以充分利用这段时间查缺补漏，同时调整好身体状态，迎接新的挑战。

해석 우리나라 사람들은 일반적으로 휴가 기간을 중요시합니다. 휴가를 보내기 전, 사람들은 정성 들여 휴가 계획을 세웁니다.

직장인들은 만약 시간이 허락한다면 몇몇 친구와 외국으로 여행 갈 약속을 합니다. 많은 사람들은 중국, 동남아 일부 국가 등 우리나라와 가까운 나라를 선택합니다. 그곳에서 2박 3일 정도 놀면 스트레스를 풀고 마음을 편안하게 수 있으며, 친구들과의 아름다운 추억도 만들 수 있습니다. 만약 휴가 기간이 비교적 짧다면 대부분 사람은 집에서 가족과 보내거나 함께 나가서 바람을 쐬거나 산책 등을 합니다. 많은 직장인은 평소에 일이 바쁘고 심지어 타지에서 일하는 사람도 있어 가족과 떨어져 있는 시간이 길기 때문에 이러한 휴가 기간을 이용해 가족과 소통합니다.

학생들은 평소에 강도 높은 공부와 불규칙한 휴식으로 인해 숨 쉴 틈이 없어 어렵게 겨우 며칠 휴가가 생기면 잘 쉬는 것만큼 중요한 게 없습니다. 또, 고시생들에게 있어 휴가는 역전할 좋은 기회여서 이 기간을 충분히 이용하여 부족한 부분을 보완함과 동시에 몸 건강 상태를 조절하여 새로운 도전을 맞이합니다.

어휘 **假期** jiàqī 명 휴가 기간, 휴가 때 | **公休日** gōngxiūrì 명 공휴일 | **度过** dùguò 동 보내다, 지내다 | **放假** fàngjià 동 휴가로 쉬다 | **前夕** qiánxī 명 ~하기 전 | **精心** jīngxīn 형 공들이다, 정성 들이다 | **制定** zhìdìng 동 세우다, 만들다 | **上班族** shàngbānzú 명 직장인, 셀

남쌤 만의 **고득점 tip**

평소 친구들과 이야기 나눴던 다양한 휴가 이야기를 풀어서 써 보자.

표현 활용 tip

① 我们国家的人一般~ 시작하는 부분에서 일반적인 상황을 말할 때 쓰기 좋은 표현

② 每到+시기 매번 반복되는 동일한 상황을 말할 때 쓰기 좋은 표현

③ 对于A来说 A에 대해 말하자면
견해를 말할 때, 처음 부분에 사용하면 좋은 표현. 이 외에도, '对A来说', '就A而言', '在A看来' 등이 있다

④ 既A又B A하기도 하고 B하기도 하다
두 가지 형식과 성질을 표현할 때 유용한 표현

⑤ 如果(~的话) 어떤 상황을 가정할 때 사용

⑥ 什么的 '등등', '따위'를 나타내는 표현으로 等 대신에 사용해 보자

⑦ 趁A A라는 상황을 틈타
특정 시간이나 상황을 틈타 어떤 행동을 하는 것을 표현함

⑧ 导致 일반적으로 부정적인 결과를 초래할 때 사용한다

러리맨 | **允许** yǔnxǔ 〔동〕 허가하다 | **就近** jiùjìn 〔부〕 가까운 곳에서, 근방에서 | **东南亚** Dōngnán Yà 〔고유〕 동남아시아 | **三天两夜** sāntiān liǎngyè 2박3일 | **既** jì 〔접〕 ～할 뿐만 아니라 | **缓解** huǎnjiě 〔동〕 완화시키다 | **制造** zhìzào 〔동〕 만들다 | **美好** měihǎo 〔형〕 아름답다, 행복하다 [주로 생활·앞날·희망 등의 추상적인 것에 쓰임] | **待** dāi 〔동〕 머물다, 체류하다 | **兜风** dōufēng 〔동〕 (자동차·말·유람선 등을 타고) 바람을 쐬다, 드라이브하다 | **什么的** shénmede …등등, 따위 [하나의 성분이나 몇 개의 병렬 성분 뒤에 쓰임] | **繁忙** fánmáng 〔형〕 번거롭고 바쁘다 | **他乡** tāxiāng 〔명〕 (고향에서 상당히 떨어진) 타향 | **打工** dǎgōng 〔동〕 아르바이트하다, 일하다 | **聚少离多** jùshǎo líduō 같이 있는 시간은 짧고, 떨어져 있는 시간은 길다 | **沟通** gōutōng 〔동〕 교류하다, 소통하다 | **规律** guīlǜ 〔형〕 규칙적이다, 규율에 맞다 | **作息** zuòxī 〔명〕 일과 휴식 | **导致** dǎozhì 〔동〕 야기하다, 초래하다 | **喘不过气来** chuǎn búguò qì lái 숨이 헉헉거리다 | **好不容易** hǎoburóngyi 〔부〕 겨우, 가까스로 | **备考生** bèikǎoshēng 〔명〕 고시생 | **逆袭** nìxí 〔동〕 역전하다, 역습하다 | **充分** chōngfèn 〔부〕 충분히, 완전히 | **利用** lìyòng 〔동〕 이용하다 | **查缺补漏** chá quē bǔlòu 결함을 찾아 보완하다 | **调整** tiáozhěng 〔동〕 조정하다, 조절하다 | **状态** zhuàngtài 〔명〕 상태 | **迎接** yíngjiē 〔동〕 맞이하다 | **挑战** tiǎozhàn 〔명〕 도전

STEP 2 | 내공 쌓기

문제를 보고 짧은 시간에 말할 내용을 정리해서 대답하는 것은 쉽지 않다. 실제 시험에서 주어진 시간 내에 짜임새 있는 답안을 녹음하여 제출하기 위해서는 시험에 자주 출제되는 질문 유형을 파악하고 아래에 정리한 관련 어휘와 만능 패턴을 가지고 자신만의 모범 답안을 준비해 보는 것이 중요하다.

1 시험에 출제되는 질문 유형 ● track 303

- 你们国家有哪些风景优美的地方？请介绍其中一个。
  당신 나라에는 경치가 아름다운 곳이 있습니까? 그중 하나를 소개해 주세요.

- 从小到大，你一定收到过各种各样的礼物，在这些礼物当中，哪个礼物给你的印象最深？请介绍一下。 어릴 때부터 어른이 되기까지, 당신은 다양한 선물을 받은 적이 있을 텐데, 이 선물들 중에 어떤 선물이 가장 인상 깊었습니까? 소개해 주세요.

- 你小时候玩儿过什么游戏？请介绍几个小时候的游戏。
  당신은 어렸을 때 어떤 게임을 했습니까? 어릴 적의 게임 몇 개를 소개해 주세요.

- 每个国家举行婚礼的方式都不太一样，你们国家的婚礼仪式是什么样的？请简单介绍一下。 각 나라마다 결혼식을 거행하는 방식이 모두 다른데, 당신 나라의 결혼식은 어떻습니까? 간단하게 소개해 주세요.

- 在过去的5年中，你有没有做过什么事情让你很有成就感？请简单谈一下。
  지난 5년 동안, 당신에게 성취감을 주는 일을 한 적이 있는지 간단히 이야기해 주세요.

- 生活中总会遇到困难和挫折，请谈谈你是如何应对挫折和困难的，并举例说明。
  생활에서 어려움과 좌절을 맞닥뜨리기 마련인데, 당신은 좌절과 어려움에 어떻게 대처하는지 예를 들어 설명해 보세요.

- 假如有一份工作与你的专业对口，为了应聘这份工作，你将如何制作简历？
  만약 당신의 전공과 맞는 일자리가 있다면, 이 일자리에 지원하기 위해 당신은 어떻게 이력서를 작성하시겠습니까?

- 请描述一下你的性格，并谈谈你的性格中有哪些优缺点。
  당신의 성격을 묘사하고, 당신의 성격에 어떤 장단점이 있는지 말해 보세요.

- 每个人的思考方式都有所不同，当别人误解你的时候，你会怎么做？
  사람마다 사고 방식이 다른데, 다른 사람이 당신을 오해할 경우, 당신은 어떻게 하겠습니까?

- 你认为在选择大学专业时，需要考虑的因素有哪些？为什么要考虑这些因素？
  당신은 대학 전공을 선택할 때, 고려해야 하는 요소는 무엇이라고 생각합니까? 왜 이런 요소를 고려해야 합니까?

가정·일상	☐ 家庭 jiātíng 몡 가정	☐ 做家务 zuò jiāwù 집안일을 하다
	☐ 孝顺 xiàoshùn 됭 효도하다	☐ 青少年 qīngshàonián 몡 청소년
	☐ 婴儿 yīng'ér 몡 영아	☐ 父母 fùmǔ 몡 부모
	☐ 家长 jiāzhǎng 몡 가장, 학부모	☐ 教育 jiàoyù 몡 교육 됭 교육하다
	☐ 谈恋爱 tán liàn'ài 연애하다	☐ 婚礼 hūnlǐ 결혼식
	☐ 婚姻 hūnyīn 몡 결혼	☐ 结婚 jiéhūn 됭 결혼하다
	☐ 重视 zhòngshì 몡 중시 됭 중시하다	☐ 培养 péiyǎng 됭 양성하다, 기르다
	☐ 分手 fēnshǒu 됭 이별하다	☐ 宠物 chǒngwù 몡 반려동물, 애완동물

관광·취미	☐ 游览 yóulǎn 됭 유람하다	☐ 遗址 yízhǐ 몡 유적
	☐ 欣赏 xīnshǎng 됭 감상하다	☐ 名胜古迹 míngshèng gǔjì 명승 고적
	☐ 景观 jǐngguān 몡 경치, 경관	☐ 合影 héyǐng 몡 단체 사진
	☐ 景色 jǐngsè 몡 경치, 풍경	☐ 感兴趣 gǎn xìngqù 흥미를 느끼다
	☐ 美景 měijǐng 몡 아름다운 풍경	☐ 爱好 àihào 몡 취미
	☐ 风景 fēngjǐng 몡 풍경, 경치	☐ 收藏 shōucáng 됭 수집하다
	☐ 壮观 zhuàngguān 몡 웅장한 경관, 장관	☐ 玩儿游戏 wánr yóuxì 게임을 하다
	☐ 导游 dǎoyóu 몡 가이드	☐ 象棋 xiàngqí 몡 장기
	☐ 优美 yōuměi 혱 우아하고 아름답다	☐ 下棋 xiàqí 장기를 두다
		☐ 业余 yèyú 혱 여가의

회사·취업	☐ 竞争 jìngzhēng 됭 경쟁하다	☐ 提高能力 tígāo nénglì 능력을 향상시키다
	☐ 求职 qiúzhí 됭 직업을 구하다	☐ 就业 jiùyè 됭 취업하다
	☐ 应聘 yìngpìn 됭 지원하다	☐ 招聘 zhāopìn 됭 모집하다
	☐ 录取 lùqǔ 됭 채용하다	☐ 面试 miànshì 몡 면접시험
	☐ 单位 dānwèi 몡 회사, 단체	☐ 担任 dānrèn 됭 담당하다
	☐ 工资 gōngzī 몡 임금	☐ 职场 zhíchǎng 몡 직장
	☐ 收入 shōurù 몡 수입	☐ 领导 lǐngdǎo 몡 지도자
	☐ 报酬 bàochou 몡 보수	☐ 退休 tuìxiū 됭 퇴직하다
	☐ 辞职 cízhí 됭 사직하다	☐ 组织 zǔzhī 몡 조직 됭 구성하다
	☐ 兼职 jiānzhí 됭 겸직하다	☐ 沟通 gōutōng 됭 소통하다
	☐ 困难 kùnnan 몡 어려움 혱 어렵다	☐ 经验 jīngyàn 몡 경험 됭 경험하다
	☐ 商量 shāngliang 됭 상의하다	☐ 行业 hángyè 몡 직업, 직종
	☐ 从事 cóngshì 됭 종사하다	☐ 资本 zīběn 몡 자본, 자금
	☐ 创业 chuàngyè 됭 창업하다	☐ 承担 chéngdān 됭 담당하다, 맡다
	☐ 做生意 zuò shēngyi 사업을 하다, 장사하다	☐ 经历 jīnglì 몡 경험 됭 겪다
	☐ 学历 xuélì 몡 학력	☐ 潜力 qiánlì 몡 잠재력
	☐ 榜样 bǎngyàng 몡 모범	☐ 任务 rènwu 몡 임무
	☐ 竞争力 jìngzhēnglì 몡 경쟁력	☐ 炒鱿鱼 chǎo yóuyú 해고하다
	☐ 推荐 tuījiàn 됭 추천하다	☐ 下岗 xiàgǎng 됭 퇴직하다
	☐ 待遇 dàiyù 몡 대우	☐ 打工 dǎgōng 됭 아르바이트하다
	☐ 简历 jiǎnlì 몡 이력서	☐ 出差 chūchāi 됭 출장하다

학습·공부	☐ 学习 xuéxí 동 공부하다	☐ 语言 yǔyán 명 언어
	☐ 语言不通 yǔyán bùtōng 언어가 통하지 않다	☐ 汉语 Hànyǔ 고유 중국어
	☐ 功夫不负有心人 gōngfu bú fù yǒuxīnrén 속담 노력만 하면 일은 성공하게 마련이다	☐ 决心 juéxīn 동 결심하다
		☐ 提高水平 tígāo shuǐpíng 수준을 높이다
	☐ 进步 jìnbù 동 진보하다	☐ 流利 liúlì 형 유창하다
	☐ 高考 gāokǎo 명 대학 입학 시험	☐ 留学 liúxué 동 유학하다
	☐ 考生 kǎoshēng 명 수험생	☐ 成就感 chéngjiùgǎn 명 성취감
	☐ 用功 yònggōng 동 열심히 공부하다	☐ 积累知识 jīlěi zhīshi 지식을 쌓다
건강	☐ 减轻疲劳 jiǎnqīng píláo 피로를 줄이다	☐ 受到压力 shòudào yālì 스트레스를 받다
	☐ 锻炼身体 duànliàn shēntǐ 신체를 단련하다	☐ 减肥 jiǎnféi 동 다이어트를 하다
	☐ 节食 jiéshí 동 음식을 줄이다	☐ 放松心情 fàngsōng xīnqíng 마음을 편안히 하다
	☐ 缓解 huǎnjiě 동 완화시키다	☐ 精神 jīngshen 명 원기, 정력
	☐ 减少压力 jiǎnshǎo yālì 스트레스를 줄이다	☐ 调整心态 tiáozhěng xīntài 마음을 다스리다
	☐ 健康 jiànkāng 형 건강하다	☐ 传染 chuánrǎn 동 전염되다, 감염되다
	☐ 恢复 huīfù 동 회복하다	☐ 失眠 shīmián 명 불면증
	☐ 过敏 guòmǐn 명 알레르기	☐ 营养丰富 yíngyǎng fēngfù 영양이 풍부하다
		☐ 预防 yùfáng 동 예방하다
명절·기념일	☐ 春节 Chūnjié 고유 춘절, 설	☐ 端午节 Duānwǔ Jié 고유 단오절
	☐ 过年 guònián 동 새해를 맞다	☐ 情人节 Qíngrén Jié 고유 밸런타인데이
	☐ 鞭炮 biānpào 명 폭죽	☐ 圣诞节 Shèngdàn Jié 고유 크리스마스
	☐ 中秋节 Zhōngqiū Jié 고유 중추절, 추석	☐ 儿童节 Értóng Jié 고유 어린이날
	☐ 月饼 yuèbing 명 월병	☐ 过生日 guò shēngrì 생일을 보내다
일상문제	☐ 违反 wéifǎn 동 위반하다	☐ 控制 kòngzhì 동 규제하다, 제어하다
	☐ 阻止 zǔzhǐ 동 저지하다	☐ 避免 bìmiǎn 동 피하다
	☐ 名牌 míngpái 명 유명 상표, 명품	☐ 奢侈品 shēchǐpǐn 명 사치품
	☐ 消费 xiāofèi 동 소비하다	☐ 知名度 zhīmíngdù 명 지명도
	☐ 服饰 fúshì 명 의복과 장신구	☐ 观念 guānniàn 명 관념
성격·감정·태도	☐ 性格 xìnggé 명 성격	☐ 乐观 lèguān 형 낙관적이다
	☐ 悲观 bēiguān 형 비관적이다	☐ 温柔 wēnróu 형 온유하다
	☐ 亲切 qīnqiè 형 친밀하다, 친절하다	☐ 善良 shànliáng 형 착하다
	☐ 敏感 mǐngǎn 형 민감하다	☐ 谦虚 qiānxū 형 겸손하다, 겸허하다
	☐ 热情 rèqíng 형 열정적이다, 친절하다	☐ 幸福 xìngfú 명 행복 형 행복하다
	☐ 批评 pīpíng 동 비평하다	☐ 情绪 qíngxù 명 정서, 기분
	☐ 感情 gǎnqíng 명 감정	☐ 严格 yángé 형 엄격하다
	☐ 自卑 zìbēi 형 열등감을 가지다	☐ 胆小 dǎnxiǎo 형 소심하다
	☐ 自由 zìyóu 형 자유롭다	☐ 宽松 kuānsōng 형 (마음이) 후련하다
	☐ 客观 kèguān 형 객관적이다	☐ 可靠 kěkào 형 믿음직스럽다
	☐ 自私 zìsī 형 이기적이다	☐ 诚实 chéngshí 형 성실하다
	☐ 活泼 huópō 형 활발하다	☐ 开朗 kāilǎng 형 명랑하다

3 시험에 자주 사용할 수 있는 만능 패턴 ● track 305

(1) 有时A, 有时B 때로는 A하고 때로는 B하다

- 我觉得我的性格具有两面性，有时特别开朗活泼，有时特别内敛平静。
  나는 나의 성격이 양면성을 가지고 있다고 생각한다. 때로는 매우 밝고 활발하며, 때로는 매우 내성적이고 차분하다.

- 生活中难免有被误解的时候，有时是被家人和朋友误解，有时是被同事或陌生人误解。 살다 보면 오해 받는 것을 피할 수 없을 때가 있다. 때로는 가족과 친구에게 오해를 받기도 하고 때로는 동료나 낯선 사람들에게 오해 받기도 한다.

(2) 沉浸在A当中 A에 빠져 있다/빠져들다

- 举行婚礼的时候，新人和亲朋好友都沉浸在喜悦当中。
  결혼식을 올릴 때 신랑, 신부와 친지 모두가 기쁨에 빠져 있다.

- 每次成功的时候，我整个人都完全沉浸在成功的欢喜当中。
  매번 성공할 때마다 나는 온통 성공의 기쁨에 완전히 빠져들었다.

(3) 拿我来说 나로 말하(자)면

- 每个人对待困难的态度都不一样，拿我来说，我会先客观分析问题，然后再想办法解决。 사람마다 어려움을 대하는 태도는 다른데, 나로 말할 것 같으면, 나는 우선 객관적으로 문제를 분석한 다음에 방법을 생각해 해결할 것이다.

- 有的人性格内向，有的人性格开朗，拿我来说，我的性格有时活泼，有时很安静。
  어떤 사람은 성격이 내성적이고 어떤 사람은 성격이 명랑한데, 나로 말하자면 나의 성격은 때로는 활발하고 때로는 조용하다.

(4) 一边A, 一边B A하면서 B하다

- 人生中总会遇到各种各样的困难，很多情况下，我们都是一边调整心态，一边想方设法解决困难。 인생에서는 늘 여러 가지 어려움에 맞닥뜨린다. 많은 경우에 우리 모두는 마음 상태를 다스리는 한편 온갖 방법을 생각해 어려움을 해결한다.

- 跟朋友玩儿电脑游戏的时候，可以一边和朋友沟通感情，一边享受胜利的喜悦，简直是一举两得。 친구와 컴퓨터 게임을 할 때, 친구와 감정을 소통할 수 있고 승리의 기쁨을 누릴 수 있으니 그야말로 일거양득이다.

(5) 对于A来说 A에게 있어서

- 对于我来说，最好的礼物不是某样具体的东西，而是不经意间感受到的温暖。
  나에게 있어서 가장 좋은 선물은 어떤 구체적인 물건이 아니라 무심코 느끼는 따뜻함이다.

- 对于外国人来说，一个国家最值得去的旅游胜地要属名胜古迹了。
  외국인에게 있어서, 한 국가에서 가장 가 볼만한 관광지는 명승고적일 것이다.

(6) 第一, 第二, 第三, 最后 (首先, 其次, 最后/首先, 另外) 첫째, 둘째, 셋째, 마지막 (우선, 그 다음, 마지막/우선, 그 외)

- 选择大学时要考虑几个因素：第一，要了解自己的爱好与理想；第二，要找到和自己爱好相结合的大学专业；最后，要了解大学的专业实力。 대학을 선택할 때는 몇 가지 요소를 고려해야 한다. 첫째, 자신의 취미와 꿈을 알아야 하고, 둘째, 자신의 취향과 서로 결부된 대학 전공을 찾아야 한다. 마지막으로 대학의 전공 실력을 알아야 한다.

- 当遭到别人的误解时，首先，要保持冷静，不能激动；其次，仔细分析一下别人误解自己的原因；最后，和对方进行有效地沟通，尽快化解矛盾。 남에게 오해를 받았을 때, 우선 냉정을 유지해야 하고 흥분해서는 안 된다. 그 다음엔 남이 자신을 오해한 원인을 자세히 분석해 보고, 마지막으로 상대방과 효과적으로 소통해서 가급적 빨리 갈등을 해소한다.

⑺ 总而言之(≒总之) **결론적으로 말하자면**

- 总而言之，世界上没有战胜不了的困难，只要我们不放弃，坚强面对，就一定会克服困难。 결론적으로 말하자면, 세상에는 이겨내지 못하는 어려움은 없으며, 우리가 포기하지 않고 굳건하게 마주한다면 반드시 어려움을 극복할 수 있을 것이다.

- 总而言之，我们在生活中不管遇到什么情况，都要调整好自己的心态，采取有效的方式对应生活中的难题。 결론적으로 말하자면, 우리는 생활 속에서 어떠한 상황을 마주하더라도, 자신의 마음 상태를 잘 다스리고, 효과적인 방법을 취해서 생활 속의 어려움에 대응해야 한다.

⑻ 除了A外，什么也B **A 이외에 어떠한 것도 B하다**

- 每次在欣赏美景的时候，我除了赞叹外，什么也说不出来。 매번 아름다운 경치를 감상할 때마다 나는 감탄하는 것 외에 아무 말도 하지 못했다.

- 很多人在面对困难时，除了唉声叹气外，什么也不做。 많은 사람들이 어려움에 직면했을 때 탄식하는 것 외에 아무것도 하지 않는다.

⑼ 从A到B **A에서 B까지**

- 从大学毕业到现在，我经历过大大小小的事情，其中有一件事情让我非常有成就感。 대학 졸업하고 지금까지 나는 크고 작은 일을 겪어 봤는데, 그중 내가 가장 성취감을 느끼게 한 일이 있다.

- 从小到大，我和朋友们最喜欢玩儿的游戏就是捉迷藏。 어릴 때부터 나와 친구들이 가장 놀기 좋아한 게임은 바로 숨바꼭질이다.

⑽ 成为A (=되고 싶은 대상) **A가 되다**

- 我的梦想是成为一名飞行员，为此，我一直不断努力，挑战自我。 나의 꿈은 파일럿이 되는 것이고, 이를 위해 나는 계속해서 끊임없이 노력하고 나 자신에게 도전한다.

- 只有我们了解自己的性格，取长补短，才能成为更好的自己。 우리는 자신의 성격을 알고, 장점을 취하고 단점을 보완해야만 더 훌륭한 자신이 될 수 있다.

⑾ 随着A的发展 **A의 발전에 따라**

- 随着时代的发展，各个职场都对应聘者提出了不同的要求。近几年，语言表达能力也成为了企业衡量应聘者的标准之一。 시대의 발전에 따라, 각 직장마다 지원자에 대한 다른 요구를 제시하고 있다. 최근 몇 년 사이 언어 표현력도 기업에서 지원자를 가늠하는 기준 중 하나가 됐다.

- 随着社会的发展，生活中我们休闲娱乐的方式越来越多，但尽管如此，童年时和小伙伴们一起玩儿的游戏依然让我印象深刻。 사회가 발전함에 따라 생활 속에서 우리는 여가를 즐기는 방식이 점점 많아지고 있지만, 그럼에도 불구하고 어린 시절 친구들과 함께 놀았던 게임이 여전히 기억에 깊게 남는다.

⑿ 之所以A, 是因为B **A한 까닭은 B 때문이다**

- 有时我觉得："一个巴掌拍不响"，之所以被人误解，是因为自己表述得太模糊了。 가끔 내가 '손뼉도 마주쳐야 소리가 난다'라고 오해 받는 이유는 내가 너무 애매하게 표현했기 때문이라고 생각한다.

- 这件礼物之所以给我留下了深刻的印象，是因为这是朋友在百忙之中一点一点做出来的。 이 선물이 나에게 깊은 인상을 남긴 까닭은 이것이 친구가 바쁜 와중에 조금씩 만들었기 때문이다.

⒀ 与其A, 不如B **A하기보다는 B하는 게 낫다**

- 有些人认为，上大学时，与其选热门受欢迎的专业，不如选自己感兴趣的专业，这样才有信心坚持下去。 어떤 사람은 대학에 진학할 때 인기 있는 전공을 선택하기 보다는 자신이 관심 있는 전공을 선택해야 버텨낼 수 있는 자신감이 생긴다고 생각한다.

- 我个人认为，当困难来临时，与其不停抱怨，不如摆正心态，勇敢地面对困难。 나 개인적으로는 어려움이 닥쳤을 때 끊임없이 불평하기보다는 마음을 다잡고 어려움에 용감히 직면하는 것이 낫다고 생각한다.

💬 다음 질문에 대답해 봅시다. (각 문항당 준비 시간 약 4분, 녹음 시간 약 2분~2분 30초)

1 当你受到压力时，一般会通过何种方式来缓解？

2 要想成为一名合格的领导，应该具备哪些基本能力和素质？为什么？

3 请谈谈你学习汉语的经历，并简单说说为什么要学汉语？

4 假如给你一个月的假期，那么你现在最想做什么？

모범 답안 및 해설 ▶ p.138

5 如果让你介绍一个值得你尊敬的人，那么你会介绍谁？原因是什么？

6 到目前为止，你有什么还没实现的愿望？你打算如何实现它？

7 你对名牌商品感兴趣吗？为什么？

8 你认为，作为父母对子女严格更好还是宽松更好？请说明理由。

모범 답안 및 해설 ▶ p.143

02 사회적 이슈

STEP 1 유형 파악하기

인터넷이나 뉴스에 많이 등장하는 사회 문제, 시사 문제가 출제되고, 또는 내가 자주 접하지 못한 이슈 등에 대한 견해를 묻는 문제도 출제된다.

▷ 출제 경향

- **사회적 이슈**

  청소년의 게임 중독, 직장 관련 문제, 노인 문제, 환경 문제 등 현대 사회에서 전반적으로 일어나고 있는 다양한 이슈에 대한 문제가 출제된다.

▷ 문제풀이 비법

- **평소 뉴스를 통해 배경 지식을 많이 쌓아 두자**

  사회적 이슈 문제는 탄탄한 배경 지식이 없으면 자신의 견해를 밝히는 데 필요한 근거 및 예시를 제대로 말할 수가 없다. 따라서 시험에 자주 출제되는 문제뿐만 아니라 평소에 뉴스, 신문 등을 통해 다양한 이슈들을 살펴봄으로써 배경 지식을 쌓아두는 것이 중요하며, 자주 접하는 이슈에 대한 자신의 견해를 생각해 두는 것도 좋다. 미디어, 인터넷 등을 통해 중국의 뉴스, 시대성을 반영한 이슈에 대한 보도 내용 등을 찾아보고, 뉴스, 보도 내용 등에 사용한 어휘나 표현을 알아둔다면 더 많은 배경 지식을 쌓을 수 있을 것이다.

- **자신의 견해를 무조건 우기 듯 주장하지 말자**

  이슈에 대한 견해를 묻는 문제는 대답하는 사람마다 견해가 다르므로 '정답'이 있을 수 없다. 그러나 자신의 견해를 뒷받침할 수 있는 근거를 제시하지 않고 자신의 견해가 무조건 옳다고 이야기하면 감점의 요인이 될 수 있다. 또한 말하는 중간에 주제를 벗어난 이야기를 하거나 도중에 자신의 입장을 바꾸지 않도록 주의하자.

- **문제를 읽고 말할 내용의 대략적인 개요를 머릿속에 그려 보자**

  응시생 각자의 배경 지식과 중국어 실력을 바탕으로 문제에 대한 견해와 견해를 뒷받침할 수 있는 합리적인 근거를 짧은 시간 안에 논리적으로 말할 수 있는가를 평가하는 부분이다. 그러므로 짧은 준비 시간 동안에 먼저 문제의 유형을 정확히 파악하고, 대답하려는 내용과 말할 순서를 생각하고, 정리해 보는 것이 중요하다. IBT 방식으로 응시할 경우, 키보드를 이용해 중국어 메모는 가능하므로 대답에 포함시킬 표현이나 어휘 일부를 간략하게 메모하면서 준비해도 무방하다.

- **마지막에 자신의 입장을 다시 한 번 전달하자**

  본론에서 자신의 의견을 말한 다음, 결론 부분에서 자신의 의견을 다시 한번 정리해서 말한다면, 내가 말하고자 하는 내용을 분명히 전달할 수 있고 상대방을 설득하는 데도 도움이 된다.

예제 3

> "青少年痴迷于网络游戏"已是不容忽视的问题。请你谈谈对这一现象的看法。（2.5 分钟）
>
> '청소년의 인터넷 게임 중독'은 이미 간과할 수 없는 문제가 되었습니다. 이 현상에 대한 당신의 생각을 말해 보세요. (2분 30초)

모범 답안 ▶ track **306**

网络时代给人们的生活带来了前所未有的变化①，对于青少年来说，网络在为学习带来便利的同时，也悄悄影响着他们的身心健康。其中，网络游戏对青少年的影响正受到全社会的高度重视。

为数不少②的青少年越来越痴迷于③网络游戏，究其原因④，首先，由于青少年自控能力不强，一旦投入游戏世界，就会无法⑤抗拒虚拟世界中带来的成就感，忽视了现实生活的重要性；另外，现实生活中，由于父母繁忙的工作而忽视了与孩子的沟通，这也会导致⑥情绪释放不出⑦的青少年选择在网络中发泄。

因此，青少年沉迷于网络不仅是自身的问题，家庭、社会的环境对孩子的成长也起到⑧很大的作用⑧。社会和家庭应该为孩子营造一个健康良好的成长环境，多倾听孩子的声音。如果孩子已经痴迷于网络游戏的话，更要关心他们，正确引导孩子，并鼓励孩子，让他们增强自信，减少对网络的依赖性。

해석 인터넷 시대는 사람들의 삶에 전례 없는 변화를 가져다주었습니다. 청소년에게 있어 인터넷은 학습에 편리함을 주는 동시에 청소년의 심신 건강에도 조금씩 영향을 주고 있습니다. 그중 인터넷 게임이 청소년에게 미치는 영향은 사회 전반으로부터 큰 관심을 받고 있습니다.

수많은 청소년들이 점점 인터넷 게임에 빠져들고 있습니다. 그 원인을 살펴보면, 먼저 청소년은 자제 능력이 강하지 않아 게임 세계에 한번 빠져들면 가상 세계에서 오는 성취감에 저항할 수 없어 현실 세계의 중요성을 경시하게 됩니다. 그 외에도 현실 생활에서 부모가 일이 바빠 아이와의 소통을 소홀히 하게 되었고, 이는 감정을 표출할 수 없는 청소년이 인터넷 상에서의 감정 발산이라는 선택을 초래할 수도 있습니다.

따라서 청소년의 인터넷 중독은 자신의 문제일 뿐만 아니라 가정, 사회의 환경이 아이의 성장에 큰 작용을 하는 것입니다. 사회와 가정은 아이를 위해 건강하고 올바른 성장 환경을 조성하고 아이의 목소리를 많이 경청해야 합니다. 만약 아이가 이미 인터넷 게임에 중독되었다면 아이에게 더욱 관심을 쏟고 아이를 올바르게 지도하고 격려하여 아이가 자신감을 높이고 인터넷에 대한 의존도를 줄일 수 있게 해야 합니다.

제3부분 | 질문에 대답하기

남쌤만의 **고득점 tip**

현재 청소년 게임 중독은 심각한 사회 문제로 대두되고 있다. 중독으로 인해 발생하는 문제들도 점점 많아지고 있는 시점에서 내가 생각하고 있는 게임 중독에 원인과 그 해결 방안을 정리해서 말해 보자.

표현 활용 tip

① A给人们的生活带来了前所未有的变化　시작 부분에서 주제와 관련된 배경을 언급해도 좋다

② 为数不少　'不少' 또는 '很多'로 바꿔 말해도 된다

③ A痴迷于B　A가 B에 사로잡히다/빠져서 헤어지지 못하다
'痴迷'는 '入迷rùmí', '着迷zháomí' 보다 정도가 심해 헤어나지 못할 지경에 이르렀음을 나타낸다

④ 究其原因　그 원인을 살펴 보면 이유를 말하기 전에 사용해 보자

⑤ 无法+동사　~할 방법이 없음을 표현하고 싶을 때 사용

⑥ 导致　'导致'는 일반적으로 부정적인 결과를 초래할 때 많이 쓰이므로, 비슷한 뜻을 가진 '引起yǐnqǐ'와 혼동하여 사용하지 말자

⑦ 释放不出　'표출할 수 없다'라는 불가능 표현으로 일부러 하지 않는 '不释放'과는 다른 의미이므로 헷갈리지 말자

⑧ 起到~作用　~한 작용을 하다/~한 역할을 하다
작문, 회화에서 유용하게 쓰는 구문

어휘 青少年 qīngshàonián 몡 청소년 | 痴迷 chīmí 동 중독되다, 사로잡히다 | 网络 wǎngluò 몡 인터넷, 네트워크 | 忽视 hūshì 동 간과하다, 소홀히 하다 | 现象 xiànxiàng 몡 현상 | 看法 kànfǎ 몡 생각, 견해 | 时代 shídài 몡 (역사상의) 시대, 시기 | 生活 shēnghuó 몡 생활 | 带来 dàilái 가져주다, 가져오다 | 前所未有 qiánsuǒwèiyǒu 솅 전례 없는 | 变化 biànhuà 몡 변화 | ……来说 ……láishuō ~으로 말하자면 [对于……来说: ~에게 있어서] | ★便利 biànlì 혱 편리하다 | 同时 tóngshí 붜 동시에 | 悄悄 qiāoqiāo 붜 (소리나 행동을) 조금씩, 은밀히 | 身心 shēnxīn 몡 심신, 몸과 마음 | 其中 qízhōng 때 그 중에, 그 안에 | 受到 shòudào 동 받다, 얻다 | 全 quán 몡 전체, 모두 | 社会 shèhuì 몡 사회 | 重视 zhòngshì 동 중시하다, 중요시하다 | 数 shù 몡 수, 수량 | 原因 yuányīn 몡 원인 | 首先 shǒuxiān 때 첫째, 먼저, 붜 가장 먼저, 우선 | 由于 yóuyú 젭 ~때문에, ~로 인하여 | 自控 zìkòng 동 제어, 자기 억제 | 能力 nénglì 몡 능력 | 强 qiáng 혱 강하다 | 一旦 yídàn 붜 일단 ~한다면[아직 일어나지 않은 가정의 상황을 나타냄] | 投入 tóurù 동 빠져들다, 돌입하다, 뛰어들다, 참가하다 | 无法 wúfǎ 동 방법이 없다, 할 수 없다 | 抗拒 kàngjù 동 저항하다, 항거하다, 거부하다 | 虚拟 xūnǐ 혱 허구적인, 가상적인 | 成就感 chéngjiùgǎn 몡 성취감 | 现实 xiànshí 몡 현실 | 重要性 zhòngyàoxìng 몡 중요성 | 另外 lìngwài 젭 이 밖에, 이 외에 | ★繁忙 fánmáng 혱 일이 많고 바쁘다 | 沟通 gōutōng 동 소통하다, 교류하다 | 导致 dǎozhì 동 (어떤 사태를) 야기하다, 초래하다 | 情绪 qíngxù 몡 감정, 기분 | ★释放 shìfàng 동 표출하다, 석방하다, 내보내다 | 发泄 fāxiè 동 (불만·감정 등을) 풀다, 털어 놓다 | 沉迷 chénmí 동 중독되다, 깊이 미혹되다 | 不仅 bùjǐn 젭 ~뿐만 아니라 | 自身 zìshēn 몡 자신 | 家庭 jiātíng 몡 가정 | 成长 chéngzhǎng 동 성장하다, 자라다 | 作用 zuòyòng 몡 작용, 역할 [起到作用: 작용을 하다, 역할을 하다] | 营造 yíngzào 동 조성하다, 만들다 | 良好 liánghǎo 혱 좋다, 훌륭하다 | ★倾听 qīngtīng 동 경청하다, 귀를 기울여 듣다 | 声音 shēngyīn 몡 목소리, 소리 | 如果 rúguǒ 젭 만일, 만약 [如果A的话: 만약 A라면] | 关心 guānxīn 관심을 갖다, 관심을 기울이다 | 正确 zhèngquè 혱 올바르다, 정확하다 | ★引导 yǐndǎo 동 지도하다, 인도하다 | 并 bìng 젭 그리고, 또, 게다가 | 鼓励 gǔlì 격려하다, (용기를) 북돋우다 | 增强 zēngqiáng 동 높이다, 강화하다, 증강하다 | 自信 zìxìn 몡 자신감 | 减少 jiǎnshǎo 동 줄이다, 감소하다 | 依赖性 yīlàixìng 몡 의존도, 의존성

💬 **예제 4**

请谈谈你为了保护环境，都付出过哪些努力？或者计划怎样做？(2.5分钟)

환경 보호를 위해 어떤 노력을 했는지, 혹은 어떻게 할 계획인지 말해 보세요. (2분 30초)

모범답안 ● track 307

人类的生存发展与①自然环境息息相关①，但随着经济水平的提高，环境问题也日益突出，保护环境成为一件刻不容缓的大事②。我认为，每个人都有责任为保护环境贡献出自己的力量，环保要从自己做起，从小事做起。

在日常生活方面，我节约用水，使用节能灯，做好垃圾分类；在饮食方面，少③吃肉类，不浪费食物，打包时尽量不使用一次性用品；在工作方面，不浪费办公用品，使用双面纸张。在出行方面，少开私家车，多④乘坐公共交通，减少碳排放。

另外⑤，我还计划在自己做好环保的同时，向周围的人传播环保知识，让大家意识到人类和自然是平等的，只有善待自然、保护环境，才能拥有更好的生存环境，由此让更多的人加入到环保的队伍中。我相信⑥，只要⑦每个人都为环保付出⑧一份努力⑧，我们的环境一定会变得更加美好！

남쌤 만의 **고득점 tip**

환경 보호는 최근 자주 거론되는 이슈이다. 평소 내가 접했던 환경 문제와 함께 현재 내가 환경 보호를 위해 어떤 행동을 하고 있는지 설명해 보자.

표현 활용 tip

① A与B息息相关 A와 B가 서로 밀접한 관련이 있음을 나타냄
② 成为一件刻不容缓的大事 시급하게 해결해야 할 중대한 문제라고 생각할 때 쓰면 좋은 표현
③ 少A A를 적게 하라
자주 하는 행동을 적게 하라는 의미로 금지를 나타낼 때 자주 사용
④ 多A A를 많이 하라
어떤 행동을 많이 하라는 표현으로 권장할 때 자주 사용

해석 인류의 생존 및 발전은 자연환경과 밀접한 관계가 있습니다. 하지만 경제 수준이 높아짐에 따라 환경 문제도 나날이 두드러지고 있으며, 환경 보호는 잠시도 늦출 수 없는 중대한 일이 되었습니다. 저는 모든 사람이 환경 보호를 위해 자신의 힘을 기여해야 할 책임이 있으며, 환경 보호는 나부터, 작은 일부터 시작해야 한다고 생각합니다.

일상생활에서 저는 물을 아껴 쓰고, 절전 등을 사용하며, 분리수거를 잘 합니다. 음식을 먹을 땐 육류를 적게 먹고 음식을 낭비하지 않으며, 음식을 포장할 때는 최대한 일회용품을 사용하지 않습니다. 일을 할 때는 사무용품을 낭비하지 않고 이면지를 사용합니다. 밖에 나갈 때는 승용차를 적게 운전하고 대중교통을 자주 이용해 탄소 배출을 줄입니다.

이 외에도 저는 스스로 환경 보호를 함과 동시에 주위 사람들에게 환경 보호 지식을 알려 줍니다. 인류와 자연은 평등하며, 자연을 소중히 하고 환경을 보호해야만 더 좋은 생존 환경을 누릴 수 있다는 의식을 심어 주어 더 많은 사람을 환경 보호에 동참시킬 계획입니다. 모든 사람이 환경 보호를 위해 조금만 노력한다면, 우리의 환경은 분명 더 아름다워질 것이라고 믿습니다!

⑤ 另外 앞 문장 이외에 근거를 추가할 때 사용
⑥ 我相信 앞에서 질문에 대한 대답을 한 후, 뒤에는 내가 이렇게 생각을 하고, 이런 변화가 생길 것이라는 믿음을 피력할 때 사용
⑦ 只要 +조건 어떤 조건을 충족한다면 결과를 도출할 수 있음을 나타낸다
⑧ 付出努力 노력을 기울이다
작문, 회화에서 자주 사용하는 구문

어휘 付出 fùchū 图 바치다, 들이다 | 人类 rénlèi 图 인류 | 生存 shēngcún 图 생존 | 息息相关 xīxī xiāngguān 図 관계가 매우 밀접하다, 상관 관계가 있다 | 日益 rìyì 뵘 나날이, 날로 | 突出 tūchū 图 두드러지다, 뚜렷하다 | 刻不容缓 kèbùrónghuǎn 図 일각도 지체할 수 없다, 잠시도 늦출 수 없다 | 大事 dàshì 圀 대사, 큰일 | 贡献 gòngxiàn 图 기여하다, 공헌하다 | 力量 lìliang 圀 힘 | 环保 huánbǎo 圀 환경보호 | 日常生活 rìcháng shēnghuó 일상생활 | 节能灯 jiénéngdēng 圀 절전 등 | 垃圾分类 lājī fēnlèi 쓰레기 분리수거 | 饮食 yǐnshí 图 음식을 먹고 마시다 | 肉类 ròulèi 圀 육류 | 食物 shíwù 圀 음식물 | 打包 dǎbāo 图 포장하다 | 尽量 jǐnliàng 뵘 최대한, 될 수 있는 대로 | 一次性用品 yícìxìng yòngpǐn 일회용품 | 办公 bàngōng 图 업무를 보다, 근무하다 | 用品 yòngpǐn 圀 용품 | 双面 shuāngmiàn 圀 양면 | 纸张 zhǐzhāng 圀 종이 | 出行 chūxíng 图 외출하여 멀리 가다 | 私家车 sījiāchē 圀 자가용 | 公共交通 gōnggòng jiāotōng 대중교통 | 碳排放 tànpáifàng 圀 탄소 배출 | 传播 chuánbō 图 전파하다 | 意识 yìshí 图 깨닫다 [주로 '到'와 함께 쓰임] | 平等 píngděng 图 평등하다 | 善待 shàndài 图 잘 대접하다 | 拥有 yōngyǒu 图 가지다 | 由此 yóucǐ 젭 이로써, 이리하여 | 加入 jiārù 图 참가하다 | 队伍 duìwu 圀 대열 | 美好 měihǎo 图 아름답다, 훌륭하다 [주로 생활·앞날·희망 등의 추상적인 것에 쓰임]

STEP 2 내공 쌓기

사회적 이슈와 관련된 문제의 출제 유형은 크게 두 가지로 나뉜다. 하나는 제시된 문제에 대한 찬성 또는 반대 의견을 묻는 유형이고, 다른 하나는 문제에 대한 나의 견해가 무엇인지 묻는 유형이다. 사회 전반에 걸친 다양한 질문이 출제되는 데다가, 실제 시험에서는 준비 시간이 길지 않기 때문에 수험생들이 많이 어려워하는 부분이다. 제한된 시간 내에 대답할 내용의 대략의 개요를 작성해 보거나, 그 동안 시험에 자주 출제된 문제들을 유형에 따라 분류해 본다면 도움이 될 것이다. 문제 유형에 맞는 대답, 즉 고득점을 받을 수 있는 대답을 하기 위해 주의할 점을 참고하여 나만의 모범 답안을 만들어 보자.

1 시험에 출제되는 질문 유형 ● track 308

(1) 찬성 또는 반대 의견 / 양자택일 유형

질문에 제시된 찬성 또는 반대, 두 가지 중 선택한 한 가지 입장을 도입부에서 명확하게 밝히는 것이 중요하다. 이어서 본인이 그 선택을 한 이유를 이야기해야 한다. 특히 주의해야 할 점은 앞 부분에서는 찬성 입장에서 의견을 말하다가 후반부에서 갑자기 반대 또는 중립 의견을 말하면, 감정의 요인이 되므로 처음부터 끝까지 일관성 있는 태도를 유지해야 한다.

- 你会选择贷款买房？还是存款买房？为什么？
  당신은 대출을 받아서 집을 사시겠습니까, 아니면 저축을 해서 집을 사시겠습니까? 이유는 무엇입니까?

- 俗话说"棍棒底下出孝子"，如今很多家长教育孩子时还会使用"体罚"的方式。你认为在教育孩子时，应该使用"体罚"，还是不应该使用"体罚"？
  속담에 "귀한 자식 매로 키운다"라고 하는데, 오늘날 많은 학부모들이 아이를 교육할 때 여전히 '체벌' 방식을 사용합니다. 당신은 아이를 교육할 때 '체벌'을 사용해야 한다고 생각합니까 아니면 사용하면 안 된다고 생각합니까?

- 有的人认为过程会决定结果，因此过程更重要；有的人认为以结果为目标，过程才会更有意义，因此结果更重要，你认为过程和结果哪个更重要？

  어떤 사람들은 과정이 결과를 결정하기 때문에 과정이 더 중요하다고 생각합니다. 어떤 사람들은 결과를 목표로 삼아야 비로소 과정이 더 의미가 있고, 그렇기 때문에 결과가 더 중요하다고 생각합니다. 당신은 과정과 결과 중에 어느 것이 더 중요하다고 생각합니까?

- 对于薪资高的工作和感兴趣的工作，你会选择哪一个？为什么？

  봉급이 높은 직장과 관심 있는 직장에 있어 당신은 어느 쪽을 택하시겠습니까? 이유는 무엇입니까?

- 随着技术的升级，自动驾驶也在迅速发展，但社会上依然有反对自动驾驶普及化的声音，对此，你表示支持还是反对？

  기술의 고도화에 따라 자율 주행도 빠르게 발전하고 있지만, 사회에서는 여전히 자율 주행의 보편화에 반대하는 목소리가 나오고 있습니다. 이에 대해 당신은 찬성하십니까? 아니면 반대하십니까?

- 数字货币是一种不受管制的、数字化的货币。对于数字货币的普及，大家褒贬不一，你认为应该支持数字货币普及，还是要抵制数字货币普及？

  디지털 화폐는 통제 받지 않는, 디지털화된 화폐입니다. 디지털 화폐의 보급에 대한 평가가 엇갈리고 있는데, 당신은 디지털 화폐의 보급을 지지해야 한다고 생각합니까? 아니면 디지털 화폐의 보급을 제지해야 한다고 생각합니까?

- 随着人工智能技术的发展与进步，真实与虚拟的边界正在逐渐模糊，虚拟人物也应运而生。对于虚拟人物，你是表示支持，还是抵制呢？

  인공 지능 기술의 발전과 진보에 따라 진실과 가상의 경계가 점점 모호해지면서 가상 인물도 탄생했습니다. 가상 인물에 대해 당신은 지지합니까? 아니면 반대합니까?

(2) 이슈나 현상에 대한 견해를 말하는 유형

문제에 제시된 이슈나 현상에 대한 본인의 견해를 명확하게 말하기 위해서는 무엇보다 제시된 문제의 핵심이 무엇인지 정확히 파악하는 것이 중요하다. 주어진 시간 동안 본인의 견해를 충실하게 말했으나, 질문의 요지에서 벗어난 대답을 했다면 좋은 점수를 받을 수 없다. 본인이 알고 있는 이슈나 현상이 문제로 나왔다면, 준비 시간 동안 자신의 의견을 뒷받침해 줄 수 있는 근거와 예시 등을 생각해서 대답할 순서대로 정리해 보자.

반대로 본인에게 생소한 문제가 나왔더라도, 도입부에서는 문제에 나온 어휘와 표현을 활용하여 제시된 이슈나 현상을 언급하고, 본론 부분에서는 해당 이슈나 현상에 대한 본인의 견해는 어떠한가를 밝히는 것이 매우 중요하다. 또한 높은 점수를 받기 위해서는 부정적인 내용보다는 폐단을 해결할 수 있는 방법, 단점을 보완할 수 있는 개선책 등과 같은 긍정적인 내용을 말하는 것이 좋다.

- 面对日益严重的交通拥堵问题，你认为应该如何缓解或解决这一问题？

  갈수록 심각해지는 교통 체증 문제를 어떻게 완화하거나 해결해야 한다고 생각합니까?

- 作为社会中的一员，每个人都有着各种联系，对于"没有人是一座孤岛"这句话，你是如何看待的？请谈谈你的见解。

  사회의 일원으로서 모든 사람들은 다양한 연결 고리를 가지고 있습니다. '그 누구도 외딴섬은 아니다'라는 이 말에 대해 당신은 어떤 견해를 가지고 있습니까? 당신의 견해를 말해 보세요.

- 现在养宠物的人越来越多，你如何看待养宠物这件事？

  오늘날 반려동물을 키우는 사람이 점점 많아지는데, 당신은 반려동물을 키우는 일을 어떻게 보십니까?

- 在出现心理问题时，有的人会选择看心理医生解决问题，有的人则认为看心理医生没有用，不太值得，你怎么看待这个问题？

  심리적 문제가 생겼을 때, 정신과 진료를 선택해서 문제를 해결하는 사람이 있고, 정신과 진료는 무쓸모하고 그다지 가치가 없다고 생각하는 사람이 있는데, 당신은 이 문제를 어떻게 생각합니까?

- 现代社会中，人人都知道吸烟是有害健康的一种行为，但还是有很多人喜欢吸烟。请你谈谈你对这种现象的看法。

  현대 사회에서 모든 사람들이 흡연은 건강에 해로운 행동임을 알지만 여전히 많은 사람들이 흡연을 즐깁니다. 이런 현상에 대한 당신의 견해를 말해 보세요.

- 当今时代，减肥已经成为老生常谈的话题，很多年轻人为了拥有苗条的身材开始减肥，请你谈谈应该如何正确对待减肥。

  오늘날, 다이어트는 이미 일상적인 화두가 되었으며, 많은 젊은이들은 날씬한 몸매를 갖기 위해 다이어트를 시작합니다. 어떻게 다이어트를 올바르게 해야 하는지 이야기해 보세요.

- 当今社会，离婚率居高不下已经成为一种常态，你认为离婚率越来越高的主要原因是什么？

  요즘 사회에서 이혼율이 치솟는 것은 이미 일반적인 현상이 되었습니다. 당신은 이혼율이 점점 올라가는 주요 원인이 무엇이라고 생각합니까?

- 随着社会发展，我们身边肥胖的人越来越多，请你谈谈这个现象。

  사회가 발전함에 따라 우리 주위에 비만인 사람이 점점 많아지고 있는데, 이 현상에 대해 말해 보세요.

- 近些年，"月光族"现象无论是在社会，还是在大学校园里越来越普遍，对于这一现象，你是怎样看待的？

  최근 몇 년 동안 '월광족' 현상은 사회나 대학 캠퍼스를 막론하고 점점 보편화되고 있습니다. 당신은 이 현상에 대해 어떻게 보고 있습니까?

2 사회적 이슈와 관련된 어휘 ● track 309

사회문제

□ 社会 shèhuì 몡 사회	□ 月光族 yuèguāngzú 몡 월광족 [매달 자신의 월 수입을 다 써버리는 사람들을 이르는 말]
□ 丁克族 dīngkèzú 몡 딩크족 [의도적으로 자녀를 두지 않는 맞벌이 부부]	□ 低头族 dītóuzú 몡 스마트폰 중독자 [고개를 숙이고 스마트폰만 보는 일에 몰두한 사람을 이르는 말]
□ 老龄化社会 lǎolínghuà shèhuì 고령화 사회	
□ 家庭暴力 jiātíng bàolì 가정폭력	□ 酒精中毒 jiǔjīng zhòngdú 알코올 중독
□ 停车难 tíngchē nán 주차난	□ 代购 dàigòu 몡 대리 구매
□ 交通堵塞 jiāotōng dǔsè 교통 체증 [= 交通拥堵 jiāotōng yōngdǔ]	□ 堵车 dǔchē 동 차가 막히다
	□ 贷款 dàikuǎn 동 대출하다
□ 养宠物 yǎng chǒngwù 반려동물을 기르다	□ 月租 yuèzū 몡 월세
□ 房租 fángzū 몡 집세	□ 存款 cúnkuǎn 동 저금하다
□ 吸烟 xīyān 동 담배를 피우다 [= 抽烟 chōuyān]	□ 离婚 líhūn 동 이혼하다
□ 赚钱 zhuànqián 동 돈을 벌다	□ 打工 dǎgōng 동 아르바이트하다
□ 上瘾 shàngyǐn 동 중독되다	□ 迷失 míshī 동 잃어버리다
□ 成瘾 chéngyǐn 동 중독되다	□ 不良 bùliáng 형 좋지 않다
□ 负担 fùdān 동 부담하다	□ 看法 kànfǎ 몡 견해
□ 价值观 jiàzhíguān 몡 가치관	□ 打扰 dǎrǎo 동 방해하다
□ 压力 yālì 몡 스트레스	□ 权利 quánlì 몡 권리
□ 权力 quánlì 몡 권력	□ 利弊 lìbì 몡 이로움과 폐단
□ 便利 biànlì 형 편리하다	□ 遵守 zūnshǒu 동 지키다, 준수하다
□ 弊端 bìduān 몡 폐단	

경제·과학	贸易 màoyì 몡 무역	出口 chūkǒu 동 수출하다
	投资 tóuzī 몡 투자	经济危机 jīngjì wēijī 경제 위기
	破产 pòchǎn 동 파산하다	利润 lìrùn 몡 이윤
	利息 lìxī 몡 이자	通货膨胀 tōnghuò péngzhàng 통화 팽창, 인플레이션
	趋势 qūshì 몡 추세, 경향	
	品牌 pǐnpái 몡 상표	损失 sǔnshī 동 손해보다
	减少 jiǎnshǎo 동 감소하다	失业率 shīyèlǜ 몡 실업률
	共享 gòngxiǎng 동 함께 누리다	增长 zēngzhǎng 동 증가하다
	高科技 gāokējì 몡 첨단 기술	微信 Wēixìn 고유 위챗 [중국의 모바일 메신저 중 하나]
	网络 wǎngluò 몡 네트워크	
	自动驾驶 zìdòng jiàshǐ 자율 주행	普及 pǔjí 동 보급되다
	数字货币 shùzì huòbì 디지털 화폐	虚拟 xūnǐ 형 가상의, 허구의
환경	二氧化碳 èryǎnghuàtàn 몡 이산화탄소	沙尘暴 shāchénbào 몡 황사
	空气 kōngqì 몡 공기	环境 huánjìng 몡 환경
	污染 wūrǎn 몡 오염 동 오염시키다	产生污染 chǎnshēng wūrǎn 오염이 생기다
	空气污染 kōngqì wūrǎn 공기 오염	大气污染 dàqì wūrǎn 대기 오염
	温室气体 wēnshì qìtǐ 온실가스	环境保护 huánjìng bǎohù 환경보호 [= 环保 huánbǎo]
	塑料 sùliào 몡 플라스틱	
	恶化 èhuà 동 악화되다	一次性用品 yícìxìng yòngpǐn 일회용품
	分布 fēnbù 동 분포하다	排放 páifàng 동 배출하다
	生存 shēngcún 동 생존하다	自然 zìrán 몡 자연
	干燥 gānzào 형 건조하다	破坏 pòhuài 동 파괴하다, 훼손하다
	从小事做起 cóng xiǎoshì zuò qǐ 작은 일에서 시작하다	废弃 fèiqì 동 폐기하다
자녀교육·학대	培养 péiyǎng 동 양성하다, 키우다	自卑 zìbēi 형 열등감을 가지다
	开阔 kāikuò 동 넓히다	自立 zìlì 동 자립하다
	全球一体化 quánqiú yìtǐhuà 글로벌화	难关 nánguān 몡 난관
	克服 kèfú 동 극복하다	放弃 fàngqì 동 포기하다
	娇惯 jiāoguàn 동 응석받이로 키우다	难免 nánmiǎn 형 피할 수 없다
	惩罚 chéngfá 동 징벌하다	体罚 tǐfá 동 체벌하다
	挨打 áidǎ 동 매 맞다, 구타당하다	责怪 zéguài 동 책망하다, 나무라다
	批评 pīpíng 동 꾸짖다	说谎 shuōhuǎng 동 거짓말하다
	愤怒 fènnù 동 분노하다	恶劣 èliè 형 열악하다
	受伤 shòushāng 동 상처를 입다	痛苦 tòngkǔ 형 고통스럽다

성어	☐ **三思而后言** sānsī érhòu yán 세 번 생각하고 말하다, 심사숙고한 후 말하다	☐ **言多必失** yánduō bìshī 말이 많으면 실수하게 마련이다
	☐ **谨言慎行** jǐnyán shènxíng 말과 행동을 각별히 조심하다	☐ **一鸣惊人** yìmíng jīngrén 뜻밖에 사람을 놀라게 하다
	☐ **一举两得** yìjǔ liǎngdé 일거양득	☐ **苦尽甘来** kǔjìn gānlái 고생 끝에 낙이 온다
	☐ **应运而生** yìngyùn'érshēng 시대의 요구에 의해서 나타나다	☐ **一事无成** yíshì wúchéng 한 가지 일도 이루지 못하다
	☐ **风吹雨打** fēngchuī yǔdǎ 고난을 겪다	☐ **酸甜苦辣** suān tián kǔ là 세상의 온갖 고초
	☐ **事倍功半** shìbèi gōngbàn 들인 노력은 크지만 얻은 성과는 작다	☐ **必不可少** bìbùkěshǎo 없어서는 안 된다
	☐ **众所周知** zhòngsuǒzhōuzhī 모든 사람이 다 알다	

3 시험에 자주 사용할 수 있는 만능 패턴 ● track 310

(1) **有的人A, 有的人B** 어떤 사람은 A하고, 어떤 사람은 B하다

- 年轻人对于买房的看法并不相同，有的人认为贷款买房更划算，有的人认为存款买房更明智。 젊은이들의 주택 구입에 대한 관점은 결코 같지 않다. 어떤 사람은 대출을 받아 집을 사는 게 더 낫다고 하고, 어떤 사람은 저축을 해서 집을 사는 게 더 현명하다고 한다.

- 对于"养宠物"这件事，大家仁者见仁，智者见智。有的人认为养宠物利大于弊，有的人认为养宠物百害而无一利。 '반려동물 키우기'라는 이 일에 대해 모두가 각기 자기 견해를 가지고 있다. 어떤 사람은 반려동물을 키우는 것이 장점이 단점보다 많다고 하고, 어떤 사람은 백해무익하다고 생각한다.

(2) **总之** 한마디로 말하면

- 总之，吸烟不但有害自己的身体健康，而且也会影响家人。要尽早戒烟。 한마디로 말하자면, 흡연은 자신의 신체 건강을 해칠뿐만 아니라 가족에게도 영향을 줄 수 있다. 되도록 빨리 담배를 끊어야 한다.

- 总之，要合理节食，科学减肥，才能在保持身材的同时保持健康。 한마디로 말하자면, 합리적으로 음식을 조절하고, 과학적으로 다이어트를 해야 몸매를 유지하는 동시에 건강을 지킬 수 있다.

(3) **与A息息相关** A와 밀접한 관계가 있다

- 众所周知，心理健康与身体健康息息相关，在重视身体健康的同时，也不能忽视心理健康。 모두가 알다시피 정신 건강은 신체 건강과 밀접한 관계가 있으므로, 신체 건강을 중시하는 동시에 정신 건강도 소홀히 해서는 안 된다.

- 近些年，大学校园的"月光族"越来越多，我认为"月光族"的消费行为与他们的生活方式、生活条件息息相关。 최근 몇 년 사이 대학가에 '월광족'이 점점 많아지고 있는데, 나는 '월광족'의 소비 행위는 그들의 생활 방식, 생활 조건과 밀접한 관계가 있다고 생각한다.

(4) 随着A的提高 / 随着A的发展 A가 향상됨에 따라 / A가 발전함에 따라

- 随着生活水平的提高，人们对于身材的要求也越来越高，很多年轻人为了拥有苗条的身材开始减肥。
  생활 수준이 향상됨에 따라, 사람들은 몸매에 대한 요구가 점점 높아지고 많은 젊은이들이 날씬한 몸매를 가지기 위해 다이어트를 시작한다.

- 随着社会的发展，生活节奏越来越快，各方面的压力都在增加，很多人开始通过养宠物来缓解压力。
  사회가 발전함에 따라 생활 리듬이 점점 빨라지고 각 부분의 스트레스가 증가하고 있어, 많은 사람들이 반려동물을 키우며 스트레스를 해소한다.

(5) 从A做起 A부터 시작하다

- 减肥要从饮食做起，少吃甜食，多吃新鲜蔬菜，不暴饮暴食，才能取得效果。
  다이어트는 음식부터 시작해야 하는데, 단것을 적게 먹고 신선한 채소를 많이 먹으며, 폭식을 하지 않아야 비로소 효과를 얻을 수 있다.

- 维持良好的人际关系，要从自身做起，不断完善自己，才能和周围的人成为朋友。
  좋은 인간관계를 유지하려면, 자신으로부터 시작해서 끊임없이 스스로를 보완해야만 비로소 주위 사람과 친구가 될 수 있다.

(6) (A与B) 备受C关注 (A와 B는) C의 관심을 받다

- 在中国，除了饮食与养生，心理和身体健康同样备受90后年轻人关注。
  중국에서는 음식과 보양(양생) 이외에 심리와 신체 건강까지 90년대에 태어난 젊은이들의 관심을 받고 있다.

- 现代人的健康意识越来越强，与此同时，肥胖问题也备受大家关注。
  현대인의 건강 의식이 점차 강해지고 있으며, 이와 동시에 비만 문제도 모두의 관심을 받고 있다.

(7) 首先，其次，再次，最后 첫째로, 두 번째로, 다음으로, 마지막으로

- 我认为，离婚的原因首先可能是双方生活压力大，常常发生矛盾；其次是因为缺少交流与沟通；再次有的人抵挡不住诱惑，婚内出轨；最后，也是最重要的，就是夫妻三观不合。
  나는 이혼의 원인이 첫째로 두 사람의 일상 스트레스가 많아 갈등이 자주 발생하기 때문이고, 두 번째는 교류와 소통이 부족하기 때문이며, 그 다음은 유혹을 이기지 못하고 외도를 하는 사람도 있을 것이고, 마지막으로 가장 중요한 것은 바로 부부가 인생관, 세계관, 가치관이 서로 부합하지 않아서라고 생각한다.

- 养宠物有以下几个好处：首先，养宠物能让我们感到放松、减少焦虑；其次，宠物的陪伴能够增加安全感；再次，养宠物可以改善我们的体质；最后，养宠物会让我们的责任感和耐心增强。
  반려동물을 기르면 아래와 같은 몇 가지 장점이 있다. 첫 번째는 동물을 기르면 우리는 긴장이 풀리고, 불안감을 줄일 수 있다. 두 번째는 반려동물의 동반은 안정감을 높일 수 있다. 다음으로 반려동물을 키우면 우리의 체질을 개선할 수 있으며, 마지막으로 반려동물을 기르는 것은 우리의 책임감과 인내심을 강하게 만들 수 있다.

(8) 给A带来B的影响 / 变化 A에게 B의 영향을 가져다주다 / B의 변화를 가져다주다

- 吸烟不仅会刺激到人的精神，也会给身体的很多器官带来不良的影响。
  흡연은 사람의 정신을 자극할 뿐만 아니라 신체의 많은 기관의 좋지 않은 영향을 가져온다.

- 科技的进步给人们的生活和工作等方面带来巨大的变化。
  과학 기술의 진보는 사람들의 생활과 업무 방면에 거대한 변화를 가져왔다.

(9) 在我看来　**내가 보기에**

- 在我看来，解决交通问题不是一蹴而就的，需要时间和经验的积累，一步一步来完成。
  내가 보기에 교통 문제 해결은 하루아침에 되는 것이 아니라 시간과 경험이 축적되어 차근차근 완성해야 한다.

- 一些人批评"月光族"的消费习惯不好，一些人认为"月光族"的观念超前；在我看来，很多大学生之所以成为"月光族"，是因为他们乐于用金钱享受自我。
  몇몇 사람들은 '월광족'의 소비 습관이 좋지 않다고 비평하고, 몇몇 사람은 '월광족'의 관념이 앞서 있다고 생각한다. 내가 보기에 많은 대학생이 '월광족'이 된 까닭은 그들이 기꺼이 돈으로 스스로를 즐기기 때문이다.

(10) 一来……，二来……　**첫째로~, 둘째로~**

- 贷款买房一来可以降低购买房产的风险，二来可以方便我们更灵活地使用资金。
  대출을 받아 집을 사면 첫째로 부동산 구입 위험을 낮출 수 있고, 둘째로 우리가 돈을 더 유용하게 쓸 수 있다.

- 良好的人际关系对每个人来说都非常重要，一来，拥有良好的人际关系可以使我们保持心情舒畅，有利于身心健康；二来可以为我们办事提供更多的途径。
  좋은 인간관계는 모든 사람들에게 매우 중요한데, 첫째로 인간관계를 가지는 것은 우리의 마음을 편안하게 유지하게 해주고, 심신의 건강에 이로우며, 둘째로 우리가 일을 처리하는 데 더 많은 수단을 제공해 줄 수 있다.

(11) 从A角度上看　**A의 각도(측면)에서 보면**

- 从环境这一角度上看，长时间堵车会带来空气污染、城市噪音等问题。
  환경이라는 이 측면에서 보면, 장시간 교통 정체는 대기 오염, 도시 소음 등의 문제를 가져올 수 있다.

- 从心理学角度上看，造成离婚率上升的主要原因是因为没有安全感。
  심리학 측면에서 보면 이혼율이 높아지는 주요 원인은 안정감이 없기 때문이다.

(12) 对于A而言　**A에게 있어서(A에 대해 말하자면)**

- 对于每个人而言，无论是在社会上还是在日常生活中，保持健康的人际关系都格外重要。
  모든 사람들에게 있어서 사회이든 일상생활이든 건강한 인간관계를 유지하는 것이 매우 중요하다.

- 对于我而言，平时我碰到一些心理问题会专门找心理医生咨询，心理医生会从专业的角度对症下药，帮我慢慢克服这些问题。
  나에게 있어서 평소 심리 문제가 생기면, 특별히 정신과 의사를 찾아 상담을 하며, 정신과 의사는 전문적인 관점에서 증세에 맞는 약을 처방하고, 내가 이 문제를 서서히 극복하도록 도와준다.

💬 다음 질문에 대답해 봅시다. (각 문항당 준비 시간 약 4분, 녹음 시간 약 2분~2분 30초)

9   "养老"问题逐渐成了人们关注的焦点。请你谈谈在未来社会中，"家庭养老"好还是"社会养老"好？为什么？

10   随着互联网和电子设备的日益普及，许多工作都可以在家完成。有些人认为在家办公更方便，而有些人更喜欢在办公室和同事们一起工作。请你对这个问题发表一下看法。

11   你是否赞成"学生时期打工赚钱"？请说明一下理由。

12   不要孩子的双薪夫妻被称为"丁克族"。你对"丁克族"的看法是什么？

모범 답안 및 해설 ▶ p.149

13 你怎样看待"沉默是金"的处世态度？为什么？

14 有人说："金钱是快乐的基础。"请问，你是如何看待金钱与快乐之间的关系的？

15 你对那些"对电脑游戏上瘾"的人，尤其是青少年，有什么看法？或者给他们一些忠告。

16 你赞成"一分钱一分货"的说法吗？请说明理由。

모범 답안 및 해설 ▶ p.154

모의고사

차례

新汉语水平考试

HSK 口试（高级）

模拟试题（一）

注　意

一、HSK 口试（高级）分三部分：

    1. 听后复述（3 题，8 分钟）

    2. 朗读（1 题，2 分钟）

    3. 回答问题（2 题，5 分钟）

二、全部考试约 25 分钟（含准备时间 10 分钟）。

第一部分

第 1-3 题：听后复述

第二部分

第 4 题：朗读

　　所谓好心态，从根本上说，就是做事时保持快乐，以乐观的态度去看待事物。拥有一个良好的心态，对一个人来讲是至关重要的，良好的心态可以让我们有良好的发展，并给我们带来快乐的人生。

　　一个拥有好心态的人，他的生活一定是丰富多彩、充满欢声笑语的。这并不是说他的生活里没有挫折和苦难，只是他习惯于"化悲痛为力量"的方式，以乐观的态度去看待事物，每一次突破困难都被他当作提升自己的机会。相反，对于心态不好的人，在他们的世界里，总是把简单的事情复杂化，而且缺乏自信，遇到困难和挫折时会变得诚惶诚恐，在找不到解决方案时，只知道抱怨，低头丧气。这样下去只会恶性循环，从而导致精神崩溃。因此，拥有一个良好的心态，抹掉心中消极的一面，对于我们的生活工作，都是有益无害的。(2分钟)

第三部分

第 5-6 题：回答问题

5. 你认为学历和能力在找工作时的影响大吗？请说说两者的关系。(2.5分钟)

6. 在过去的5年中，有没有哪一件事情让你很有成就感？(2.5分钟)

新汉语水平考试
HSK 口试（高级）

模拟试题（二）

注　　意

一、HSK 口试（高级）分三部分：

    1. 听后复述（3 题，8 分钟）

    2. 朗读（1 题，2 分钟）

    3. 回答问题（2 题，5 分钟）

二、全部考试约 25 分钟（含准备时间 10 分钟）。

第一部分

第1-3题：听后复述

第二部分

第4题：朗读

　　冰灯是中国北方流行的一种古老的民间艺术形式，也是冰雕艺术的一种形式。作为民间风俗，冰灯有着悠久的历史，中国北方便是冰灯的发源地。

　　早期冰灯的产生与实践活动密切相关。如今，在哈尔滨，冰灯不仅成为了一个具有观赏价值的艺术品，也形成了冰雪艺术的一个门类，并在多年的实践与摸索中，形成了一套科学的冰灯制作体系。从原料上说，所有冰块儿一定要使用自然河道中的自然冰，自然河道的冰致密、通透，可塑性和抗压强度强。相反，人造冰由于缺少流水的作用，所以不太均匀。因此，人造冰块儿就不如自然形成的冰块儿那样细致透明，会影响雕塑效果。另外，制作冰灯还有个重要的程序，那就是将日光灯安放在冰灯内部。灯光的颜色、大小、摆放的角度等一系列的工序，都需要专业知识来进行严密计算。待通电照明后，冰灯作品就算大功告成了！

(2分钟)

第三部分

第5-6题：回答问题

5. 你认为家长应不应该给做家务的孩子"报酬"？为什么？(2.5分钟)

6. 互联网的发展给人们的生活带来了巨大影响，请你谈谈互联网对你的影响。
　　(2.5分钟)

제1부분 모범 답안 및 해설 ▶	p.166
제2부분 모범 답안 및 해설 ▶	p.168
제3부분 모범 답안 및 해설 ▶	p.170

新汉语水平考试
HSK 口试（高级）

模拟试题（三）

注　　意

一、HSK 口试(高级)分三部分：

1. 听后复述(3 题，8 分钟)

2. 朗读(1 题，2 分钟)

3. 回答问题(2 题，5 分钟)

二、全部考试约 25 分钟(含准备时间 10 分钟)。

第一部分

第 1-3 题： 听后复述

第二部分

第 4 题： 朗读

　　不论是星空，还是月夜，我都很热爱。记得从前在家乡，七八月的晚上，在庭院里乘凉时，我最爱看天上的繁星。每次仰望繁星满天的夜空，我就会忘记一切，仿佛在母亲的怀抱里一样温柔、放松、安静。三年前，我在南京住的地方有个后门，每个夜晚，当我打开这道门，就能看见一个寂静的夜景。下面是一片菜园，上面是布满繁星的夜空。虽然我们的肉眼视力有限，看到的星光很微弱，然而它让我们觉得光明无处不在。我当时在读一些天文学方面的书，也能辨认出一些星星，当我望着这些星星，这些星星也好像在望着我，我仿佛看到了它们在一边对我眨眼，一边小声地说着话。在这些星星的怀抱中，我像一个孩子在母亲的怀抱中一样，微笑着睡着了。(2分钟)

第三部分

第 5-6 题： 回答问题

5. 当你遇到挫折或困难时，一般会怎么面对？请举例说明。(2.5分钟)

6. 有些人认为："电子书会取代纸质图书。"你同意这种观点吗？为什么？
   (2.5分钟)

제1부분 모범 답안 및 해설 ▶ p.173
제2부분 모범 답안 및 해설 ▶ p.175
제3부분 모범 답안 및 해설 ▶ p.176

新汉语水平考试
HSK 口试（高级）

模拟试题（四）

注　意

一、HSK 口试（高级）分三部分：

    1. 听后复述（3 题，8 分钟）

    2. 朗读（1 题，2 分钟）

    3. 回答问题（2 题，5 分钟）

二、全部考试约 25 分钟（含准备时间 10 分钟）。

第一部分

第 1-3 题：听后复述

第二部分

第 4 题：朗读

　　古城丽江的清晨并没有太多的修饰，总是平平淡淡从从容容的。清晨，阳光洒在丽江小溪旁的青石板路上，而这里的人们仍然还沉浸在昨夜甜美的梦乡中。这时古城的店铺还没开始营业，此时的古城似乎更迷人，更清幽！在这样安静的氛围中，连那些步履匆匆的外来客们也会不由自主地停下脚步，静静地聆听并享受这份恬静。

　　大约上午九、十点钟，古城"伸伸懒腰"、"起床"了。街边的小店也陆陆续续开了门，街道变得熙熙攘攘起来。这正是喝茶的好时间，走进一家小店，要一份早茶，坐在小桥边，望着桥下验证了千年沧桑变迁的流水，恍惚间，我竟然进入了忘我的境界。那种感觉深深地感染并吸引着我，无比温馨，让我终生难忘。

(2分钟)

第三部分

第 5-6 题：回答问题

5. 如今，很多大学毕业生选择自己创业。请你谈谈大学毕业后，自己创业和进公司工作的优势和劣势。(2.5分钟)

6. 请谈谈你平时是如何有效地管理时间的？(2.5分钟)

新汉语水平考试
HSK 口试（高级）

模拟试题（五）

注　意

一、HSK 口试（高级）分三部分：

   1. 听后复述（3 题，8 分钟）

   2. 朗读（1 题，2 分钟）

   3. 回答问题（2 题，5 分钟）

二、全部考试约 25 分钟（含准备时间 10 分钟）。

第一部分

第 1-3 题：听后复述

第二部分

第 4 题：朗读

　　四合院是中国的一种传统院落式住宅，在中国民居中十分常见。四合院有着三千多年的历史，在中国各地有多种类型，其中以北京四合院为典型。北京四合院的历史要追溯到元朝，到了明清两代，形成了北京特有的四合院。四合院是封闭式住宅，关起门来自成天地，加之院落外墙很少开窗，因此具有很强的私密性。

　　四合院内部宽敞开阔，采光很好，极富有亲和力，屋内生活设施一应俱全。虽然外观中规中矩，但用法非常灵活，往大了扩展，就是皇宫、王府，往小了缩，就是平民百姓的住宅。正因如此，看似简洁的四合院其实蕴藏着很多信息。四合院从房屋数目，院落进深到规模格局等都有细致入微的规矩。根据主人的身份和住宅的规模可以呈现各种繁简不同的组合形式。（2分钟）

第三部分

第 5-6 题：回答问题

5. 很多人会选择在高中毕业后出国读大学，你赞成吗？为什么？（2.5分钟）

6. 有的人喜欢独自旅行，有的人喜欢与人结伴旅行，这两种旅行方式你会选择哪一种？请说明理由。（2.5分钟）

제1부분 모범 답안 및 해설 ▶ p.186
제2부분 모범 답안 및 해설 ▶ p.188
제3부분 모범 답안 및 해설 ▶ p.189

모범 답안 및 해설

실력 다지기 | 모의고사

차례

01 이야기

본문 p.26

1 ● track 501

金庸是中国著名的武侠小说作家，知名度很高，文学影响力非常大，备受大家尊敬。他不但谦虚谨慎，而且有好学之心，常常将自己置于学生的位置，虚心向别人请教学问。曾经有人指责金庸学问不够，对此，他说："别人指责我学问不高的时候，我不会反驳，唯一能做的就是不断增加自己的学问。"

해석 김용은 중국의 유명한 무협 소설 작가로, 인지도가 높고 문학에 대한 영향력이 매우 크며, 사람들의 존경을 한껏 받았다. 그는 겸손하고 신중할 뿐만 아니라 배움을 즐겨 항상 자신을 학생의 위치에 두고 겸허히 다른 사람에게 가르침을 청했다. 일찍이 어떤 사람이 김용의 학문이 부족하다고 지적했다. 이에 대해 김용은 "다른 사람이 제 학문이 부족하다고 지적할 때 저는 반박하지 않습니다. 제가 유일하게 할 수 있는 것은 끊임없이 자신의 학문을 늘리는 것입니다."라고 했다.

어휘 金庸 Jīn Yōng [고유] 김용, 진융 | 著名 zhùmíng [형] 유명하다, 저명하다 [≒有名] | ★武侠 wǔxiá [명] 무협, 협객 | 小说 xiǎoshuō [명] 소설 | 作家 zuòjiā [명] 작가 | 知名度 zhīmíngdù [명] 인지도, 지명도 | 文学 wénxué [명] 문학 | 影响力 yǐngxiǎnglì [명] 영향력 | 备受 bèishòu [동] 실컷 받다, 한껏 겪다 | 尊敬 zūnjìng [동] 존경 | 谦虚 qiānxū [형] 겸손하다, 겸허하다 | 谨慎 jǐnshèn [형] (언행이) 신중하다, 조심스럽다 | 好学 hàoxué [동] 배우기를 좋아하다 | 置于 zhìyú [동] ~에 두다 [≒放在] | 位置 wèizhi [명] 위치 | 虚心 xūxīn [형] 겸허하다, 겸손하다 | ★请教 qǐngjiào [동] 가르침을 청하다 [向……请教: ~에게 가르침을 청하다] | 学问 xuéwen [명] 학문, 지식 | 曾经 céngjīng [부] 일찍이, 이전에 | ★指责 zhǐzé [동] 지적하다, 질책하다, 비난하다 | 不够 búgòu [동] 부족하다 | ★反驳 fǎnbó [동] 반박하다 | 唯一 wéiyī [형] 유일한, 하나밖에 없는 | 不断 búduàn [부] 끊임없이, 계속해서 | 增加 zēngjiā [동] 늘리다, 증가하다 [增加学问: 학문을 늘리다]

모범답안 ● track 502

金庸是知名度很高的武侠小说作家。他既谦虚，又好学。常常虚心向别人请教学问。有人指责他学问不够，他并不反驳，而是会说这种时候他唯一能做的就是不断增加自己的学问。

해석 김용은 인지도가 높은 무협 소설 작가이다. 그는 겸손하고 배움도 좋아한다. 항상 겸허하게 다른 사람에게 가르침을 청했다. 어떤 사람이 그의 학문이 부족하다고 지적했지만, 그는 조금도 반박하지 않고 이럴 때 그가 유일하게 할 수 있는 것은 끊임없이 자신의 학문을 늘리는 것이라고 말했다.

미니 정리

인물 金庸

인물 특징 著名的武侠小说作家, 知名度很高, 谦虚谨慎, 虚心向别人请教学问

원인 有人指责金庸学问不够

결과 我不会反驳，唯一能做的就是不断增加自己的学问

남쌤 만의 고득점 tip

학생들이 어려워하는 부분 중에 하나가 직접 화법을 간접 화법으로 바꾸는 것이다. 이야기의 내용을 정확히 기억한다면, 굳이 직접 화법으로 이야기하지 않아도 된다. 인물이 나오면 그 인물의 특징을 포함하여 인물이 어떤 사건에 어떻게 대처했는지를 기억하자.

小张家的水管突然漏水很严重，院子里都积满了水。于是，他给修理工打电话，修理工答应他立刻就去。但是，没想到小张在家等了一上午，修理工都没来。下午，修理工不紧不慢地来到小张家，懒洋洋地问小张："现在情况怎么样了？"小张很生气地看了他一眼，说："在等你的时间里，我儿子都学会游泳了。"

해석 샤오장 집의 수도관에 갑자기 물이 심하게 새서 온 마당이 물로 가득 찼다. 그래서 그는 수리 기사에게 전화를 걸었고 수리 기사는 바로 가겠다고 말했다. 하지만 샤오장이 집에서 오전 내내 기다려도 기사는 오지 않았다. 기사는 오후가 되어서야 유유히 샤오장 집에 도착해 "지금 상황이 어떤가요?"라며 여유롭게 물었다. 샤오장은 매우 화가 나 그를 쳐다보며 "기다리는 동안 우리 아들이 수영할 줄 알게 되었어요."라고 했다.

어휘 水管 shuǐguǎn 圐 수도관 | 突然 tūrán 児 갑자기, 문득 | 漏水 lòushuǐ 동 물이 새다 | 严重 yánzhòng 형 매우 심하다, 심각하다 | 院子 yuànzi 圐 마당, 정원, 뜰 | 积满 jīmǎn 동 가득 쌓이다 | 于是 yúshì 젭 그래서, 그리하여 | 修理工 xiūlǐgōng 圐 수리 기사, 수리공 | 答应 dāying 동 승낙하다, 동의하다 | 立刻 lìkè 児 바로, 즉시 | 没想到 méixiǎngdào 생각하지 못하다 | 不紧不慢 bùjǐn búmàn 젱 급히 서두르지도 않고 너무 여유를 부리지도 않다 | 懒洋洋 lǎnyángyáng 형 축 늘어지다, 나른하다 | 情况 qíngkuàng 圐 상황, 정황 | 生气 shēngqì 동 화내다, 성나다 | 游泳 yóuyǒng 동 수영하다

미니 정리

인물	小张，修理工，儿子
장소	小张家
원인	水管漏水
과정	给修理工打电话，修理工答应他马上就去
시간	下午
결과	小张很生气地看了他一眼，说"在等你的时间里，我儿子都学会游泳了

모범 답안 ◎ track 504

小张家水管漏水了，他打电话给修理工。修理工说马上就来，但过了大半天后才不紧不慢地来了。修理工问小张现在的情况，小张很生气，说自己的儿子在这段时间里，已经学会游泳了。

해석 샤오장의 집 수도관이 물이 새서, 샤오장은 수리 기사에게 전화를 했다. 수리 기사는 바로 오겠다고 했지만, 한참이 지나서야 유유히 왔다. 수리 기사는 샤오장에게 지금 상황에 대해 물었고, 샤오장은 화가 나서 자신의 아들이 그 동안 이미 수영을 배웠다고 말했다.

남쌤 만의 **고득점 tip**

이야기 유형은 막연히 듣는 것보다 인물, 시간, 장소, 사건의 흐름을 생각하며 듣는 것이 도움이 된다. 또한 직접 화법의 내용이 길면 외울 수 있는 부분이 한계가 있으므로 내용만 이해하고, 간접 화법으로 바꿔서 말해도 좋다. 단, 말하는 중간에 화법을 바꿔서는 안 되며, 시간의 흐름대로 쓰지 않으면 내용이 어색해지므로 시간을 기준으로 사건과 사고를 기억하자.

一位教授平时总是丢三落四，不是丢了眼镜，就是丢了钱包，还经常丢雨伞。他的妻子几乎每个月都得替他买一把新雨伞。教授每次都对妻子表示下不为例。一天晚上，教授回家后，拿着伞得意洋洋地向妻子炫耀说："看，今天我可把伞给带回来了！"没想到妻子说："你确实带回了一把伞，可你今天根本没有带伞出门啊。"

미니 정리

인물	一位教授，妻子
원인	总是丢三落四，丢雨伞
시간	一天晚上教授回家后
과정	拿着伞得意洋洋地向妻子炫耀说：看，今天我可把伞给带回来了！
결과	妻子说："你确实带回了一把伞，可你今天根本没有带伞出门啊。"

해석 평소에 이것저것 잘 잃어버리는 교수가 있었다. 안경이나 지갑을 잃어버렸으며, 우산도 자주 잃어버렸다. 그의 아내는 거의 매달 그를 위해 새 우산을 사야 했다. 교수는 매번 아내에게 다음부터 잃어버리지 않겠다고 말했다. 어느 날 저녁, 교수는 집에 돌아와 우산을 들고 아내에게 "봐요, 오늘은 우산을 들고 왔어요!"라며 득의양양하게 자랑했다. 하지만 뜻밖에도 아내는 "확실히 우산을 들고 오긴 했지만, 당신은 오늘 애초에 밖에 우산을 가지고 나가지 않았잖아요."라고 했다.

어휘 教授 jiàoshòu 몡 교수 | 平时 píngshí 몡 평소, 평상시 | 总是 zǒngshì 뮈 항상, 늘, 언제나 | ★丢三落四 diūsān làsì 솅 이것저 것 빠뜨리다 | 丢 diū 동 잃어버리다, 잃다 [丢+물건] | 眼镜 yǎnjìng 몡 안경 | 钱包 qiánbāo 몡 지갑 | 经常 jīngcháng 뮈 자주, 늘, 항상, 언제 나 [≒常常] | 雨伞 yǔsǎn 몡 우산 | 几乎 jīhū 뮈 거의, 거의 모두 | 替 tì 개 ~을 위하여 [≒为] [≒给] | 把 bǎ 양 개 [손잡이가 있는 사물을 세는 단위] | 表示 biǎoshì 동 (사상·감정 등을 언행으로) 나타내다, 표시하다 | 下不为例 xiàbùwéilì 솅 이후로는 이와 같은 하지 않다, 이후로는 이와 같 이 하는 것을 허락하지 않다 | 得意洋洋 déyì yángyáng 솅 득의양양하다 | ★炫耀 xuànyào 동 자랑하다, 과시하다 | 确实 quèshí 뮈 확실히, 정말로, 틀림없이 | 根本 gēnběn 뮈 아예, 전혀, 처음부터 끝까지 [주로 부정형으로 쓰임]

모범 답안 ▶ ○ track 506

一位教授经常丢雨伞，妻子几乎每个月都得给他买新伞，教授每次都表示下不为例。一天晚上，教授回家后，得意地告诉妻子今天把伞带回来了。没想到妻子告诉他，他今天根本没带伞出门。

남쌤 만의 **고득점 tip**

이야기에서는 언제, 어떠한 장소에서 무슨 사건이 발생했는지, 그리고 발생한 결과까지 언급하기 때문에 시간과 사건, 경과를 순서대로 기억하고 말해야 한다.

해석 교수는 항상 우산을 잃어버려서 아내가 거의 매달 그에게 새 우산을 사 주었다. 교수는 매번 다음부터 잃어버리지 않겠다고 했다. 어느 날 저녁 교수는 집에 돌아와 아내에게 오늘을 우산을 가지고 돌아왔다고 득의양양하게 말했다. 뜻밖에도 아내는 그에게 오늘은 애초에 밖에 우산을 가지고 나가지 않았다고 말했다.

4 ○ track 507

学习音乐无论是对孩子智力的开发，对修养的提高，还是对其审美的培养，都有很大好处。对两岁半至三岁半的儿童来说，这期间让他们接受音乐启蒙教育是非常有效的，家长可以给他们开展各种各样的音乐游戏，寓教于乐，让他们在玩儿的同时感受音乐的节奏和旋律；三岁半以后，就可以让孩子接触乐器，培养他们对音乐的兴趣。

미니 정리

핵심 어휘 学习音乐

공부하는 이유 孩子智力的开发 / 修养的提高 / 审美的培养

대상1 两岁半至三岁半的儿童

방법1 / 목적 家长可以给他们开展各种各样的音乐游戏 / 寓教于乐

대상2 三岁半以后

방법2 / 목적 接触乐器 /培养他们对音乐的兴趣

해석 음악을 공부하는 것은 아이의 지능 개발, 교양의 향상이든지 아니면 음악에 대한 심미를 기르는 것을 막론하고 모든 것에 매우 커다란 이점이 있다. 2세 반에서 3세 반의 아동에게 있어 이 시기는 음악 기초 교육을 받기에 매우 효과적인 시기인데, 부모는 아이들을 대상으로 다양한 음악 놀이를 진행하여 즐기는 가운데 배움도 얻게 할 수 있고, 아이들은 놀이를 하면서 동시에 음악의 리듬과 멜로디를 느낄 수 있다. 3세 반 이후에는 아이에게 악기를 접하게 하면 아이는 음악에 대한 흥미를 기를 수 있다.

어휘 无论 wúlùn 젭 ~을 막론하고, ~에 관계없이 [无论A都B: A를 막론하고 모두 B하다] | ★智力 zhìlì 몡 지능, 지력 | 开发 kāifā 동 개발 하다, 개간하다 | ★修养 xiūyǎng 몡 교양, 소양 | 其 qí 데 그, 그들 | ★审美 shěnměi 몡 심미 | 培养 péiyǎng 동 양성하다, 길러내다 | …… 来说 ……láishuō ~으로 말하자면 [对(于)……来说: ~에게 있어서] | 至 zhì 동 ~에 이르다, ~까지 미치다 [≒到] | 期间 qījiān 몡 기간, 시간 | ★启蒙 qǐméng 동 (초심자에게) 입문 또는 기초 지식을 전수하다 | 有效 yǒuxiào 톙 효과가 있다, 유효하다 | 家长 jiāzhǎng 몡 학부모 | 开展 kāizhǎn 동 전개하다, 진행하다, 발전하다 | 各种各样 gèzhǒng gèyàng 솅 여러 종류, 각양각색 | 寓教于乐 yùjiàoyúlè 솅 즐기는 가운데 배움 을 얻다, 놀이 등의 오락 활동을 하면서 교육을 받다 | 感受 gǎnshòu 동 느끼다, (영향을) 받다 | ★节奏 jiézòu 몡 리듬, 박자 | ★旋律 xuánlǜ 몡 선율, 멜로디 | 接触 jiēchù 동 접촉하다, 관계를 갖다 | 兴趣 xìngqù 몡 흥미, 취미

学习音乐对孩子智力、修养的提高和审美的培养，都有很大好处。对于两岁半至三岁半的儿童来说，接受音乐教育非常有效，家长可以寓教于乐，让孩子在玩儿的同时感受音乐。儿童三岁半以后，可以让他们接触乐器，培养他们对音乐的兴趣。

남쌤 만의 **고득점 tip**

대상이나 시간이 나오면 그와 연결되는 상황이나 결과를 정확하게 기억해서 말해야 한다. 간혹 헷갈려서 반대로 연결해서 말하는 경우가 있다.

해석 음악을 배우는 것은 아이들의 지적 능력, 교양의 향상과 심미의 양성에 모두 큰 이점이 있다. 2세 반에서 3세 반의 아동에게 있어 음악 교육을 받기에 매우 효과적이며, 학부모는 즐기는 가운데 배우게 함으로써 아이가 놀이를 하는 동시에 음악을 접하게 할 수 있다. 아동이 3세 반 이후에는 아이들에게 악기를 접하게 하여 음악에 대한 흥미를 키울 수 있다.

---

5 ▶ ●track 509

家喻户晓的 孔融 从小就是个非常聪明的孩子。他也因此被大家称为"神童"。一次，众人正聚在一起夸奖孔融，然而这些话被当时的太中大夫 陈伟 听到了，他反而不以为然地说："小时候聪明的人，长大了不一定出众。"就在此时，孔融在一旁应声说道："我现在还不知道自己长大是否出众，但依陈先生的话来看，您小时候一定聪明过人啊。"

미니 정리

인물	孔融, 陈伟
인물 특징	从小就是个非常聪明的孩子
원인	被大家称为"神童"
과정	小时候聪明的人，长大了不一定出众
결과	我现在还不知道自己长大是否出众，但依陈先生的话来看，您小时候一定聪明过人

해석 모든 사람이 다 아는 공융은 어릴 때부터 매우 똑똑한 아이였다. 그래서 사람들은 그를 '신동'이라 불렀다. 한번은 사람들이 한데 모여 공융을 칭찬했는데, 당시 태중대부였던 진위가 이걸 듣게 되었고 동의하지 않는다는 듯이 "어릴 때 똑똑했던 사람이 커서도 반드시 훌륭한 것은 아니지."라고 했다. 이때 공융이 옆에서 대답했다. "나중에 커서도 제가 훌륭할지 지금의 저는 모릅니다. 하지만 진 선생님의 말씀에 따르면, 선생님은 어릴 때 분명 똑똑한 사람이셨겠네요."

어휘 ★家喻户晓 jiāyù hùxiǎo 성 집집마다 다 알다 [≒很多人都知道] | 孔融 Kǒng Róng 고유 공융, 콩룽 [중국 동한의 정치가이자 문학가] | 聪明 cōngming 형 똑똑하다, 총명하다 | 因此 yīncǐ 접 그래서, 이로 인하여, 이 때문에 | 称为 chēngwéi 동 ~라고 부르다 [被称为: ~라고 불리다] | 神童 shéntóng 명 신동 | 众人 zhòngrén 명 여러 사람 | 聚 jù 동 모이다, 회합하다, 집합하다 | 夸奖 kuājiǎng 동 칭찬하다 | 然而 rán'ér 접 하지만, 그러나, 그렇지만 | 当时 dāngshí 명 당시, 그 때 | 太中大夫 tàizhōngdàfū 명 태중대부 [관직명] ['大'의 발음 주의] | 陈伟 Chén Wěi 고유 진위, 천웨이 | 反而 fǎn'ér 부 오히려, 도리어 | 不以为然 bùyǐwéirán 성 그렇다고는 생각하지 않다 [경시하는 뜻을 내포함] | 长大 zhǎngdà 동 성장하다, 자라다 | 出众 chūzhòng 형 훌륭하다, 출중하다 | 此时 cǐshí 명 이때, 지금 [≒这时] | 应声 yìngshēng 동 대답하다 | 说道 shuōdào 동 ~라고 말하다 | 是否 shìfǒu 부 ~인지 아닌지 [≒是不是] | 依 yī 개 ~에 의해서, ~대로, ~따라 | 先生 xiānsheng 명 선생님 [성인 남성에 대한 존칭]

모범 답안 ▶ ●track 510

남쌤 만의 **고득점 tip**

듣고 다시 말하는 내용에서 수식 어구들은 생략해도 문제되지 않는다. 따라서 중요한 내용들 위주로 정리해서 말하는 것이 좋다. 그리고 어려운 단어는 우리에게 쉽고 익숙한 단어로 바꿔서 이야기하는 것이 좋다.

孔融从小就因为聪明，被称为"神童"。一次，大家都在夸孔融，只有大夫陈伟不以为然地说："小时候聪明的话，长大不一定出众。"孔融听后说："看来，您小时候一定聪明过人啊。"

해석 공융은 어릴 때부터 똑똑해서 신동이라고 불렸다. 한번은 모두 공융을 칭찬하는데, 오직 대부 진위만 대수롭지 않게 '어릴 때 똑똑하다고 해서 커서 반드시 훌륭한 것은 아니'라고 말했다. 공융이 듣고서 '보아하니 선생님은 어릴 때 분명 똑똑한 사람이셨겠네요."라고 말했다.

百货商场有一台<u>电子秤</u>，可以自动报出称重人的体重。有一天，一个<u>胖女人</u>和<u>朋友</u>去逛商场，朋友让胖女人去试一下这台电子秤，没想到胖女人很生气地说："我最讨厌这台秤了!"朋友问："为什么？难道它把你的体重大声说出来了吗？"胖女人愤怒地说："不！<u>上次我刚踩上去，它就说'每次只限一人，每次只限一人。'</u>"

미니 정리	
장소	百货商场
핵심 어휘	电子秤
특징	自动报出称重人的体重
인물	胖女人，朋友
결과	上次我刚踩上去，它说'每次只限一人，每次只限一人'

해석 백화점에는 전자 체중계가 하나 있었는데, 올라가는 사람의 몸무게를 자동으로 알려 주었다. 어느 날, 한 뚱뚱한 여자가 친구와 함께 쇼핑을 왔다. 친구가 여자에게 전자 체중계를 한번 써보라고 하자 여자는 화를 내며 "난 이 체중계가 너무 싫어!"라고 했다. 친구는 "왜? 설마 이 체중계가 네 몸무게를 큰 소리로 이야기했니?"라고 물었고, 뚱뚱한 여자는 "아니! 저번에 올라가 봤더니 '한 명만 올라오세요. 한 명만 올라오세요.'라고 하잖아!"라며 분노했다.

어휘 **百货商场** bǎihuò shāngchǎng 백화점 | **台** tái 양 대 [기계·차량·설비 등을 세는 단위] | **电子秤** diànzǐchèng 명 전자저울, 전자 체중계 | **自动** zìdòng 부 자동으로, 저절로 | **称重** chēng zhòng 무게를 달다 | **体重** tǐzhòng 명 체중 | **胖** pàng 형 (몸이) 뚱뚱하다 | **逛** guàng 통 구경하다, 거닐다, 돌아다니다 | **试** shì 통 시험 삼아 해보다 | **没想到** méixiǎngdào 생각지 못하다 | **生气** shēngqì 통 화내다 | **讨厌** tǎoyàn 통 싫어하다, 미워하다 [≒不喜欢] | **难道** nándào 부 설마 ~란 말인가 [주로 '难道……吗？', '难道……不成'의 형식으로 쓰여 반문, 반어의 어기를 강조함] | **大声** dàshēng 부 큰 소리로 | ★ **愤怒** fènnù 형 분노하다 | **踩** cǎi 통 밟다, 딛다, 디디다 | **只限** zhǐxiàn 통 제한하다, 한정하다

모범 답안 ◉ track **512**

百货商店的电子秤可以自动报体重。有一天，胖女人和朋友逛商场，朋友让胖女人试试电子秤，没想到胖女人说自己很讨厌这台秤，因为上次她刚踩上去，电子秤就说每次只限一人。

해석 백화점의 전자 체중계는 자동으로 체중을 알려 준다. 하루는 뚱뚱한 여자가 친구와 쇼핑을 왔는데, 친구가 뚱뚱한 여자에게 전자 체중계를 한번 써보라고 하자 생각지도 못하게 뚱뚱한 여자가 이 저울이 싫다고 말했다. 지난 번 그녀가 올라갔을 때 전자 체중계가 한 명만 올라오라고 했기 때문이다.

남쌤 만의 **고득점 tip**

이 문제는 '胖女人(뚱뚱한 여자)'와 '朋友(친구)'의 대화 내용이 중요하다. 그러나 이 두 사람의 대화 전체를 기억해서 똑같이 이야기하는 것은 불가능하므로, 뚱뚱한 여자가 말한 내용을 정확하게 외워서 서술해 보자.

7 ● track 513

每个人在遭受痛苦时，都会产生<u>悲伤的情绪</u>并流露出来，这种悲伤的情绪很容易激起周围人的同情心。<u>人在悲伤时流眼泪的现象不仅是感情的宣泄</u>，更是在向外界发出求助信号，告诉他人自己当下的情绪，希望得到他人的支持和理解。由此可见，在人际关系中，除了要懂得分享快乐之外，<u>学会分担悲伤也非常重要</u>。

해석 사람들은 고통을 받을 때 슬픈 감정이 생기고 이를 표출한다. 이러한 슬픈 감정은 주변 사람들의 동정심을 쉽게 유발한다. 사람이 슬플 때 눈물을 흘리는 현상은 감정의 분출일 뿐만 아니라 더욱이 외부에 구조 요청 신호를 보내 다른 사람에게 자신의 현재 감정을 알리고 응원과 이해를 얻길 바라는 것이다. 이로써 인간관계에서 즐거움을 나눌 줄 아는 것 외에도 슬픔을 나눌 줄 아는 것도 매우 중요하다는 것을 알 수 있다.

어휘 ★ 遭受 zāoshòu 동 (불행 또는 손해를) 받다, 입다, (좋지 않은 일을) 당하다 | 痛苦 tòngkǔ 명 고통, 아픔, 고초 [遭受痛苦: 고통을 받다] | 产生 chǎnshēng 동 생기다, 발생하다 [产生+추상 명사] | 悲伤 bēishāng 형 몹시 슬퍼하다, 상심하다, 마음이 상하다 | 情绪 qíngxù 명 감정, 기분, 마음 [≒心情] | ★ 流露 liúlù 동 (생각·감정을) 표출하다, 무의식 중에 나타내다 | 激起 jīqǐ 동 유발하다, 야기하다 | 周围 zhōuwéi 명 주변, 주위 | 同情心 tóngqíngxīn 명 동정심 | 流泪 liúlèi 동 눈물을 흘리다 | 现象 xiànxiàng 명 현상 | 感情 gǎnqíng 명 감정 | 宣泄 xuānxiè 동 (불만 등을) 분출하다, 털어놓다, 쏟아 내다 | ★ 外界 wàijiè 명 외부, 외계, 바깥 세계 | 求助 qiúzhù 동 구조를 요청하다, 도움을 청하다 | 信号 xìnhào 명 신호 | 当下 dāngxià 명 현재, 요즘 | 支持 zhīchí 동 응원하다, 지지하다 | 理解 lǐjiě 동 이해하다, 알다 | 由此可见 yóucǐ kějiàn 이로부터 알 수 있다, 이로부터 결론을 낼 수 있다 [≒因此] | 人际关系 rénjì guānxi 인간관계 | 分享 fēnxiǎng 동 (기쁨·행복·좋은 점 등을) 함께 나누다, 공유하다 | 快乐 kuàilè 형 즐겁다, 유쾌하다, 행복하다 | 分担 fēndān 동 나누어 맡다, 분담하다

모범 답안 ● track 514

人在痛苦时会流露出悲伤的情绪，这种情绪会激起周围人的同情。人在悲伤时流眼泪既是感情的宣泄，也是在向外界求助，希望得到别人的支持和理解。由此可见，在人际关系中，学会分担悲伤也很重要。

해석 사람은 고통스러울 때 슬픈 감정을 드러내는데, 이러한 감정은 주위의 동정을 불러일으킬 수 있다. 사람이 슬플 때 눈물을 흘리는 것은 감정의 분출이자 외부에 구조 신호를 보내 다른 사람의 응원과 이해를 얻기 바라는 것이다. 이로써 인간관계에서는 슬픔을 나눌 줄 아는 것도 중요하다는 것도 알 수 있다.

미니 정리

핵심 어휘 悲伤的情绪

기본 정의 在遭受痛苦时，会产生悲伤的情绪并流露出来

특징 人在悲伤时流眼泪的现象不仅是感情的宣泄

결론 学会分担悲伤也非常重要

남쌤 만의 **고득점 tip**

설명문이나 논설문의 경우, 일반적으로 도입 부분에 말하고자 주제가 들어가 있으며, 마지막 부분에 결론을 이야기하는 경우가 많다. '由此可见 yóucǐkějiàn'은 앞에서 한 이야기를 정리하기 위해 주로 문장 첫머리에 쓰는 표현이므로, 이 표현 뒷부분은 특히 주의 깊게 들어야 한다.

从长远来看，有责任感的人远远胜过有能力的人。如果一个人缺少责任感，即使他处在重要的位置上，也会觉得"事不关己，高高挂起"，找各种理由逃避责任，甚至会推卸职责；反之，责任心很强的人，则会尽职尽责，说到做到，积极主动地完成任务，另外，在责任心的驱动下，有责任心的人甚至可能会做出更多的成果。

해석 장기적으로 보면 책임감 있는 사람은 능력 있는 사람보다 훨씬 낫다. 만약 어떤 개인이 책임감이 부족하다면 설령 그 사람이 중요한 위치에 있더라도 일에 무관심하여 각종 이유를 대며 책임을 회피하고 심지어 직책도 남에게 떠넘길 수 있다. 반대로 책임감이 강한 사람은 직무와 책임을 다하고 말한 것은 반드시 실행하며, 적극적으로 임무를 완수한다. 이 외에도 책임감 있는 사람은 책임감을 추진력으로 삼아 심지어 더 많은 성과를 낼 수 있다.

어휘 **从……来看** cóng……láikàn ～에서 보면, ～에게 있어서 | **长远** chángyuǎn 혱 오래다, 기간이 길다 | **责任感** zérèngǎn 몡 책임감 | **远远** yuǎnyuǎn 톈 훨씬, 크게, 몹시 | **胜过** shèngguo 됭 ～보다 낫다, ～보다 앞서다, 우수하다 | **能力** nénglì 몡 능력 | **缺少** quēshǎo 됭 부족하다, 모자라다 | **即使** jíshǐ 찝 설령 ～하더라도 [即使A, 也B: 설사 A하더라도 B하겠다] | **位置** wèizhi 몡 위치 | **事不关己, 高高挂起** shìbùguānjǐ, gāogāoguàqǐ 셍 무관심하다, 자기와는 관계없다 하여 완전 무관심하다, 남의 일처럼 여기다 [≒和自己没有关系, 就完全不管] | **理由** lǐyóu 몡 이유, 까닭 | **逃避** táobì 됭 회피하다, 도피하다 | **甚至** shènzhì 첩 심지어 | **推卸** tuīxiè 됭 (책임을) 떠넘기다, 전가하다 | **职责** zhízé 몡 직책 | **★反之** fǎnzhī 첩 반대로, 이와 반대로, 바꾸어서 말하면 | **尽职尽责** jìnzhí jìnzé 직무와 책임을 다하다 | **说到做到** shuōdào zuòdào 셍 말한 것은 반드시 실천하다, 말과 행동이 일치하다 | **积极** jījí 혱 적극적이다, 의욕적이다 | **主动** zhǔdòng 혱 능동적이다, 주동적이다 | **完成** wánchéng 됭 수행하다, 완성하다, 끝내다 | **任务** rènwu 몡 임무, 책무 [完成任务: 임무를 완성하다] | **另外** lìngwài 첩 이 외에, 이 밖에 | **驱动** qūdòng 됭 추진하다, 구동하다, 촉진하다 | **成果** chéngguǒ 몡 성과, 결과 [做成果: 성과를 만들다]

모범 답안 ○ track 516

有责任感的人胜过有能力的人。缺少责任感的人，即使他的职责很重要，也会找理由逃避、推卸责任；反之，有责任感的人，则会尽职尽责、积极地完成任务，而且这样的人可能会做出更多成果。

해석 책임감이 있는 사람은 능력 있는 사람보다 낫다. 책임감이 부족한 사람은 설령 그 사람이 중요한 위치에 있더라도 이유를 찾아 회피하고 책임을 남에게 떠넘길 것이다. 반대로 책임감 있는 사람은 직무와 책임을 다하고 적극적으로 임무를 완수할 것이며, 게다가 이런 사람들은 더 많은 성과를 낼 수도 있다.

我们常听到一句话，叫"人生如戏，戏如人生。"人生就是一个大舞台，不过，与戏不同的是，人生是一场现场直播，而戏是彩排后播放的。拍戏的时候，如果不满意的话可以重来，但人生则没有这样的机会。因此，我们在认定自己的目标后，要认真对待人生的每个阶段。只有这样，在人生这场戏快结束的时候，我们才不会后悔。

미니 정리

핵심 어휘 人生如戏，戏如人生

기본 정의1 人生是一场现场直播，而戏是彩排后播放的

기본 정의2 如果不满意的话可以重来，但人生则没有这样的机会

결론 在人生这场戏快结束的时候，我们才不会后悔

해석 우리는 '인생은 드라마 같고, 드라마는 인생 같다'는 말을 자주 듣는다. 인생은 하나의 큰 무대이다. 하지만 드라마와 다른 것은 인생은 현장에서 생방송 되고, 드라마는 리허설 후 방송되는 것이다. 드라마를 촬영할 때는 만족스럽지 않으면 다시 찍을 수 있다. 하지만 인생은 이런 기회가 없다. 따라서 우리는 자신의 목표를 정한 후 인생의 매 단계를 진지하게 대해야 한다. 이렇게 해야 인생이라는 드라마가 끝날 때 우리는 후회하지 않을 것이다.

어휘 句 jù 양 마디, 편 [언어·시문 등을 세는 단위] | 人生 rénshēng 명 인생 | 如 rú 동 ~와 같다 [≒像] | 戏 xì 명 드라마 | 舞台 wǔtái 명 무대 | 不过 búguò 접 하지만, 그러나, 그런데 [≒但是] | 现场直播 xiànchǎng zhíbō 생중계, 생방송 | 彩排 cǎipái 동 리허설을 하다, 예행연습을 하다 명 리허설 | 播放 bōfàng 동 방송하다 | 拍戏 pāixì 동 드라마를 촬영하다 | 满意 mǎnyì 형 만족스럽다, 만족하다 | 重来 chónglái 동 거듭 오다, 반복하다 | 机会 jīhuì 명 기회, 찬스 | 因此 yīncǐ 접 따라서, 그래서, 이로 인하여 | ★认定 rèndìng 동 정하다, 인정하다, 확신하다 | 目标 mùbiāo 명 목표 | 认真 rènzhēn 형 진지하다, 착실하다 | 对待 duìdài 동 대하다, 상대하다, 대응하다 | 阶段 jiēduàn 명 단계 | 只有 zhǐyǒu 접 ~해야만 ~이다, 오직 ~만이 ~이다 [只有A才B: A해야만 비로소 B하다] | 后悔 hòuhuǐ 동 후회하다

모범답안 ● track 518

"人生如戏，戏如人生"，但人生与戏不同，人生是现场直播，可戏是彩排后播放的。拍戏时，不满意的话可以重来，但人生没有这样的机会。所以我们要认真对待人生，才不会后悔。

해석 '인생은 드라마 같고, 드라마는 인생 같다'라고 하지만 인생은 드라마와 달리 인생은 현장에서 생방송이 되지만 드라마는 리허설 후 방영된다. 드라마를 촬영할 때 만족스럽지 않다면 다시 찍을 수 있지만, 인생은 이런 기회가 없다. 그래서 우리는 진지하게 인생을 대해야만 비로소 후회하지 않을 것이다.

남쌤 만의 **고득점 tip**

문제에 등장하는 속담이나 문구는 반드시 기억해 두어야 한다. 이 문제에서 맨 처음에 들리는 문구는 전체의 주제와 같다. 문구나 속담을 듣고 이해하지 못한다면 문제를 풀기 어렵다. 만약 못 알아 들었다면 앞뒤로 그 문구에 대해서 설명이 나오므로 그 부분이라도 이해하고 기억하자!

为什么枫叶到了秋天会变红？这是因为枫叶内含有一种物质，叫做花青素。花青素是一种特殊色素，存在于细胞液中，遇到酸性时会呈红色。进入秋天后，气温逐渐降低、光照减弱，这种环境有利于枫叶内花青素的形成，同时枫叶的细胞液呈酸性，花青素遇酸而呈红色，因此，枫叶到了秋天，整片叶子便会变成红色。

미니 정리

주제 枫叶到了秋天会变红

핵심 어휘 花青素

기본 정의 遇到酸性时会呈红色

특징 气温逐渐降低、光照减弱，有利于枫叶内花青素的形成

결과 枫叶到了秋天，整片叶子便会变成红色

왜 단풍잎은 가을에 붉어질까? 이것은 단풍잎에 일종의 물질이 함유되어 있기 때문인데, (이를) 안토시안이라고 부른다. 안토시안은 특수한 색소로, 세포액 속에 존재하며 산성을 만나면 붉은색을 띤다. 가을이 되면 기온은 점점 낮아지고 일조량도 줄어든다. 이러한 환경은 단풍잎 속의 안토시안이 생성되는 데 유리하다. 동시에 단풍잎의 세포액은 산성을 띠게 되는데, 안토시안이 산을 만나면 붉은색으로 변한다. 따라서 단풍잎은 가을이 되면 잎 전체가 모두 붉은색으로 변한다.

어휘 枫叶 fēngyè 명 단풍잎 | 秋天 qiūtiān 명 가을 | 变 biàn 통 변화하다 | 含有 hányǒu 통 함유하다, 포함하다 | 物质 wùzhì 명 물질 | 叫做 jiàozuò ~라고 부르다 [≒称为] | 花青素 huāqīngsù 명 안토시안 | 特殊 tèshū 형 특수하다, 특별하다 | 色素 sèsù 명 색소 | 存在 cúnzài 통 존재하다 | ★细胞液 xìbāoyè 명 세포액 | 遇到 yùdào 통 만나다, 맞닥뜨리다 | 酸性 suānxìng 명 산성 [물질의 화학적 성질] | 呈 chéng 통 띠다, 나타내다, 드러내다 | 红色 hóngsè 명 붉은색 | 进入 jìnrù 통 진입하다, 들다 | 气温 qìwēn 명 기온 | 逐渐 zhújiàn 부 점점, 점차 | 降低 jiàngdī 통 낮아지다, 내리다 | 光照 guāngzhào 명 일조량 | 减弱 jiǎnruò 통 줄어들다, 약해지다, 약화되다 | 有利于 yǒulìyú ~에 유리하다, ~에 유익하다 | 形成 xíngchéng 통 형성되다, 이루어지다 | 同时 tóngshí 명 동시에 | 因此 yīncǐ 접 따라서, 그래서, 이로 인하여 [≒所以] | 整 zhěng 형 모두, 전체의, 전부의 | 变成 biànchéng 통 ~으로 변하다, ~로 되다

모범답안 ▸ ● track 520

枫叶到了秋天会变红，是因为枫叶内含有花青素。花青素这种色素存在于细胞液中，遇到酸性会呈红色。秋天气温低、光照弱，有利于花青素的形成。同时枫叶的细胞液呈酸性，花青素遇酸会呈红色，因此枫叶到了秋天会变红。

해석 단풍잎은 가을이 되면 붉게 변하는데, 단풍잎에 안토시안이 함유되어 있기 때문이다. 안토시안이라는 이 색소는 세포액 속에 존재하는데, 산성과 만나면 붉은색을 띤다. 가을에는 기온이 낮고 내리쬐는 빛이 약하여 안토시안의 형성에 유리하다. 동시에 단풍잎의 세포액은 산성을 띠어 안토시안이 만나서 붉은색을 띠는 것이다. 따라서 단풍잎은 가을이 되면 붉게 변한다.

남쌤 만의 **고득점 tip**

첫 문장을 질문으로 시작하면, 이어지는 내용은 그 질문에 대한 답이므로, 도입을 정확히 들으면 어떤 내용을 외워야 하는지 알 수 있다. 또한 특정 분야의 전문 용어, 고유 명사 등은 잘 기억해 두었다가 다시 말할 때 정확히 언급해 주어야 한다. 일반적으로 '叫做(~라고 한다)' 뒤에 해당 용어나 고유 명사가 나오므로 주의를 기울여 들어야 한다.

11 ● track 521

<u>四大发明</u>是<u>中国古代劳动人民创新的重要成果</u>，具体包括造纸术、指南针、火药和活字印刷术。这些发明是中国古代劳动人民的智慧结晶，它们<u>推动了中国政治、经济、文化的发展</u>。另外，四大发明还通过各种途径传入世界各地，<u>对世界科技文化的发展产生了深远影响</u>，由此可见，四大发明在<u>中外人类文明史上占有重要地位</u>。

미니 정리

핵심 어휘 四大发明

기본 정의 中国古代劳动人民创新的重要成果

특징 推动了中国政治、经济、文化的发展 / 对世界科技文化的发展产生了深远影响

결론 人类文明史上占有重要地位

해석 4대 발명은 중국 고대 노동자 혁신의 중요한 성과로, 구체적으로는 종이, 나침반, 화약, 활판 인쇄술을 포함한다. 이 발명들은 중국 고대 노동자들의 지혜의 결정체이며, 중국 정치, 경제, 문화의 발전을 촉진시켰다. 이 외에도 4대 발명품은 여러 경로를 통해 세계 각지로 전파되어 세계 과학 문화의 발전에 깊은 영향을 미쳤다. 이로부터 4대 발명은 중국과 외국 인류 문명 역사에서 중요한 위치를 차지함을 알 수 있다.

어휘 四大发明 sìdà fāmíng 4대 발명 | 古代 gǔdài 명 고대 | 劳动人民 láodòng rénmín 노동자 | ★创新 chuàngxīn 명 혁신, 창의성, 창조성 | 成果 chéngguǒ 명 성과, 결과 | 具体 jùtǐ 형 구체적이다 | 包括 bāokuò 통 포함하다, 포괄하다 | 造纸术 zàozhǐshù 명 제지술 | ★指南针 zhǐnánzhēn 명 나침반 | ★火药 huǒyào 명 화약 | 活字印刷术 huózì yìnshuāshù 명 활판 인쇄술 | 发明 fāmíng 명 발명 통 발명하다 | 智慧 zhìhuì 명 지혜 | ★结晶 jiéjīng 명 결정체, 소중한 성과 | 推动 tuīdòng 통 추진하다, 나아가게 하다, 촉진하다 | 政治 zhèngzhì 명 정치 | 经济 jīngjì 명 경제 | 文化 wénhuà 명 문화 | 发展 fāzhǎn 명 발전 통 발전하다 | 另外 lìngwài 접 이 외에, 이 밖에

通过 tōngguò 〔개〕 ~을 통해, ~에 의해 [通过+수단/방식/방법] | ★途径 tújìng 〔명〕 경로, 방법 [≒方式] | 各地 gèdì 〔명〕 각지, 각처 | 科技 kējì 〔명〕 과학 기술 | 产生 chǎnshēng 〔동〕 생기다, 발생하다, 나타나다 | 深远 shēnyuǎn 〔형〕 깊고 크다, 심원하다 | 由此可见 yóucǐ kějiàn 이로부터 알 수 있다, 이로부터 결론을 낼 수 있다 [≒可见] | 人类 rénlèi 〔명〕 인류 | 文明 wénmíng 〔명〕 문명 | 占有 zhànyǒu 〔동〕 차지하다, 점유하다 | 地位 dìwèi 〔명〕 (사회적) 지위, 위치 [占有地位: 위치를 차지하다]

모범답안 ● track 522

남쌤 만의 **고득점 tip**

四大发明是中国古代劳动人民的成果，包括造纸术、指南针、火药和印刷术。这些发明推动了中国政治、经济、文化的发展。并且通过各种途径传入世界各地，影响了世界文明的发展，可见四大文明在中外人类文明史上占有重要地位。

중국의 4대 발명은 시험에 자주 등장하는 주제이므로 4대 발명에 대한 일반적인 내용은 기억해 두는 것이 좋다.

해석 4대 발명은 중국 고대 노동자의 성과로, 제지술, 나침반, 화약, 그리고 인쇄술을 포함한다. 이 발명들은 중국 정치, 경제, 문화의 발전을 촉진시켰다. 게다가 각종 경로를 통해 세계 각지에 전파되어 세계 문명의 발전에 영향을 주었기에 4대 문명이 중국 외에 인류 문명사에 중요한 위치를 차지하고 있음을 알 수 있다.

---

12 ● track **523**

对于孩子来说，最重要的教育资源来自父母，父母在孩子的成长过程中起到了很大的作用。只有父母树立正确的育儿观，给孩子一个良好的教育基础，才能帮助孩子健康成长，让孩子充满希望，勇敢地朝着理想的终点奔跑。从这个意义上来说，在孩子的成长过程中，孩子真正的起跑线并不是学校和社会，而是他们的父母。

미니 정리

핵심 어휘 孩子, 父母

주장 对于孩子来说，最重要的教育资源来自于父母

이유 只有父母树立正确的育儿观，给孩子一个良好的教育基础，才能帮助孩子健康成长

결론 孩子真正的起跑线并不是学校和社会，而是他们的父母

해석 아이에게 있어 가장 중요한 교육 자원은 부모로부터 나온다. 부모는 아이의 성장 과정에서 매우 큰 역할을 한다. 부모가 올바른 육아관을 확립하고 아이에게 양호한 교육 기반을 제공해야만 아이가 건강하게 성장할 수 있게 돕고, 아이가 희망을 가득 안고, 이상적인 결승점을 향해 용감하게 달리게 할 수 있다. 이런 의미에서 보면 아이의 성장 과정에서 아이의 진정한 출발선은 학교와 사회가 아니라 그들의 부모이다.

어휘 ……来说 ……láishuō ~으로 말하자면 [对于……来说: ~에게 있어서] | 教育 jiàoyù 〔명〕 교육 | 资源 zīyuán 〔명〕 자원 | 来自 láizì 〔동〕 ~에서 오다, ~로부터 나오다 | 成长 chéngzhǎng 〔동〕 성장하다, 자라다 | 过程 guòchéng 〔명〕 과정 | 作用 zuòyòng 〔명〕 역할, 작용, 효과, 영향 [起到作用: 역할을 다하다, 작용을 하다] | ★树立 shùlì 〔동〕 확립하다, 수립하다 [树立育儿观: 육아관을 확립하다] | 正确 zhèngquè 〔형〕 올바르다, 정확하다 | 育儿观 yù'érguān 〔명〕 육아관 | 良好 liánghǎo 〔형〕 양호하다, 훌륭하다 | 基础 jīchǔ 〔명〕 기반, 기초 | 充满 chōngmǎn 〔형〕 충만하다, 가득 차다, 넘치다 | 勇敢 yǒnggǎn 〔형〕 용감하다 | 朝着 cháozhe 〔개〕 (~로) 향하여 | 理想 lǐxiǎng 〔형〕 이상적이다 | ★终点 zhōngdiǎn 〔명〕 결승점, 종점, 종착점 | 奔跑 bēnpǎo 〔동〕 빨리 달리다, 질주하다 | 意义 yìyì 〔명〕 의미, 의의 | 真正 zhēnzhèng 〔형〕 진정한, 참된 | 起跑线 qǐpǎoxiàn 〔명〕 출발선 | 不是A而是B búshì A érshì B A가 아니라 B이다

모범답안 ● track 524

남쌤 만의 **고득점 tip**

孩子最重要的教育资源来自父母。只有父母的育儿观正确，才能帮助孩子成长，让孩子充满希望，勇敢朝终点奔跑。如此看来，在孩子的成长过程中，真正的起跑线是他们的父母。

화자의 주장, 주장을 뒷받침하는 문장, 결론까지 듣고 이해한 내용을 쉽게 풀어서 말해보자.

해석 아이의 가장 중요한 교육 자원은 부모로부터 나온다. 부모의 육아 관념이 올바라야 아이의 성장을 도울 수 있고, 아이가 희망을 가득 안고 용감하게 결승점을 향해 달리게 한다. 이것으로 보면, 아이의 성장 과정에서 진정한 출발선은 그들의 부모이다.

有时候没有必要把名人看得太伟大，因为在你的世界里，他们永远是配角；也别把自己看得太渺小，因为在你的世界里；你才是自己人生的主角。请记住：这个世界上，只有一个"你"，你是独一无二的！与其在别人的世界里当一个默默无闻的配角，不如在自己的世界里做一个潇洒的主角，活出精彩。

해석 때로는 명인을 너무 위대하게 볼 필요는 없다. 당신의 세계에서 그들은 영원히 조연이기 때문이다. 자신을 너무 보잘것없이 여기지도 마라. 당신의 세계에서는 당신이 인생의 주인공이기 때문이다. 이 세상에서 '당신'은 한 명뿐이고, 유일무이하다는 것을 꼭 기억하라. 남의 세계에서 이름도 알려지지 않은 조연이 되는 것보다 자기 세계에서 멋있는 주인공이 되어 멋진 인생을 사는 것이 낫다.

어휘 有时候 yǒushíhou 때로는, 가끔씩 [≒有时] [≒有的时候] | 必要 bìyào 형 필요로 하다 | 名人 míngrén 명 명인, 유명 인사 | 伟大 wěidà 형 위대하다 | 永远 yǒngyuǎn 부 영원히, 언제까지나 | 配角 pèijué 명 조연, 보조역 | ★渺小 miǎoxiǎo 형 보잘것없다, 미약하다, 매우 작다 | 人生 rénshēng 명 인생 | 主角 zhǔjué 명 주인공 ['角'의 발음 주의] | 记住 jìzhu 동 확실히 기억해 두다 | 独一无二 dúyī wú'èr 성 유일무이, 유일하다, 하나밖에 없다, 비교할 것이 없다 [≒唯一的] | 与其 yǔqí 접 ~하기보다는, ~하느니 [与其A不如B: A하기 보다는 B하는 편이 낫다] | 默默无闻 mòmò wúwén 성 이름이 세상에 알려지지 않다 [≒不出名的] | ★潇洒 xiāosǎ 형 멋있다, 자연스럽고 품위가 있다, 멋스럽다 | 精彩 jīngcǎi 형 훌륭하다, 뛰어나다

모범 답안 ⊙ track 526

别把名人看得太伟大，在你的世界里，他们是配角。也别把自己看得太渺小，因为在你的世界里，你才是主角。请记住：世界上只有一个"你"，与其在别人的世界里当配角，不如在自己的世界里做主角。

해석 명인을 너무 위대하게 여기지 마라, 당신의 세계에서 그들은 조연이다. 자신을 너무 보잘것없이 여기지도 마라, 당신의 세계에서는 당신이 주인공이기 때문이다. 세상에 '당신'은 하나밖에 없으며, 남의 세계에서 조연이 되는 것보다 자신의 세계에 주인공이 되는 게 낫다는 것을 기억하라.

미니 정리
- 조언1 有时候没有必要把名人看得太伟大
- 이유1 因为在你的世界里，他们永远是配角
- 조언2 别把自己看得太渺小
- 이유2 因为在你的世界里，你才是自己人生的主角
- 결론 与其在别人的世界里当一个默默无闻的配角，不如在自己的世界里做一个潇洒的主角

남쌤만의 **고득점 tip**
문제의 모든 내용을 말하기 어렵다면, 화자가 말하고자 하는 말이 담겨 있는 '请记住' 뒷부분이라도 집중해서 듣고 기억해 두었다가 말해 보자.

真正的朋友敢于对你说真话，在你变胖的时候，他们不会一直给你甜食吃，而是果断叫你节食减肥；在你埋怨自己的配偶多么不理解你，抱怨上司有多么不近人情的时候，真正的朋友并不总是和你站在一边，有时，他们会站在客观的角度坦白地跟你说："其实，错误并不在别人，在这件事情中，你才是最需要反思的那个人。"

미니 정리
- 핵심 어휘 真正的朋友
- 주장 真正的朋友敢于对你说真话
- 결론 错误并不在别人，在这件事情中，你才是最需要反思的那个人

해석 진정한 친구는 당신에게 진실을 용감하게 말할 수 있다. 당신이 살이 쪘을 때, 그들은 당신에게 계속 단 음식을 주는 것이 아니라 식단을 조절하고 체중을 감량하라고 단호히 말할 것이다. 배우자가 당신을 이해해주지 않는다고, 혹은 상사가 정이 없다고 당신이 불평할 때, 진정한 친구는 항상 당신의 편에만 서는 것이 아니라, 때로는 객관적인 입장에서 당신에게 솔직하게 말할 것이다. "사실 잘못은 다른 사람에게 있는 것이 아니라, 이 일에서는 당신이야말로 반성해야 하는 그 사람이야."라고.

어휘 真正 zhēnzhèng 형 진정한, 참된 | 敢于 gǎnyú 동 용감하게 ~하다 | 真话 zhēnhuà 명 진실, 참말 | 胖 pàng 형 (몸이) 뚱뚱하다 | 甜食 tiánshí 명 단것, 단맛의 식품 | ★果断 guǒduàn 형 결단력이 있다 | 节食 jiéshí 동 식단을 조절하다 | 减肥 jiǎnféi 동 다이어트하다, 살을 빼다 | ★埋怨 mányuàn 동 불평하다, 원망하다 | ★配偶 pèi'ǒu 명 배우자, 배필 | 理解 lǐjiě 동 이해하다, 알다 | 抱怨 bàoyuàn 동 원망하다 | 上司 shàngsi 명 상사, 상관 | 不近人情 bú jìn rénqíng 인지상정에 어긋나다 [≒不讲道理] | 客观 kèguān 형 객관적이다 | 角度 jiǎodù 명 (문제를 보는) 각도 | ★坦白 tǎnbái 형 솔직하다, 담백하다, 격의 없다, 허심탄회하다 | 其实 qíshí 부 사실, 사실은, 실제는 | 错误 cuòwù 명 잘못 | ★反思 fǎnsī 동 반성하다

모범 답안 ● track 528

　　真正的朋友敢于对你说真话，在你变胖的时候，他们会叫你节食减肥；在你埋怨配偶和上司的时候，他们会站在客观的角度跟你说："错误不在别人，在这件事情中，你才是最需要反思的那个人。"

해석 진정한 친구는 용감히 당신에게 진실을 말할 수 있다. 당신이 살이 쪘을 때 그들은 식단을 조절해 다이어트를 하라고 말할 것이며, 당신이 배우자 혹은 상사를 원망할 때 그들은 객관적인 입장에서 "잘못은 다른 사람에게 있는 것이 아니라, 이번 일에서는 당신이야 말로 반성해야 할 장본인이야."라고 말할 것이다.

남쌤만의 **고득점 tip**

진정한 친구에 대해 말하고 있다. 다시 말하기가 어렵다면 중간에 나오는 예시를 생략할 수 있으나, 맨 앞 문장과 화자가 하고자 하는 말이 나온 '其实'로 시작하는 문장, 이 두 부분은 꼭 기억해 두었다가 말해야 한다. '其实'와 같은 전환 관계를 나타내는 어휘가 나오면 집중해서 듣고 외우자!

---

15 ● track 529

　　俗话说："金无足赤，人无完人。"意思是任何人都有缺点，没有十全十美的人。但是，不完美不代表失败，关键是要坦然面对自己的缺点。事实上，并非所有人都能正视自己的缺点。那些能够客观认知自己，接受自己的不完美，并不怕暴露缺点的人更容易取得成功。而那些想尽一切办法隐藏不完美的人则容易一事无成。

미니 정리

핵심 어휘	金无足赤，人无完人
기본 정의	任何人都有缺点，没有十全十美的人
문제	并非所有人都能正视自己的缺点
해결 방안	那些想尽一切办法隐藏不完美的人则容易一事无成

해석 '금에는 순금이 없고, 사람은 완벽한 사람이 없다.'라는 속담이 있다. 모든 사람에게는 단점이 있으며 완전무결한 사람은 없음을 의미한다. 하지만, 완벽하지 않음이 실패를 상징하지는 않는다. 관건은 자신의 단점에 태연하게 직면해야 한다는 것이다. 사실 모든 사람이 자신의 단점을 직시할 수 있는 것은 아니다. 자신을 객관적으로 보고 자신의 불완전함을 받아들이며, 단점이 드러나는 것을 두려워하지 않는 사람은 더 쉽게 성공을 거둘 수 있다. 하지만 머리를 굴려 어떻게든 자신의 불완전함을 숨기려는 사람은 아무 일도 이루지 못하기가 쉽다.

어휘 ★俗话(儿) súhuà(r) 명 속담, 옛말 | 金无足赤，人无完人 jīn wú zúchì, rén wú wánrén 금에는 순금이 없고, 사람은 완벽한 사람이 없다 | 意思 yìsi 명 의미, 뜻 | 任何 rènhé 대 어떠한, 무슨 [任何+A+都……: 어떠한 A라도 (모두) ~하다] | 缺点 quēdiǎn 명 단점, 결점, 부족한 점 | 十全十美 shíquán shíměi 성 완전무결하다 [≒完美] | 代表 dàibiǎo 동 상징하다, 나타나다 | 失败 shībài 명 실패 | 关键 guānjiàn 명 관건, 열쇠, 키포인트 | 坦然 tǎnrán 형 태연하다 | 面对 miànduì 동 직면하다, 마주 대하다 [面对缺点: 단점에 직면하다] | 事实上 shìshíshang 사실상 | ★并非 bìngfēi 동 결코 ~하지 않다, 결코 ~이 아니다 | 所有 suǒyǒu 형 모든, 전부의, 전체의 | 客观 kèguān 형 객관적이다 | 认知 rènzhī 명 인지 | 接受 jiēshòu 동 받아들이다, 받다, 수락하다 | 完美 wánměi 형 완전하여 흠잡을 데가 없다, 완전무결하다 | ★暴露 bàolù 동 드러내다, 폭로하다 | 成功 chénggōng 명 성공 [取得成功: 성공을 얻다/거두다] | 一切 yíqiè 대 모든 것, 온갖 것 | 办法 bànfǎ 명 방법 | 隐藏 yǐncáng 동 숨기다, 숨다 | 一事无成 yíshì wúchéng 성 한 가지의 일도 이루지 못하다, 아무 일도 이루지 못하다 [≒一点儿成就都没有]

모범 답안 track 530

"金无足赤，人无完人"的意思是任何人都有缺点。但是，不完美不代表失败，关键是要面对缺点。事实上，并非所有人都能正视缺点，能接受自己的不完美，不怕暴露缺点的人更容易成功，反之，那些想方设法隐藏不完美的人则一事无成。

해석 '금에는 순금이 없고, 사람은 완벽한 사람이 없다', 이 말은 누구나 모두 단점이 있음을 의미한다. 그러나 완벽하지 않음이 실패를 상징하지는 않으며, 관건은 단점과 직면해야 한다는 것이다. 사실상 모든 사람이 단점을 직시할 수 있는 것이 아니며, 자신의 불완전함을 받아들일 수 있고, 단점이 드러날까 두려워하지 않는 사람이 더 성공하기 쉽다. 이와 반대로 온갖 방법을 써서 완벽하지 못한 것을 감추려는 사람은 아무것도 이루지 못한다.

남쌤만의 고득점 tip

문제에 등장하는 속담, 명언 등은 반드시 기억했다가 말하는 것이 좋다. 또한 언급된 속담이 결국 문제에서 말하고자 하는 내용을 담고 있기 때문에 속담과 함께 그 뒤에 이어지는 속담의 의미와 속담과 연관된 내용을 집중해서 듣고 기억해 두자.

16 track 531

"松"、"竹"、"梅"这三种植物有着顽强的生命力，即使在寒冬腊月也能耐寒开放，因此被称为"岁寒三友"，自古以来受到人们的赞颂。"岁寒三友"具有坚贞、不屈、清高的特征，一直以来在中国传统文化中都是高尚人格的象征，也是中国画中常被表现的题材。在古代，这三种图案也常常用于装饰器物、衣物和建筑等。

해석 소나무, 대나무, 매화나무 이 세 가지 식물은 강한 생명력을 가지고 있다. 엄동설한에도 추위를 견디고 꽃을 피우기 때문에 '세한삼우'라고 불리며, 예로부터 사람들의 칭송을 받았다. '세한삼우'는 절개가 굳고, 굽히지 않으며, 고결하다는 특징을 갖추고 있어 줄곧 중국 전통 문화에서 고상한 인격을 상징해 왔으며, 중국화에 자주 등장하는 소재이기도 하다. 고대에는 이 세 가지 도안이 기물, 의복, 건축물 등을 장식하는 데 자주 사용되었다.

미니 정리

- 핵심 어휘: "松"、"竹"、"梅" / "岁寒三友"
- 기본 정의: 有着顽强的生命力
- 특징: 耐寒开放 / 具有坚贞、不屈、清高的特征
- 상징: 在中国传统文化中都是高尚人格的象征
- 용도: 这三种图案也常常用于装饰器物、衣物和建筑等

어휘 松 sōng 명 소나무 | 竹 zhú 명 대나무 | 梅 méi 명 매화, 매화나무 | 植物 zhíwù 명 식물 | ★顽强 wánqiáng 형 강하다, 강경하다 | 生命力 shēngmìnglì 명 생명력 | 即使 jíshǐ 접 설령 ~하더라도 [即使A，也B: 설사 A하더라도 B하겠다] | 寒冬腊月 hándōng làyuè 성 엄동설한 | 耐寒 nàihán 형 추위에 강하다 | 开放 kāifàng 동 (꽃이) 피다 | 称为 chēngwéi 동 ~라고 부르다 [被称为: ~라고 불리다] | 岁寒三友 suìhán sānyǒu 성 (추위에 잘 견디는) 세한삼우 [소나무, 대나무, 매화나무를 의미함] | 自古以来 zìgǔ yǐlái 예로부터, 자고로 | 受到 shòudào 동 받다, 만나다 | 赞颂 zànsòng 명 찬양, 칭찬 | 具有 jùyǒu 동 구비하다, 갖추고 있다 [具有+추상 명사] | 坚贞 jiānzhēn 형 꿋꿋하고 바르다, (지조가) 굳다 | 不屈 bùqū 형 굳세다 | 清高 qīnggāo 형 고결하다 | 特征 tèzhēng 명 특징 | 传统 chuántǒng 명 전통 | ★高尚 gāoshàng 형 고상하다, 도덕적으로 고결하다 | ★人格 réngé 명 인격 | 象征 xiàngzhēng 동 상징하다 | 中国画 zhōngguóhuà 명 중국화 | 表现 biǎoxiàn 동 표현하다, 나타내다 | ★题材 tícái 명 제재 [문학이나 예술 작품의 소재] | 古代 gǔdài 명 고대 | ★图案 tú'àn 명 도안 | 常用 chángyòng 형 상용하는, 늘 사용하는 | 装饰 zhuāngshì 동 장식하다, 치장하다 | 器物 qìwù 명 기물, 용구 | 衣物 yīwù 명 의복과 일상용품 | 建筑 jiànzhù 명 건축물

"松"、"竹"、"梅"生命力顽强，在寒冬腊月也能开放，因此被称为"岁寒三友"，受到人们的赞颂。"岁寒三友"一直都是高尚人格的象征，也常出现在中国画中。在古代，这三种图案也常用于装饰器物、衣物和建筑等。

해석 '소나무', '대나무', '매화나무'는 생명력이 강해 엄동설한에도 꽃이 핀다. 이 때문에 '세한삼우'라고 불리우며 사람들의 칭송을 받았다. '세한삼우'는 줄곧 고상한 인격의 상징이었으며, 중국화에 자주 등장했다. 고대에서 이 세 가지 도안은 기물, 의복, 건축물 등을 장식하는 데 자주 사용되었다.

남쌤 만의 **고득점 tip**

어떤 사물을 소개하는 문제가 나오면, 본인에게 생소한 사물이 나오더라도 당황하지 말자. 사물에 대한 기본 정의와 특징이 이어서 언급되므로, 이 점을 유념하면서 끝까지 듣고 기억할 수 있는 부분은 최대한 기억해서 말해 보자.

17 ◦ track 533

企鹅身上的羽毛与一般鸟类不同，它们的羽毛非常密集，而且细小呈鳞片状。这种特殊的羽衣除了防风以外，还具有防水的功能，这也是企鹅在冰冷刺骨的海水中可以游泳的原因。另外，企鹅的皮下脂肪层也很厚，这让它可以把体温维持在相对稳定的状态。因此，企鹅可以适应南极冰天雪地的生活环境，安全地生活。

미니 정리

핵심 어휘1 企鹅的羽毛

특징 非常密集, 细小呈鳞片状 / 防风, 防水的功能

핵심 어휘2 皮下脂肪层

특징 把体温维持在相对稳定的状态

결론 可以适应南极的生活环境, 安全地生活

해석 펭귄 몸의 깃털은 다른 새들과는 달리 매우 밀집되어 있고 비늘 모양을 미세하게 띠고 있다. 이런 특수한 깃털 옷은 바람을 막아 주는 것 외에 방수 기능도 있다. 이는 펭귄이 살이 에일 만큼 매우 차가운 바닷물에서도 수영할 수 있는 이유이기도 하다. 이 외에도 펭귄의 피하 지방 역시 굉장히 두꺼워 체온을 안정적인 상태로 유지시킨다. 그래서 펭귄은 얼음으로 뒤덮인 남극 환경에 적응하고 그곳에서 안전하게 생활할 수 있다.

어휘 企鹅 qǐ'é 명 펭귄 | 羽毛 yǔmáo 명 깃털 | 鸟类 niǎolèi 명 조류 | 密集 mìjí 형 밀집한, 조밀한, 빽빽한 | 细小 xìxiǎo 형 아주 작다 | 呈 chéng 동 띠다, 나타내다 | 鳞片 línpiàn 명 (물고기의) 비늘 | 特殊 tèshū 형 특수하다, 특별하다 | 防风 fángfēng 동 바람을 막아주다 | 具有 jùyǒu 동 구비하다, 갖추고 있다 [具有+추상 명사] | 防水 fángshuǐ 동 방수하다 | 功能 gōngnéng 명 기능, 작용, 효능 [有功能: 기능이 있다] | 冰冷 bīnglěng 형 얼음처럼 차다, 매우 차갑다 | 刺骨 cìgǔ 동 살이 에이다, 뼈를 찌르다 | 海水 hǎishuǐ 명 바닷물, 해수 | 游泳 yóuyǒng 동 수영하다 | 原因 yuányīn 명 원인 | 另外 lìngwài 접 이 외에, 이 밖에 | 皮下脂肪层 píxià zhīfángcéng 피하 지방층 | 厚 hòu 형 두껍다, 두텁다 | 体温 tǐwēn 명 체온 | ★维持 wéichí 동 유지하다, 지키다 | 相对 xiāngduì 부 비교적, 상대적으로 | 稳定 wěndìng 형 안정적이다 | 状态 zhuàngtài 명 상태 | 因此 yīncǐ 접 그래서, 이로 인하여, 이 때문에 | 适应 shìyìng 동 적응하다 | 南极 nánjí 명 남극 | 生活 shēnghuó 명 생활 | 安全 ānquán 형 안전하다

企鹅的羽毛非常密集，而且细小呈鳞片状，除了防风以外，还能防水，因此企鹅可以在冰冷的海水中游泳。另外，企鹅的皮下脂肪层也很厚，让它可以维持稳定的体温，使企鹅能适应南极的环境，安全地生活。

남쌤 만의 **고득점 tip**

특정 동물의 특징에 대해 설명하는 내용으로, 이 동물의 특징과 그 특징에서 파생된 설명을 제대로 듣고 말해야 한다. 특징이 한 가지만 나오면 상관없으나, 여러 가지 특징이 연이어 나온다면 각 특징과 설명을 정확하게 연결 지어 말해야 한다.

18 ● track 535

在荒野迷路时很难收到手机信号，因此在野外求救时要讲究方法。首先，由于荒野中各信号不畅通，因此要通过制造浓烟，吸引过往飞机的注意，这种方法最适合在白天求救时使用。如果是晚上在野外迷路时，由于周围什么都看不见，最有效的求救方法便是点燃篝火求助，这样不仅能引起营救人员的注意，还能让被困人员维持体温。

미니 정리

문제 在荒野迷路时很难收到手机信号

해결 방안 通过制造浓烟，吸引过往飞机的注意 / 点燃篝火求助

시간 白天 / 晚上

효과 不仅能引起营救人员的注意，还能让被困人员维持体温

해석 황야에서 길을 잃으면 핸드폰 신호를 잡기 어려우므로 야외에서 구조 요청을 할 땐 방법을 강구해야 한다. 먼저 황야에선 신호가 잘 통하지 않으므로 짙은 연기를 만들어 지나가는 비행기의 눈에 띄게 해야 한다. 이 방법은 낮에 구조 요청을 할 때 사용하기 적합하다. 만약 밤에 야외에서 길을 잃으면 주변에 아무것도 보이지 않기 때문에 가장 효과적인 구조 요청 방법은 모닥불을 피우는 것이다. 이렇게 하면 구조 요원의 주의를 끌 수 있는 데다가 곤경에 처한 사람도 체온을 유지할 수 있다.

어휘 荒野 huāngyě 명 황야 | 迷路 mílù 동 길을 잃다 | 收到 shōudào 동 받다, 얻다 | 信号 xìnhào 명 신호 | 野外 yěwài 명 야외 | 求救 qiújiù 동 구조 요청을 하다 | 讲究 jiǎngjiū 동 강구하다 | 方法 fāngfǎ 명 방법, 수단, 방식 | 首先 shǒuxiān 대 첫째, 먼저 | 가장 먼저, 우선 | ★畅通 chàngtōng 형 잘 소통되다, 원활하다, 막힘없이 잘 통하다 | 制造 zhìzào 동 만들다, 제조하다 | 浓烟 nóngyān 명 짙은 연기 | 吸引 xīyǐn 동 끌어당기다, 유인하다 | 过往 guòwǎng 동 지나가다, 오가다 | 注意 zhùyì 동 주의를 기울이다 | 适合 shìhé 동 적합하다, 알맞다 | 白天 báitiān 명 낮, 대낮 | 使用 shǐyòng 동 사용하다, 쓰다 | 周围 zhōuwéi 명 주변, 주위 | 点燃 diǎnrán 동 불을 붙이다, 점화하다 | 篝火 gōuhuǒ 명 모닥불, 횃불 | 求助 qiúzhù 동 도움을 청하다 | 不仅 bùjǐn 접 ~뿐만 아니라 [不仅A还B: A뿐만 아니라 B하기도 하다] | 引起 yǐnqǐ 동 불러일으키다 | 营救 yíngjiù 동 대책을 세워 구원하다, 구제하다, 원조 활동을 하다 | 困 kùn 동 곤경에 빠지다 | 人员 rényuán 명 인원, 요원 | ★维持 wéichí 동 유지하다, 지키다

모범 답안 ● track 536

在荒野求救时要讲究方法。首先，由于荒野中信号不好，可以制造浓烟，吸引过往飞机的注意，这种方法适用于白天求救。如果是晚上，由于周围什么都看不见，可以点燃篝火求助，这样既能引起营救人员的注意，也能让被困人员维持体温。

남쌤 만의 **고득점 tip**

위급 상황, 문제 발생 등의 주제로 이야기를 시작했다면, 일반적으로 뒤에는 해결 방안이 언급된다. 발생한 문제와 해결 방안을 연결해서 기억해 두어야 한다.

해석 황야에서 구조를 요청할 때는 방법을 강구해야 한다. 먼저 황야에서는 신호가 좋지 않아서 짙은 연기를 만들어 지나가는 비행기의 눈에 띄게 할 수 있는데, 이 방법은 낮에 구조 요청을 할 때 적합하다. 만약 밤이라면 주변에 아무것도 보이지 않기 때문에 모닥불을 피워 도움을 요청할 수 있으며, 이는 구조 요원들의 주의를 끌 수 있고, 고립된 사람들의 체온을 유지시킬 수 있다.

01 자주 틀리는 발음

▶ 본문 p.55

1

近年来，随着经济的快速增长，中国的国际影响力也在不断提升。学汉语、学汉字、关心中国文化的人也多了起来。

"汉语"一度被认为是世界上最难的语言之一。其中的一大原因就是因为很多人觉得"汉字"难学，但也有不少人表示在学汉字的过程中获得了愉快的体验。

汉字积淀了丰富的历史文化内容，然而，上个世纪初，随着西方文化的传入，有人认为中国的落后，是因为使用汉字，主张将汉字废除，到了上个世纪后半叶，计算机科学技术飞速发展，有人说，汉字无法输入电脑，所以要废除汉字。后来，汉字输入的问题解决了，废除汉字的声音也随之消散了。现在，汉字越来越受到人们的重视，人们发现，汉字包含着丰富的文化内涵，在科技迅速发展的今天，反而越来越显示出它的光彩。

해석 최근 몇 년 간 경제의 빠른 성장에 따라 중국의 국제 영향력도 계속해서 높아지고 있다. 중국어와 한자를 배우고 중국 문화에 관심을 갖는 사람도 점점 많아지고 있다.

'중국어'는 한때 세계에서 가장 어려운 언어 중 하나로 여겨졌다. 그중 가장 큰 이유는 많은 사람들이 '한자'를 어려워하기 때문이다. 하지만 한자를 배우면서 즐거운 체험을 했다는 사람도 적지 않다.

한자에는 풍부한 역사와 문화 내용이 축적되어 있다. 그러나 20세기 초, 서양 문화가 유입되면서 어떤 사람은 중국이 낙후가 된 것은 한자를 사용했기 때문이므로 한자를 없애야 한다고 주장했다. 20세기 후반에는 컴퓨터 과학 기술이 빠르게 발전하면서 한자는 컴퓨터에 입력할 수 없으므로 한자를 없애야 한다고 하는 사람도 있었다. 후에 한자 입력 문제가 해결되었고, 한자를 없애야 한다는 목소리도 이에 따라 사라졌다. 현재 한자는 갈수록 많은 사람의 중시를 받고 있다. 사람들은 한자에 풍부한 문화적 함의가 담겨 있어 과학 기술이 빠르게 발전하는 오늘날에 오히려 한자는 점점 빛을 발하고 있음을 발견했다.

어휘 随着 suízhe 개 ~따라서, ~에 따라 | 经济 jīngjì 명 경제 | 快速 kuàisù 형 빠르다, 신속하다 | 增长 zēngzhǎng 동 신장하다, 증가하다 | 国际 guójì 명 국제 | 影响力 yǐngxiǎnglì 명 영향력 | 不断 búduàn 부 계속해서, 끊임없이 | 提升 tíshēng 동 진급하다, 진급시키다 | 汉字 Hànzì 고유 한자 | ★一度 yídù 부 한때, 한동안 | 语言 yǔyán 명 언어 | 之一 zhīyī 명 ~(의) 중 하나 [A是……之一: A는 ~중 하나이다] | 原因 yuányīn 명 원인 | 表示 biǎoshì 동 (언행으로 사상·감정 등을) 나타내다, 표시하다 | 过程 guòchéng 명 과정 | 获得 huòdé 동 얻다, 획득하다 | 愉快 yúkuài 형 즐겁다, 기쁘다, 유쾌하다 | 体验 tǐyàn 명 체험 | 积淀 jīdiàn 동 오랫동안 누적되어 형성하다, 장기간 쌓이다 | 丰富 fēngfù 형 풍부하다, 넉넉하다 | 历史 lìshǐ 명 역사 | 内容 nèiróng 명 내용 | 然而 rán'ér 접 하지만, 그러나, 그렇지만 | 世纪 shìjì 명 세기 | 西方 xīfāng 명 서방, 서양 | 传入 chuánrù 동 전해 들어오다, 전해지다 | 落后 luòhòu 동 낙후되다, 뒤떨어지다 ['落'의 발음 주의] | 使用 shǐyòng 동 사용하다, 쓰다 | 主张 zhǔzhāng 동 주장하다 | 将 jiāng 개 ~을/를 [=把] | ★废除 fèichú 동 (법령·제도·조약 등을) 폐지하다 | 计算机 jìsuànjī 명 컴퓨터 | 科学 kēxué 명 과학 | 技术 jìshù 명 기술 | 飞速 fēisù 형 나는 듯이 빠르다 | 发展 fāzhǎn 동 발전하다 | 无法 wúfǎ 동 방법이 없다, 할 수 없다 | 输入 shūrù 동 입력하다 | 后来 hòulái 명 그 후, 그 뒤 | 声音 shēngyīn 명 소리, 목소리 | 随之 suízhī 이에 따라 | 消散 xiāosàn 동 없어지다 | 越来越 yuèláiyuè 부 갈수록, 더욱 더 | 受到 shòudào 동 받다, 얻다 | 重视 zhòngshì 동 중시 [受到重视: 중시를 받다] | 包含 bāohán 동 포함하다 | ★内涵 nèihán 명 내포, (언어 등이) 포함하는 내용 | 科技 kējì 명 과학 기술 | 迅速 xùnsù 형 신속하다, 재빠르다 | 反而 fǎn'ér 부 오히려, 도리어 | 显示 xiǎnshì 동 보여주다, 현시하다 | ★光彩 guāngcǎi 명 빛, 광채

近年来，随着经济的快速增长①，中国的国际影响力②/也在不断提升。学汉③语、学汉③字、关心中国文化的人/也多了起来。

"汉语"一度被认为/是世界上④/最难的语言⑤之一。其中的一大原因/就是因为/很多人觉得"汉字"难学，但也有不少人表示/在学汉字的过程中/获得了愉快的体验。

汉字积淀了丰富的历史文化内容，然而，上个世纪初，随着西方文化的传入，有人⑤认为中国的落后⑥，是因为使用汉字，主张将汉字废除，到了上个世纪后半叶，计算机科学技术/飞速发展，有人说，汉字无法输入电脑，所以/要废除汉字。后来，汉字输入的问题/解决了，废除汉字的声音/也随之⑦消散了。现在，汉字越来越/受到人们的重视，人们发现，汉字包含着/丰富的文化内涵，在科技迅速发展的今天，反而/越来越/显示出它的光彩。

① 增长 설치음(z)+권설음(zh) 발음 주의!

② 影响力 3성+3성+4성 → 2성+3성+4성으로 읽기! 4성+4성+4성으로 읽지 않도록 주의

③ 汉 '韩hán'과 헷갈리지 않도록 주의하자

④ 世界上 4성+4성+경성으로 읽어야 한다. '上'을 4성으로 읽지 않도록 주의

⑤ 语言/有人 3성+2성 → 반3성+2성으로 읽기

⑥ 落后 luò+hòu 운모 uo와 ou를 주의해서 발음해야 하며, '落'는 là로도 읽는 다음자이므로 혼동하지 않도록 주의하자

⑦ 也随之 3성+2성+1성으로 정확하게 읽어야 한다. 3성에서 2성으로 넘어갈 때 성조 구분 정확히!

2

梦，是睡眠的伴侣。做梦是人体一种正常的、必不可少的生理现象，我们睡觉时常常会做各种各样、无奇不有的梦。至于人为什么会做梦，梦到底有什么意义，人类观察了几千年也没有找到一个精准的答案。

不过，人们相信一些常见的梦包含着特别的意义。例如，我们梦见出门时，错过公交车、火车、飞机等交通工具，或者错过面试、演出迟到等。这种梦代表你错过了人生的一次机会，在面对重要的选择而犹豫不决之时，很容易做这种梦。再比如说，有时我们会梦见参加考试，但可能没准备好需要的工具，或拿到试卷后发现一道题都不会做。这种梦表明你在现实生活中正经受着考验，但是还没有做好准备，这让你感到焦虑和不安。

另外，长期频繁做梦对于睡眠、精神状态和健康都有影响，所以要警惕这种情况，尽早检查。

해석 꿈은 잠의 동반자이다. 꿈을 꾸는 것은 인체의 정상적이고 필수적인 생리 현상으로, 우리는 잘 때 각양각색의, 별의별 꿈을 자주 꾼다. 사람은 왜 꿈을 꾸는가, 꿈은 도대체 무슨 의미가 있는가에 대해 인류는 몇 천 년 동안 관찰했음에도 정확한 답을 찾지 못했다.

하지만, 사람들은 일부 흔한 꿈에는 특별한 의미가 담겨 있다고 믿는다. 예를 들면, 꿈속에서 외출을 해서 버스, 기차, 비행기 등의 교통 수단을 놓치는 일, 또는 면접시험을 놓치거나 공연 시간에 늦는 일 등이다. 이러한 꿈들은 인생에서 어떤 기회를 놓쳤다는 것을 의미하며, 중요한 선택에 직면했으나 망설이며 결정하지 못할 때 이러한 꿈을 잘 꾼다. 또 예를 들면, 꿈속에서 시험을 보는 중인데 필요한 도구를 준비하지 못했거나, 시험지를 받았는데 한 문제도 풀지 못할 때도 있다. 이러한 꿈은 현실 생활에서 시련을 겪고 있는데 미처 준비를 하지 못해 초조해하고 불안해하고 있음을 반영한다.

이 외에도 장기간 빈번하게 꿈을 꾼다면 수면, 정신 상태, 그리고 건강 모두에 영향을 주므로 이러한 상황을 경계하고 가능한 빨리 검진을 받아야 한다.

어휘 梦 mèng 몡 꿈 | 睡眠 shuìmián 몡 수면, 잠 | ★伴侣 bànlǚ 몡 동반자, 파트너 | 做梦 zuòmèng 동 꿈을 꾸다 | 人体 réntǐ 몡 인체 | 正常 zhèngcháng 혱 정상적인 | 必不可少 bìbùkěshǎo 솅 없어서는 안 된다, 반드시 필요하다 | ★生理 shēnglǐ 몡 생리 | 现象 xiànxiàng 몡 현상 [生理现象: 생리 현상] | 各种各样 gèzhǒng gèyàng 솅 여러 종류, 각양각색 | 无奇不有 wúqí bùyǒu 솅 별의별 것이 다 있다, 가지각색의 기묘한 것이 다 있다 | 至于 zhìyú 개 ~에 관해서는, ~으로 말하면 | 到底 dàodǐ 분 도대체 | 意义 yìyì 몡 의미, 의의 | 人类 rénlèi 몡 인류 | 观察 guānchá 동 (사물·현상을) 관찰하다, 살피다 | 精准 jīngzhǔn 혱 아주 정확하다 | 答案 dá'àn 몡 답, 답안 | 不过 búguò 접 하지만, 그러나 | 相信 xiāngxìn 동 믿다, 신임하다 | 常见 chángjiàn 혱 늘 보이는, 흔히 보는 | 包含 bāohán 동 포함하다 | 例如 lìrú 동 예를 들다 | 出门 chūmén 동 외출하다 | 错过 cuòguò 동 어긋나다, 엇갈리다, (시기·기회 등을) 놓치다 | 公交车 gōngjiāochē 몡 버스 | 交通工具 jiāotōng gōngjù 교통수단 | 或者 huòzhě 접 혹은, 또는 | 面试 miànshì 몡 면접시험 | 演出 yǎnchū 몡 공연 | 代表 dàibiǎo 동 대표하다, 나타내다 | 人生 rénshēng 몡 인생 | 面对 miànduì 동 직면하다, 마주 대하다 | 犹豫不决 yóuyù bùjué 솅 결단을 내리지 못하고 망설이다, 머뭇거리다 | 需要 xūyào 동 필요하다, 요구되다 | 工具 gōngjù 몡 도구 | 拿到 nádào 동 입수하다, 손에 넣다 | 试卷 shìjuàn 몡 시험지 | 发现 fāxiàn 동 알아차리다 | 道 dào 양 문제를 세는 양사 | 现实 xiànshí 몡 현실 | 生活 shēnghuó 몡 생활 | 经受 jīngshòu 동 (시련 등을) 겪다, 경험하다 | ★考验 kǎoyàn 몡 시련, 검증 | 焦虑 jiāolǜ 몡 초초한 마음, 근심스러운 마음 | 不安 bù'ān 혱 불안하다, 편안하지 않다 | 另外 lìngwài 접 이 밖에, 이 외에 | 长期 chángqī 몡 장시간, 장기간 | ★频繁 pínfán 혱 빈번하다, 잦다 | 对于 duìyú 개 ~에 대해서, ~에 대하여 | 精神 jīngshén 몡 정신 | 状态 zhuàngtài 몡 상태 | ★警惕 jǐngtì 동 경계하다, 경계심을 갖다 | 情况 qíngkuàng 몡 상황, 정황 | 尽早 jǐnzǎo 분 되도록 일찍, 조속히, 가능한 빨리 | 检查 jiǎnchá 동 검사하다

모범답안 ● track **602**

梦，是睡眠①的伴侣②。做梦是人体一种③正常的、必不可少的生理现象，我们睡觉时 / 常常会做各种各样、/ 无奇不有的梦。至于 / 人为什么 / 会做梦，梦到底 / 有什么④意义，人类 / 观察了几千年 / 也没有⑤找到 / 一个精准的答案。

不过，人们相信一些⑥常见的梦 / 包含着特别的意义。例如⑦，我们梦见出门时，错过公交车、火车、飞机等交通工具，或者 / 错过面试、演出迟到等。这种梦代表你 / 错过了人生的一次机会，在面对重要的选择 / 而犹豫不决之时，很容易做这种梦。再比如说，有时④我们会梦见 / 参加考试，但 / 可能没准备好 / 需要的工具，或 / 拿到试卷后 / 发现 / 一道题都不会做。这种梦表明 / 你在现实生活中 / 正经受着考验，但是 / 还没有做好准备⑧，这让你感到 / 焦虑②和不安。

另外，长期频繁做梦 / 对于睡眠、精神状态和健康 / 都有影响，所以要警惕这种情况，尽早⑨检查。

발음 tip

① 睡眠 '眠mián'을 '眼yǎn'과 헷갈려서 잘못 발음하지 않도록 주의!

② 伴侣 / 焦虑 '侣lǚ'와 '虑lǜ'를 lǔ로 잘못 읽지 않도록 주의!

③ 一种 '一'의 성조 변화 주의! 1성+3성 → 4성+3성

④ 有什么 / 有时 3성 뒤에 2성이 올 경우 반3성+2성으로 읽는다.

⑤ 也没有 3성+2성+3성 → 반3성+2성+3성으로 읽는다.

⑥ 一些 '一'의 성조 변화 주의! 1성+1성 → 4성+1성

⑦ 例如 '例lì'를 '列liè'와 헷갈려서 잘못 발음하지 않도록 주의!

⑧ 做好准备 3성의 성조 변화 주의! 4성+3성+3성+4성 → 4성+2성+반3성+4성

⑨ 尽早 다음자 '尽'의 발음 주의! jìnzǎo (X) jǐnzǎo (O)

生活中，不少人都有"不好意思"的心理体验，这里的"不好意思"指的是过于谨小慎微而导致不敢主动说出自己想法的行为。这种"不好意思"的心理影响并不小，一旦被别人利用，往往会使自己被迫做出不情愿的选择。

有研究表明，很多商家常利用顾客的这种"不好意思"的心理来推销产品。比如，走进商店后，虽然一开始没打算买某种产品，但是在店员耐心讲解了它的一堆优点后，你不好拒绝，结果掏钱购买了不在计划中的东西；又比如说，到饭店吃饭时，本来菜已经够了，但服务员热情的推荐让你不好意思说"不"，最后还是同意加个菜尝尝。这些情况几乎人人都遇到过，而这种结果的产生一般就是"不好意思"的心理在作祟。

因此，作为消费者，我们一定要摆正心态，从容拒绝一些不合理的消费，避免自己的"不好意思"心理被别人利用。

해석 일상생활에서 많은 사람들이 '난처함'이라는 심리를 체험해 봤을 것이다. 여기에서 '난처함'이란 지나치게 소심하고 신중해서 감히 자신의 견해를 주동적으로 말하지 못하는 행위를 가리킨다. 이러한 '난처함'이라는 심리가 끼치는 영향은 결코 적지 않아서 일단 다른 사람에게 이용을 당하면 종종 원치 않는 선택을 강요당하기도 한다.

한 연구에 따르면 많은 상점이 고객의 '난처함'이라는 심리를 이용해 제품을 홍보한다고 한다. 예를 들면, 상점에 들어간 후 처음엔 어떤 제품을 구매할 생각이 없었지만, 직원이 끈기 있게 그 물건의 장점을 설명해 주고 나면, 거절하기 어려워 결국에는 지갑을 열고 계획에 없던 물건을 사게 되는 것이다. 또 다른 예로는 식당에서 밥을 먹을 때, 이미 음식을 충분히 주문했더라도 종업원의 친절한 추천을 들으면 당신은 "싫어요"라고 대답하기가 난처할 것이고, 결국 음식을 추가해 맛보는 것에 동의할 것이다. 이러한 상황은 거의 모든 사람이 겪어 본 것이고, 보통 '난처함'이라는 심리가 방해해 생긴 결과이다.

따라서 소비자로서 우리는 반드시 심리 상태를 바로잡고, 불합리한 소비를 침착하게 거절해 자신의 '난처함'의 심리를 다른 사람에게 이용당하는 것을 피해야 한다.

어휘 生活 shēnghuó 몡 생활 | 不少 bùshǎo 혱 많다, 적지 않다 [≒很多] | 不好意思 bùhǎoyìsi 난처하다 | 心理 xīnlǐ 몡 심리 | 体验 tǐyàn 몡 체험 | 指 zhǐ 통 의미하다, 가리키다 | ★过于 guòyú 지나치게, 너무 | 谨小慎微 jǐnxiǎo shènwēi 혱 지나치게 소심하고 신중하다 | 导致 dǎozhì 통 (어떤 사태를) 야기하다, 초래하다 | 不敢 bùgǎn 통 감히 ~하지 못하다 | 主动 zhǔdòng 혱 주동적이다 | 想法 xiǎngfa 몡 생각, 의견, 견해 | 行为 xíngwéi 몡 행위, 행동 | 一旦 yídàn 凰 일단 ~한다면 [아직 일어나지 않은 가정의 상황을 나타냄] | 利用 lìyòng 통 이용하다 | 往往 wǎngwǎng 凰 종종, 자주, 흔히 | 被迫 bèipò 통 강요당하다 | 情愿 qíngyuàn 통 진심으로 원하다, 달게 받다 | 表明 biǎomíng 통 분명하게 밝히다 | 商家 shāngjiā 몡 가게, 상점 | ★推销 tuīxiāo 통 판매하다, (제품을) 마케팅하다, 널리 팔다 | 产品 chǎnpǐn 몡 제품, 생산품 | 比如 bǐrú 쩝 예를 들어 | 走进 zǒujìn 통 걸어 들어가다 | 店员 diànyuán 몡 점원 | 耐心 nàixīn 혱 인내성이 있다, 인내심이 강하다 | 讲解 jiǎngjiě 통 설명하다 | 堆 duī 몡 무더기, 더미 | 优点 yōudiǎn 몡 장점 | 拒绝 jùjué 통 거절하다, 거부하다 | 掏钱 tāoqián 통 돈을 내다, 돈을 꺼내다 | 购买 gòumǎi 통 사다, 구매하다 | 计划 jìhuà 몡 계획 | 饭店 fàndiàn 몡 식당 | 本来 běnlái 凰 원래, 본래 | 够 gòu 혱 충분하다, 넉넉하다 | 热情 rèqíng 혱 친절하다, 다정하다 | 推荐 tuījiàn 통 추천하다, 소개하다 | 最后 zuìhòu 몡 결국 | 尝 cháng 통 맛보다, 시식하다 | 情况 qíngkuàng 몡 상황 | 几乎 jīhū 凰 거의, 모두 | 人人 rénrén 몡 사람마다 | 产生 chǎnshēng 통 생기다, 발생하다, 나타나다 [产生+추상 명사] | 作祟 zuòsuì 통 방해하다 | 作为 zuòwéi 洲 ~의 신분·자격으로서 [반드시 명사성 목적어를 취해야 함] | 消费者 xiāofèizhě 몡 소비자 | 摆正 bǎizhèng 통 바로잡다 | ★心态 xīntài 몡 심리 상태 | ★从容 cóngróng 혱 침착하다, 조용하다 | 合理 hélǐ 혱 합리적이다 | 消费 xiāofèi 몡 소비 | 避免 bìmiǎn 통 피하다, 면하다

生活中，不少人／都有"不好意思①"的／心理体验，这里的"不好意思"指的是／过于谨小慎微／而导致不敢主动说出自己想法②的行为。这种"不好意思"的心理影响／并不小，一旦③被别人利用，往往会使自己／被迫做出不情愿的选择。

有研究表明，很多商家／常利用顾客的这种"不好意思"的心理／来推销产品。比如，走进商店后，虽然一开始③／没打算买某种产品④，但是在店员／耐心讲解了／它的一堆③优点后，你不好拒绝，结果掏钱购买了／不在计划中的东西；又比如说，到饭店吃饭时，本来⑤菜已经够了，但服务员热情的推荐／让你不好意思说"不"，最后还是同意／加个菜尝尝。这些情况／几乎⑥人人都遇到过，而这种结果的产生／一般③就是"不好意思"的心理在作祟。

因此，作为消费者，我们一定③要／摆正心态，从容⑦拒绝／一些③不合理的消费，避免自己的"不好意思"心理／被别人利用。

발음 tip

① **不好意思** 4성 뒤의 경성을 4성으로 읽지 않도록 주의 bùhǎoyìsi (o)

② **想法** 3성 성조 변화 주의! 3성+3성 → 2성+3성

③ **一旦** / **一开始** / **一堆** / **一般** / **一定** / **一些** '一'는 1, 2, 3성 앞에서는 4성, 4성 앞에서는 2성으로 성조가 변화한다

④ **买某种产品** 3성 성조 변화 주의! 3성+3성+3성+3성+3성 → 2성+2성+2성+2성+3성 (3성의 성조 변화는 끊어 읽기를 어디에서 하느냐에 따라 달라질 수 있음)

⑤ **本来** 3성 성조 변화 주의! 3성 뒤에 2성이 올 경우 반3성+2성으로 읽는다

⑥ **几乎** '几乎'의 '几'는 3성이 아닌 1성으로 읽어야 한다

⑦ **从容** 설치음(c)+권설음(r) 발음 주의!

4

父母对孩子的教育方式会影响孩子的一生。拿"打桌子"这种教育方式来说，比如，两个孩子不小心撞到了桌子，第一位母亲立即伸手去打桌子，然后哄孩子说："都怪这个桌子，把宝贝弄疼了。"第二位母亲则会开导孩子说："人会撞到桌子，有三个理由：一是跑得太快，停不下来；二是低着头走路；三是走路时心不在焉。找到你撞到桌子的原因，下次就能尽量避免犯同样的错误了。"

桌子是静止不动的，是孩子自己撞上去的，伸手打桌子，就等于告诉孩子那不是你的错，在这种教育方式下长大的孩子，可能会在以后的人际关系中形成一种逃避责任、对人对事都是指责抱怨的坏习惯。反之，通过分析具体原因，引导孩子找到问题的解决方法，可以让孩子养成及时反省自己、改正自己缺点的习惯，避免下次犯同样的错误。

해석 아이에 대한 부모의 교육 방식은 아이의 일생에 영향을 줄 수 있다. '책상 때리기' 교육 방식에 대해 말하자면, 예를 들어 두 아이가 실수로 책상에 부딪쳤다고 하자. 한 어머니는 바로 손을 뻗어 책상을 때리면서 "우리 아가를 아프게 하다니, 책상이 잘못했어!"라며 아이를 달랜다. 다른 어머니는 "사람이 책상과 부딪치는 데는 세 가지 이유가 있단다. 첫 번째는 너무 빨리 달려서 멈출 수 없을 때이고 두 번째는 고개를 숙이고 걸어갈 때이며, 세 번째는 정신을 딴 데 팔고 걸을 때인데, 네가 책상과 부딪친 이유를 찾으면 다음 번엔 같은 실수를 피할 수 있단다."라고 아이를 가르친다.

책상은 움직이지 않고 그대로 있었는데 아이가 스스로 부딪친 것이다. 그런데 손을 뻗어 책상을 때리면 아이에게 이는 네 잘못이 아니라고 알려 주는 것과 같다. 이러한 교육 방식에서 자란 아이는 이후 인간관계에서 책임을 회피하고 사람과 일을 대할 때 항상 지적하고 원망하는 나쁜 습관이 생길 수 있다. 반대로 구체적인 원인 분석을 통해 아이가 문제의 해결 방법을 찾을 수 있게 지도해 주면, 아이는 즉시 반성하고 자신의 단점을 고치려는 습관을 들여 다음 번에 같은 잘못을 하지 않을 수 있게 된다.

어휘 教育 jiàoyù 명 교육 | 方式 fāngshì 명 방식, 방법 | 一生 yìshēng 명 일생 | 拿 ná 개 ~에 대해서 | 来说 láishuō ~으로 말하자면 [拿……来说: ~에 대해 말하다] | 比如 bǐrú 접 예를 들어 | 撞 zhuàng 동 부딪치다 | 母亲 mǔqīn 명 엄마, 어머니 | 立即 lìjí 부 곧, 즉시, 바로 [늑马上] | 伸手 shēnshǒu 동 손을 뻗다, 손을 내밀다 | 然后 ránhòu 접 그 다음에, 그런 후에, 연후에 | 哄 hǒng 동 (어린아이를) 달래다, 구슬리다 | 怪 guài 동 책망하다, 나무라다 | 宝贝 bǎobèi 명 아가, 귀염둥이 [귀여운 아이나 사랑하는 사람에 대한 애칭] | 弄疼 nòngténg 동 아프게 하다 | 开导 kāidǎo 동 지도하다, 일깨우다 | 理由 lǐyóu 명 이유, 까닭, 연유 | 停 tíng 동 멈추다, 멎다 | 心不在焉 xīnbúzàiyān 성 마음이 여기 있지 않다, 정신을 딴 데 팔다 | 尽量 jǐnliàng 부 가능한 한, 되도록, 될 수 있는 대로 | 避免 bìmiǎn 동 (주로 좋지 않은 일을) 피하다, 면하다 | 犯 fàn 동 저지르다, 위반하다 | 错误 cuòwù 명 잘못 [犯错误: 잘못을 저지르다] | 静止 jìngzhǐ 동 정지하다 | 等于 děngyú 동 ~와 같다 | 长大 zhǎngdà 동 성장하다, 자라다 | 人际关系 rénjì guānxi 인간관계 | 形成 xíngchéng 동 형성되다, 이루어지다 | 逃避 táobì 동 도피하다 | 责任 zérèn 명 책임 | ★指责 zhǐzé 동 지적하다, 질책하다, 책망하다, 비난하다 | 抱怨 bàoyuàn 동 원망하다 | ★反之 fǎnzhī 접 이와 반대로, 바꾸어서 말하면, 바꾸어서 한다면 | 通过 tōngguò 개 ~을 통해, ~에 의해 | 分析 fēnxī 동 분석하다 | 具体 jùtǐ 형 구체적이다 | 原因 yuányīn 명 원인 | ★引导 yǐndǎo 동 인도하다, 인솔하다 [引导+사람] | 解决 jiějué 동 해결하다, 풀다 [解决问题: 문제를 해결하다] | 方法 fāngfǎ 명 방법, 수단, 방식 | 养成 yǎngchéng 동 습관이 되다, 길러지다, 양성하다 [养成习惯: 습관을 양성하다] | 及时 jíshí 부 즉시, 곧바로, 신속히 | 反省 fǎnxǐng 동 반성하다 | 改正 gǎizhèng 동 (잘못, 착오 등을) 개정하다, 시정하다 | 缺点 quēdiǎn 명 단점, 결점

모범답안 ● track 604

　　父母对孩子的教育方式 / 会影响孩子①的一生。拿"打桌子" / 这种教育方式来说，比如，两个孩子 / 不小心撞到了桌子②，第一位③母亲 / 立即伸手去打桌子，然后哄孩子说："都怪这个桌子，把宝贝弄疼④了。"第二位母亲 / 则会开导孩子说："人会撞到桌子，有三个理由：一是跑得太快，停不下来；二是低⑤着头走路；三是走路时心不在焉。找到你撞到桌子的原因，下次 / 就能尽量避免 / 犯同样的错误了。"

　　桌子是静止不动⑥的，是孩子自己 / 撞上去的，伸手打桌子，就等于告诉孩子 / 那不是你的错，在这种教育方式下长大的孩子，可能⑦会在以后的人际关系⑧中形成一种逃避责任、对人对事都是指责抱怨的坏习惯。反之，通过分析具体原因，引导孩子① / 找到问题的解决⑦方法，可以让孩子 / 养成⑦及时反省自己、改正自己缺点的习惯，避免下次犯同样的错误。

발음 tip

① **影响孩子 / 引导孩子** 성조 변화 주의! 3성+3성+2성+경성 → 2성+반3성+2성+경성 2성 뒤의 경성을 4성으로 읽지 않도록 주의!

② **桌子** 권설음(zh)+설치음 (z) 발음 주의 경성 '子' 앞의 '桌 zhuō'는 4성처럼 들리지 않도록 1성을 끌면서 읽어 준다

③ **第一位** 서수일 경우 '一'은 성조 변화가 없음! 원래 성조대로 1성으로 읽는다

④ **疼** 의미가 비슷한 '痛tòng' 으로 읽지 않도록 조심할 것

⑤ **低** 정확한 발음은 dī. 모양은 비슷하나 발음이 다른 한자가 많으니 주의!

⑥ **不动** '不'의 성조 변화 주의! 동사 뒤에서 보어로 쓰일 경우, 경성으로 읽는다

⑦ **可能 / 解决 / 养成** 3성의 성조 변화 주의! 3성+2성 → 반3성+2성

⑧ **人际关系** '系'의 원래 성조는 4성이지만 '关系'의 '系'는 보통 경성으로 읽는다

现代社会，大部分人的生活都离不开电视。但是众所周知，看电视需要眼睛高度集中，长时间看电视，不但会让眼睛感到酸痛，还会使人体受到辐射，因此在观看电视时，要注意与电视的距离。

观看电视过近会导致视力下降，引发近视，时间一长还容易引发各种眼部疾病。但离电视的距离也不是越远越好，专家指出，观看电视的距离应根据电视屏幕的大小来调整，最佳距离应该是屏幕对角线长度的4至6倍。但是这种距离量起来很费劲儿，所以很多人嫌麻烦而省略了这个步骤。其实除此以外，还有一个简单的方法：对着电视把一只胳膊向前伸直，然后把手掌横放，使其与眼睛处于同一水平线，再闭上一只眼，调整身体与电视之间的距离，当手掌正好能把电视挡住时，那个位置就是观看电视的最佳位置。

해석 현대 사회 대부분 사람들의 생활에서 텔레비전은 떼려야 뗄 수 없다. 하지만 모든 사람이 알고 있듯이 TV를 시청할 때는 눈은 고도의 집중이 필요해서 장시간 TV를 보면 눈이 뻐근할 뿐만 아니라 인체까지 전자파를 받게 될 수 있기 때문에 TV를 시청할 때는 TV와의 거리에 주의를 기울여야 한다.

TV를 너무 가까이에서 보면 시력 저하를 초래하여 근시를 유발할 수 있고, 시간이 길어지면 각종 안과 질병을 쉽게 유발한다. 그러나 TV와의 거리가 멀다고 꼭 좋은 것은 아니다. 전문가는 TV와의 거리는 화면의 크기에 따라 조정해야 하며, 가장 이상적인 거리는 화면 대각선 길이의 4~6배 정도라고 말한다. 하지만 이 거리를 재는 것이 힘이 들어 많은 사람들이 귀찮아서 이 절차를 생략했다. 사실 이렇게 하는 것 외에도 간단한 방법이 있다. TV를 마주 보고 팔을 앞으로 곧게 뻗은 다음 손바닥을 가로로 하고 눈과 동일한 수평선이 되게 놓는다. 한쪽 눈을 감아 신체와 TV 간의 거리를 조정하면 되는데, 손바닥으로 TV가 딱 가려질 때, 바로 그 위치가 TV와의 가장 이상적인 거리이다.

어휘 現代 xiàndài 몡 현대 | 社会 shèhuì 몡 사회 | 大部分 dàbùfen 몡 대부분 | 生活 shēnghuó 몡 생활 | 离不开 líbukāi 떨어질 수 없다, 떨어지지 못하다 | ★众所周知 zhòngsuǒzhōuzhī 솅 모든 사람이 다 알고 있다 [≒大家都知道] | 高度 gāodù 고도의, 정도가 매우 높은 | 集中 jízhōng 동 집중하다, 집중시키다 | 长时间 chángshíjiān 몡 장시간, 오랫동안 | 酸痛 suāntòng 혱 시큰시큰 쑤시고 아프다 | 人体 réntǐ 몡 인체 | 受到 shòudào 동 받다, 얻다 | ★辐射 fúshè 몡 복사, 방사 | 观看 guānkàn 동 보다, 참관하다 | 注意 zhùyì 동 주의하다, 조심하다 | 距离 jùlí 몡 거리, 간격 | 导致 dǎozhì 동 (어떤 사태를) 야기하다, 초래하다 [导致+안 좋은 일] | ★视力 shìlì 몡 시력 | 下降 xiàjiàng 동 떨어지다, 낮아지다 | 引发 yǐnfā 동 일으키다, 야기하다 | 近视 jìnshì 몡 근시 | ★疾病 jíbìng 몡 병, 질병 [引发疾病: 질병을 야기하다] | 专家 zhuānjiā 몡 전문가 | 指出 zhǐchū 동 지적하다, 밝히다, 가리키다 | 根据 gēnjù 개 ~에 의거하여, ~에 근거하여 | ★屏幕 píngmù 몡 영사막, 스크린 [여기에서는 '액정 화면'을 가리킴] | 大小 dàxiǎo 몡 크기 | 调整 tiáozhěng 동 조절하다, 조정하다 | 最佳 zuìjiā 혱 가장 좋다, 최적이다 | 对角线 duìjiǎoxiàn 몡 대각선 | 至 zhì 동 ~까지 이르다 | 倍 bèi 양 배, 배수 | 量 liáng 동 재다, 달다 | 费劲儿 fèijìnr 동 힘이 들다, 애를 쓰다 | ★嫌 xián 동 싫어하다 | 麻烦 máfan 동 번거롭게 하다, 폐를 끼치다 | 省略 shěnglüè 동 생략하다, 삭제하다 | 步骤 bùzhòu 몡 (일이 진행되는) 순서, 절차 | 除此以外 chúcǐ yǐwài 이것 이외에, 그 밖에 | 方法 fāngfǎ 몡 방법, 수단, 방식 | 胳膊 gēbo 몡 팔 | 向前 xiàngqián 동 앞으로 나아가다, 전진하다 | 伸直 shēnzhí 동 똑바로 뻗다, 곧게 펴다 | 手掌 shǒuzhǎng 몡 손바닥 | 横放 héngfàng 동 가로놓다, 눕히다 | 处于 chǔyú 동 처하다, 놓이다 | 同一 tóngyī 혱 동일하다, 일치하다 | 水平线 shuǐpíngxiàn 몡 수평선 | 闭上 bìshang 동 (눈을) 감다 | 之间 zhījiān 몡 ~의 사이 | 正好 zhènghǎo 분 마침 | 挡住 dǎngzhù 동 저지하다, 막다 | 位置 wèizhi 몡 위치

现代社会，大部分①人的生活 / 都离不开电视。但是众所周知②，看电视 / 需要眼睛高度集中，长时间看电视，不但③会让眼睛感到酸痛④，还会 / 使人体受到辐射，因此在观看电视时，要注意与电视的距离。

观看电视过近 / 会导致视力下降，引发近视，时间一长⑤ / 还容易引发各种眼部疾病。但离电视的距离 / 也不是越远越好，专家指出，观看电视的距离 / 应根据电视屏幕的大小 / 来调整⑥，最佳距离应该是 / 屏幕对角线长度的4至6倍。但是这种距离 / 量起来很费劲儿，所以⑦ / 很多人⑦嫌麻烦 / 而省略了这个步骤。其实除此以外⑧，还有一个简单的方法：对着电视 / 把一只⑨胳膊向前伸直，然后 / 把手掌横放，使其与眼睛 / 处于同一水平线，再闭上一只⑨眼，调整身体与电视之间的距离，当手掌 / 正好能把电视挡住时，那个位置就是观看电视的最佳位置。

① 大部分 '分'의 성조 주의! '大部分'의 '分'은 경성

② 众所周知 네 자가 모두 권설음(zh)과 설치음(s)으로 되어 있어 발음하기 어려운 어휘

③ 不但 '不'의 성조 변화 주의! 4성+4성 → 2성+4성

④ 痛 의미가 비슷한 '疼 téng'으로 읽지 않도록 주의!

⑤ 一长 '一'의 성조 변화 주의! 1성+2성 → 4성+2성

⑥ 调整 '调'는 diào와 tiáo 두 가지 발음으로 읽는 다음자. tiáozhěng (o)

⑦ 所以 / 很多人 끊어 읽기에 따라 3성의 성조 변화가 달라짐. 3성+3성/3성+1성+2성 → 2성+3성/반3성+1성+2성

⑧ 除此以外 권설음(ch)+설치음(c) 발음 주의!

⑨ 一只 '一'의 성조 변화 주의! 1성+1성 → 4성+1성 '只'는 양사로 쓰일 때는 3성이 아닌 1성으로 읽어야 한다

6

"变脸"是川剧中塑造人物的特技之一，用于表达剧中人物的内心及思想感情的变化。

相传，"变脸"是古代人类在面对凶猛的野兽时，为了生存，就在自己的脸上用颜料涂抹上不同的图案，以吓跑入侵的野兽。随着时间的推移，逐渐演变成了富有纪念意义的脸谱。后来，川剧把这种以颜料涂抹面部的仪式搬上了舞台，作为表演并形成了一门独特的艺术。"变脸"具有新、奇、快的特点，其神奇之处就在于演员能在极短的时间内，迅速地变换脸部的图案，并且根据剧中故事情节的发展，在舞蹈动作的掩饰下，通过一张一张地变换脸上的图案，来表达角色的喜怒哀乐，以此满足观众的观赏需求。比如说，在著名的川剧《白蛇传》的演出中，众目睽睽之下，演员就能变出绿脸、红脸、白脸、黑脸等七八种不同颜色的脸。

해석 '변검'은 쓰촨 지방 전통극에서 인물을 묘사하는 곡예 중 하나로, 극 중 인물의 심리와 감정의 변화를 표현할 때 사용한다.

　'변검'은 고대 인류가 사나운 짐승을 만났을 때 생존하기 위해 자기 얼굴에 물감으로 다른 도안을 그려서 침입한 짐승이 놀라 달아나게 하는 데 사용했다고 한다. 시간이 흐름에 따라 점차 기념적 의미가 풍부한 검보가 되었다. 후에 쓰촨 전통극은 물감으로 얼굴을 칠하는 이 의식을 무대로 옮겨 공연으로서 하나의 독특한 예술을 만들어 냈다. '변검'은 새롭고 기이하고 빠르다는 특징이 있는데, 신기한 점은 배우가 매우 짧은 시간 안에 빠르게 얼굴의 그림을 바꾸고, 극 중 줄거리의 전개에 따라 무용 동작으로 가린 상태에서 한 장 한 장 얼굴의 그림을 계속 바꾸는 것으로 캐릭터의 희로애락을 표현하여 관람객의 눈을 즐겁게 해준다는 것이다. 예를 들면 저명한 쓰촨 전통극 「백사전」 공연에서는 많은 사람이 주목하는 와중에도 배우는 초록색, 빨간색, 하얀색, 검은색 등 7, 8개 서로 다른 색의 얼굴을 보여 준다.

어휘 变脸 biànliǎn 명 변검 | 川剧 chuānjù 명 쓰촨 지방의 전통극 [쓰촨 방언(方言)으로 연기되며 300년의 역사를 가짐] | ★ 塑造 sùzào 동 (언어·문자·기타 예술 수단으로) 인물을 형상화하다 | 人物 rénwù 명 인물 | 特技 tèjì 명 곡예 | 之一 zhīyī ~(의) 하나 [A是……之一: A는 ~중 하나이다] | 用于 yòngyú 동 ~에 쓰다 | 表达 biǎodá 동 (자신의 사상이나 감정을) 나타내다, 표현하다 | 剧 jù 명 극 | 内心 nèixīn 명 마음 | 思想 sīxiǎng 명 사상, 의식 | 感情 gǎnqíng 명 감정 | 相传 xiāngchuán 동 ~라고 전해지다, ~라고 전해오다 | 古代 gǔdài 명 고대 | 人类 rénlèi 명 인류 | 面对 miànduì 동 직면하다, 마주 대하다 | 凶猛 xiōngměng 형 사납다, 용맹하다 | 野兽 yěshòu 명 야수 [여기서는 산짐승을 의미함] | ★ 生存 shēngcún 동 생존하다 | 颜料 yánliào 명 안료, 물감 | ★ 涂抹 túmǒ 동 칠하다, 바르다 | ★ 图案 tú'àn 명 도안 | 吓跑 xiàpǎo 동 놀라 달아나다 | 入侵 rùqīn 동 침입하다 | 随着 suízhe 개 ~따라서, ~에 따라 [随着+변화/발전/개선, 결과] | 推移 tuīyí 명 추이, 변천 | 逐渐 zhújiàn 부 점점, 차차 | 演变 yǎnbiàn 동 변화 발전하다 | 富有 fùyǒu 형 풍부하다 | 纪念 jìniàn 형 기념하는, 기념의 | 意义 yìyì 명 의미, 의의 | 脸谱 liǎnpǔ 고유 검보 [중국 전통극에서, 인물의 성격과 특징을 나타내려고 배역의 얼굴에 각종 채색 도안을 그린 것] | 后来 hòulái 명 그 후, 그뒤 | 面部 miànbù 명 얼굴, 안면 | ★ 仪式 yíshì 명 의식 | 舞台 wǔtái 명 무대 | 作为 zuòwéi 개 ~의 신분·자격으로서 [반드시 명사성 목적어를 취해야 함] | 表演 biǎoyǎn 명 공연 | 形成 xíngchéng 동 형성되다, 이루어지다 | 门 mén 양 과목, 가지 [과목·과학 기술 등에 쓰임] | 独特 dútè 형 독특하다, 특별하다 | 艺术 yìshù 명 예술 | 具有 jùyǒu 동 지니다, 가지다 [具有+추상 명사] | 特点 tèdiǎn 명 특징, 특색 [具有特点: 특징을 지니다] | ★ 神奇 shénqí 형 신기하다, 신비롭고 기이하다 | 在于 zàiyú 동 ~에 있다 [A在于B: A는 B에 달려 있다] | 演员 yǎnyuán 명 배우, 연기자 | 迅速 xùnsù 형 신속하다, 재빠르다 | 变换 biànhuàn 동 변환하다, 바꾸다 | 脸部 liǎnbù 명 얼굴, 안면 | 根据 gēnjù 개 ~에 의거하여, ~에 근거하여 | ★ 情节 qíngjié 명 줄거리 | ★ 舞蹈 wǔdǎo 명 춤, 무용 | 动作 dòngzuò 명 행동, 동작 | ★ 掩饰 yǎnshì 동 (결점·실수 등을) 덮어 숨기다, 감추다 | 通过 tōngguò 개 ~을 통해, ~에 의해 | 角色 juésè 명 역할, 배역 | 喜怒哀乐 xǐ nù āi lè 성 희로애락, 기쁨과 노여움과 슬픔과 즐거움 | 以此 yǐcǐ 접 이 때문에, 이로 인하여 | 满足 mǎnzú 동 만족시키다 | 观众 guānzhòng 명 관객, 관중 | 观赏 guānshǎng 동 감상하다 | ★ 需求 xūqiú 명 수요, 필요 | 比如 bǐrú 접 예를 들어 | 著名 zhùmíng 형 유명하다, 저명하다 [≒有名] | 白蛇传 Báishézhuàn 고유 백사전 | 演出 yǎnchū 명 공연 | 众目睽睽 zhòngmù kuíkuí 성 많은 사람들이 주시하다

모범 답안 ● track 606

　"变脸"是川剧中塑造人物的特技之一，用于表达① 剧中人物的内心 / 及思想感情的变化。

　相传② ，"变脸"是古代人类 / 在面对凶猛的野兽时，为了生存，就在自己的脸上③ 用颜料 / 涂抹上不同的图案，以 / 吓跑入侵的野兽。随着时间的推移，逐渐 / 演变成了 / 富有纪念意义的脸谱④ 。后来，川剧 / 把这种以颜料涂抹面部的仪式 / 搬上了舞台，作为表演④ / 并形成了一门独特的艺术。"变脸"具有新、奇、快的特点，其神奇之处⑤ 就在于 / 演员能在极短的时间内，迅速地 / 变换脸部的图案，并且 / 根据剧中故事情节的发展，在舞蹈动作的掩饰下，通过一张一张⑥ 地 / 变换脸上的图案，来表达角色⑦ 的喜怒哀乐，以此④ / 满足① 观众的观赏需求。比如① 说，在著名的川剧《白蛇传》的演出中，众目睽睽之下，演员就能变出绿脸、红脸、白脸、黑脸等 / 七八种不同颜色的脸。

발음 tip

① 表达 / 满足 / 比如 3성의 성조 변화 주의!
3성+2성 → 반3성+2성

② 相传 '传chuán'을 '转zhuàn /zhuǎn'과 헷갈려서 잘못 읽지 않도록 주의

③ 脸上 '上'이 방위사로 쓰일 경우에는 경성으로 읽는다

④ 脸谱 / 表演 / 以此 3성의 성조 변화 주의!
3성+3성 → 2성+3성

⑤ 之处 다음자 '处'의 성조 주의! 곳, 장소의 의미로 쓰일 경우 chù로 읽는다

⑥ 一张一张 '一'의 성조 변화 주의! 1성+1성 → 4성+1성

⑦ 角色 다음자 '角'의 발음 주의! jiǎosè(X) juésè (O)

7

人们常说，第一印象非常重要，但实际上，在社会关系中，人们留给对方的最后印象也是不容忽视的。某些情况下，最后印象甚至直接决定着个人或单位起初的完美形象能否维持，以及整体形象是否完美，这就是末轮效应。

末轮效应强调"事情圆满结束"，倡导事情应当善始善终，其核心思想是要求人们能够始终如一地保持单位或个人的形象。末轮效应经常被运用在服务过程中，要求服务人员从始至终要保持热情，细致周到，在接待工作顺利完成后，也要讲究"送客礼仪"，这样可以给对方留下不错的印象。如果送客工作处理得不好的话，很可能给对方留下不佳的最后印象，从而影响整个服务过程，不管接待工作再完美，也有可能功亏一篑。

해석 사람들은 첫인상이 매우 중요하다고 종종 말하지만 실제로 인간관계에서 사람들이 사회생활을 할 때 상대방에게 남기는 끝인상도 간과할 수 없다. 어떤 상황에서는 끝인상은 심지어 개인 혹은 회사의 처음 완벽했던 이미지를 계속 유지할 수 있는지, 전반적인 이미지가 완벽한지를 직접 결정하기도 한다. 이것이 바로 끝인상 효과이다.

끝인상 효과는 '일이 원만하게 끝남'을 강조하며, 일을 처음부터 끝까지 잘 완수해야 함을 앞서 주장하는데, 회사 또는 개인의 이미지를 시종일관 유지할 수 있어야 한다는 것이 핵심적인 사상이다. 끝인상 효과는 서비스 부문에서 자주 이용된다. 서비스업 종사자는 시종 친절함을 유지해야 하고, 주도면밀해야 한다. 서비스 업무를 순조롭게 마친 후 '고객을 배웅할 때 예의를 갖추는 것'도 신경을 써야 상대방에게 좋은 인상을 남길 수 있다. 만약 고객을 배웅할 때 마무리가 좋지 않았다면 상대방에게 좋지 않은 끝인상을 남길 수 있게 됨으로써 전체적인 서비스 과정에 영향을 끼친다. 업무가 아무리 완벽했다 하더라도 공든 탑이 무너질 수도 있는 것이다.

어휘 印象 yìnxiàng 몡 인상 | 实际上 shíjìshang 閉 실제로, 사실상 | 社会 shèhuì 몡 사회 | 关系 guānxi 몡 관계 | 对方 duìfāng 몡 (주체 측에서 본) 상대방, 상대편 | 忽视 hūshì 동 소홀히 하다, 등한히 하다, 경시하다 | 某些 mǒuxiē 때 어떤, 몇몇, 일부 | 甚至 shènzhì 閉 ~까지도, ~조차도 | 直接 zhíjiē 혱 직접적인, 직접의 | 个人 gèrén 몡 개인 | 单位 dānwèi 몡 회사 | 起初 qǐchū 몡 처음, 최초 | 完美 wánměi 혱 완미하다, 매우 훌륭하다, 완전하여 흠잡을 데가 없다 | 形象 xíngxiàng 몡 (총체적인) 인상, 이미지, 형상 | 能否 néngfǒu ~할 수 있나요? ~할 수 있을까? | ★维持 wéichí 동 유지하다, 지키다 | 以及 yǐjí 접 및, 그리고, 아울러 | 整体 zhěngtǐ 몡 전체, 전부 | 是否 shìfǒu 閉 ~인지 아닌지 | 末 mò 몡 마지막(의) | 效应 xiàoyìng 몡 효과 | 强调 qiángdiào 동 강조하다 | ★圆满 yuánmǎn 혱 원만하다, 완벽하다, 훌륭하다 | ★倡导 chàngdǎo 동 앞장서서 제창하다, 선도하다 | 应当 yīngdāng 조동 반드시 ~해야 한다 | 善始善终 shànshǐ shànzhōng 솅 일을 시종 잘 완수하다, 처음부터 끝까지 한결같이 잘하다 | 心思 xīnsi 몡 생각, 염두 | 能够 nénggòu 조동 ~할 수 있다 | 始终如一 shǐzhōng rúyī 솅 시종여일, 시종일관 | 保持 bǎochí 동 유지하다, 지키다 | 运用 yùnyòng 동 운용하다, 활용하다, 응용하다 | 从始至终 cóngshǐ zhìzhōng 처음부터 끝까지 | ★细致 xìzhì 혱 정교하다, 세밀하다, 정밀하다, 섬세하다, 공들이다 | 周到 zhōudào 혱 세심하다, 꼼꼼하다, 빈틈없다 | 接待 jiēdài 동 접대하다, 응접하다, 영접하다 | 顺利 shùnlì 혱 순조롭다, 일이 잘 되어 가다 | 送客 sòngkè 동 손님을 배웅하다 | 礼仪 lǐyí 몡 예절과 의식 | 不错 búcuò 혱 좋다, 괜찮다 | 印象 yìnxiàng 몡 인상 | 回忆 huíyì 동 추억하다, 회상하다 | 处理 chǔlǐ 동 처리하다 | 不佳 bùjiā 혱 좋지 않다 | 从而 cóng'ér 접 따라서, 이리하여, 그리하여 | 不管 bùguǎn 접 ~을 막론하고 | 功亏一篑 gōngkuīyīkuì 솅 성공을 눈앞에 두고 실패하다, 거의 다 된 일을 막판의 실수로 그르치다

모범 답안 ● track 607

人们常说，第一①印象非常重要，但实际上②，在社会关系中，人们 / 留给对方的 / 最后印象 / 也是不容忽视的。某些情况下，最后印象 / 甚至直接③决定着 / 个人或单位 / 起初的完美形象 / 能否维持，以及④ / 整体⑤形象是否完美，这就是末⑥轮效应⑦。

발음 tip

① **第一** 서수일 경우 'ㅡ'은 성조 변화 없이 원래 성조대로 1성으로 읽는다

② **实际上** '上'은 4성이 아닌 경성으로 읽는다

末轮效应 / 强调"事情圆满结束"，倡导 / 事情 / 应当善始善终③，其核心思想 / 是要求⑧人们 / 能够 / 始终如一地 / 保持单位或个人的形象。末轮效应 / 经常被运用在 / 服务过程中，要求服务人员 / 从始至终⑨ / 要保持热情，细致周到，在接待工作 / 顺利完成后，也要讲究"送客礼仪"，这样 / 可以给对方 / 留下不错的印象。如果送客工作 / 处理⑤得不好的话，很可能 / 给对方 / 留下不佳的最后印象，从而 / 影响⑤整个服务过程，不管接待工作 / 再完美，也有可能功亏一篑。

③ **甚至直接** / **善始善终** 연속으로 권설음(sh, zh)으로 읽어야 하는 어휘로 발음에 주의하자

④ **以及** 3성의 성조 변화 주의! 3성+2성 → 반3성+2성

⑤ **整体** / **处理** / **影响** 3성의 성조 변화에 주의! 3성+3성 → 2성+3성

⑥ **末** '未wèi'와 헷갈려서 읽는 경우가 많으니 주의하자

⑦ **效应** 4성+4성에서 뒤의 4성을 정확히 읽어야 한다

⑧ **要求** '要'는 보통 4성으로 읽지만, 1성으로 읽는 경우도 있음을 기억하자!

⑨ **从始至终** 설치음(c)+권설음(sh, zh) 발음 주의!

8

鼓励是人生中必不可少的东西。有了鼓励，我们可以树立信心；有了鼓励，我们可以再接再厉；有了鼓励，我们才会有进步。

对于老师和家长来说，鼓励是一种重要的教育方法，每个孩子都能在不断地鼓励下获得自信、勇气和上进心。实践证明，鼓励可以让人开心起来，而在一个愉悦的心情下学习时，无论是感觉，还是思维和记忆力，都会产生事半功倍的效果。因此，在教育孩子时，可以适当地鼓励孩子，这样不仅可以增强他们的自信，提高学习效率，还能让他们在动力的驱使下增强对学习的兴趣，激发孩子的求知欲。

对于领导来说，鼓励员工是最有效的方法。鼓励可以提高员工的效率和业绩，激发员工的积极性与创造性，让员工更加努力，在取得个人业绩的同时，为企业创造出更多的价值。

해석 격려는 인생에 없어선 안 될 중요한 것이다. 격려가 있기에 우리는 자신감을 키울 수 있고, 격려가 있기에 우리는 더 분발할 수 있고, 격려가 있기에 우리는 발전할 수 있다.

교사와 학부모에게 있어서 격려는 중요한 교육 방법이다. 아이들은 끊임없는 격려 속에서 자신감, 용기 그리고 성취욕을 얻는다. 실천이 증명하듯이 격려는 사람을 기쁘게 해주고, 이런 기쁜 마음으로 공부할 때 감정이든 생각과 기억력이든 모든 방면에서 적은 노력으로도 큰 효과를 거둘 수 있다. 따라서 아이를 교육할 때 아이를 적절히 격려하면 아이의 자신감을 키워 학습 효율을 높일 수 있을 뿐만 아니라 아이가 원동력을 얻어 학습에 대한 흥미를 키우게 하고 아이의 지식욕을 자극할 수 있다.

지도자에게 있어서는 직원을 격려하는 것이 가장 효과적인 방법이다. 격려는 직원의 효율과 실적을 향상시킬 수 있고, 직원의 적극성과 창조성을 불러일으켜 직원을 더 노력하게끔 하며, 개인 실적을 취득함과 동시에 기업에 더 많은 가치를 창출할 수 있게 한다.

어휘 **鼓励** gǔlì 图 격려하다, (용기를) 북돋우다 | **人生** rénshēng 圐 인생 | **必不可少** bìbùkěshǎo 図 없어서는 안 된다, 반드시 필요하다 | **树立** shùlì 图 세우다, 수립하다 | **信心** xìnxīn 圐 자신감, 신념, 믿음 | **再接再厉** zàijiē zàilì 図 한층 더 분발하다, 더욱 더 힘쓰다 | **进步** jìnbù 图 진보하다 | **家长** jiāzhǎng 圐 학부모, 가장 | **……来说** ……láishuō ~으로 말하자면 [对于……来说: ~에게 있어서] | **教育** jiàoyù 圐 교육 | **方法** fāngfǎ 圐 방법, 방식 | **不断** búduàn 圐 계속해서, 끊임없이 | **获得** huòdé 图 얻다, 획득하다, 취득하다 | **自信** zìxìn 圐 자신감 | **勇气** yǒngqì 圐 용기 | **上进心** shàngjìnxīn 圐 성취욕 | **实践** shíjiàn 圐 실천, 실행 | **证明** zhèngmíng 图 증명하다 | **开心** kāixīn 圐 기쁘다, 즐겁다 | **愉悦** yúyuè 圐 유쾌하고 기쁘다 | **心情** xīnqíng 圐 마음, 심정 | **无论** wúlùn 젭 ~을 막론하고, ~에 관계없이 [无论A都B: A를 막론하고 모두 B하다] | ★**思维** sīwéi 圐 사유 | **记忆力** jìyìlì 圐 기억력 | **产生** chǎnshēng 图 생기다, 발생하다, 나타나다 | **事半功倍** shìbàn gōngbèi 図 적은 노력으로 많은 성과를 올리다 | **效果** xiàoguǒ 圐 효과 | **因此** yīncǐ 젭 그래서, 이로 인하여 | **适当** shìdàng 圐 적절하다, 적합하다, 적당하다 | **增强** zēngqiáng 图 강화하다, 증강하다, 높이다 | **效率** xiàolǜ 圐 효율 [提高效率: 효율을 높이다] | ★**动力** dònglì 圐 동력 [提供动力: 동력을 제공하다] | **驱使** qūshǐ 图 마음이 동하다, 부추기다 | **兴趣** xìngqù 圐 흥미, 취미 | ★**激发** jīfā 图 (감정을) 자극하다, 불러일으키다 | **求知欲** qiúzhīyù 圐 지식욕 | **领导** lǐngdǎo 圐 지도자, 대표, 리더, 책임자 | **员工** yuángōng 圐 직원 | **业绩** yèjì 圐 업적 | **积极性** jījíxìng 圐 적극성 | **创造性** chuàngzàoxìng 圐 창조성 | **取得** qǔdé 图 취득하다, 얻다 [取得业绩: 실적을 취득하다] | **同时** tóngshí 圐 동시, 같은 시간 | **企业** qǐyè 圐 기업 | **价值** jiàzhí 圐 가치

모범답안 ● track 608

鼓励是人生中 / 必不可少的东西①。有了鼓励, 我们可以 / 树立信心; 有了鼓励, 我们可以 / 再接再厉; 有了鼓励, 我们才会有进步。

对于老师和家长②来说, 鼓励 / 是一种③ / 重要的教育方法④, 每个孩子 / 都能在不断地鼓励下 / 获得自信、勇气和上进心。实践证明, 鼓励可以让人开心起来, 而在一个③愉悦的心情下学习时, 无论是感觉⑤, 还是思维和记忆力, 都会产生 / 事半功倍的效果。因此, 在教育孩子时, 可以适当⑥地鼓励孩子, 这样不仅可以⑦ / 增强⑧他们的自信, 提高学习效率, 还能让他们在动力的驱使下 / 增强对学习的兴趣, 激发 / 孩子的求知欲。

对于领导来说, 鼓励员工是最有效的方法。鼓励可以提高 / 员工的效率和业绩, 激发员工的积极性 / 与创造性⑨, 让员工更加努力, 在取得个人业绩的同时, 为企业创造出更多的价值。

발음 tip

① **东西** '西'는 1성과 경성으로 읽을 수 있는데, 여기에서는 경성으로 읽는다. 성조에 따라 단어의 뜻이 달라지므로 주의하자

② **家长** 다음자 '长'의 발음 주의!

jiācháng (X) jiāzhǎng (O)

③ **一种 / 一个** '一'의 성조 변화 주의! '一'는 뒤에 1, 2, 3성이 오면 4성으로, 뒤에 4성이 오면 2성으로 읽는다. '个'는 양사로 쓰이면 보통 경성으로 읽는다

④ **方法** 두 글자 모두 f로 시작해서 발음하기가 쉽지 않다. b 또는 p로 발음하지 않도록 주의하자

⑤ **感觉** 3성의 성조 변화 주의! 3성+2성 → 반3성+2성

⑥ **适当** '当'은 1성과 4성으로 읽는데, 여기에서는 4성으로 읽는다. 성조에 따라 단어의 뜻이 달라지므로 주의하자

⑦ **不仅可以** 3성의 성조 변화 주의! 4성+3성+3성+3성 → 4성+2성+2성+3성

⑧ **增强** 다음자 '强'의 발음 주의! 정확한 발음은 zēngqiáng이며, qiáng이 jiáng으로 들리지 않도록 주의하자

⑨ **创造性** 권설음(ch)과 설치음(z) 발음 주의

很多人在生活中都会有这样的经历：在你参与到一些任务的同时，对自己说一些暗示性的话语，可以更有效地帮助你完成任务。从心理学上讲，自我暗示对人的心理作用很大，甚至会改变我们做事的结果。

不同的目标，需要我们使用不同的暗示语。对于一些要求精细操作的任务，要用比较具体的暗示语，如打高尔夫时，可以暗示自己："不要慌，放慢点儿"，"再把手抬高一点儿"等；而对于一些要求有耐力和韧性的任务，我们要使用积极性的暗示语，不停地给自己精神上的鼓舞，这样效果会更好，比如参加马拉松、竞走时，对自己说："再坚持一下就赢了"，"我一定能做到"等。

总之，自我暗示可以帮助我们调整心态，发挥最大的能量，让人更自信、注意力更集中，可以起到事半功倍的效果。

해석 많은 사람들이 생활 속에서 어떠한 임무에 참여하면서 동시에 자신에게 어떤 암시의 말을 하는 것이 당신이 임무를 완성하는 데에 더 효과적인 도움이 되었던 경험이 있을 것이다. 심리학의 관점에서 자기 암시가 사람의 심리에 미치는 작용은 크며, 심지어 우리가 하는 일의 결과를 바꿀 수 있다.

서로 다른 목표에는 서로 다른 암시를 사용할 필요가 있다. 정교한 조작이 필요한 임무에는 비교적 구체적인 암시를 사용해야 한다. 예를 들면 골프를 칠 때는 '당황하지 말고 천천히 해' 또는 '손을 좀 더 높이 들어 봐' 등과 같은 암시를 할 수 있다. 그리고 인내심과 끈기를 요구하는 일을 할 때는 적극적인 암시를 하여 끊임없이 자신에게 정신적인 격려를 보내면 효과가 훨씬 좋을 것이다. 예를 들어 마라톤이나 경보를 할 때 '조금만 더 버티면 이길 수 있어', '나는 할 수 있어' 등과 같은 말을 나에게 하는 것이다.

결론적으로 자기 암시는 우리가 심리 상태를 조절하고 최대 에너지를 발휘할 수 있게 도와주며, 자신감을 키워주고 주의력을 집중시켜 노력에 비해 더 많은 성과를 낼 수 있게 한다.

어휘 生活 shēnghuó 몡 생활 | 经历 jīnglì 몡 경험, 경력 [有经历: 경험이 있다] | 参与 cānyù 동 참여하다, 참가하다 | 任务 rènwu 몡 임무, 책무 | 同时 tóngshí 몡 동시, 같은 시간 | 暗示性 ànshìxìng 몡 암시성 | 话语 huàyǔ 몡 말, 언사 | 有效 yǒuxiào 형 효과가 있다, 유효하다 | 心理学 xīnlǐxué 몡 심리학 | 自我 zìwǒ 대 자기 자신 | 作用 zuòyòng 몡 역할, 작용, 효과 | 甚至 shènzhì 부 심지어 | 改变 gǎibiàn 동 바꾸다 | 做事 zuòshì 동 일을 하다 | 目标 mùbiāo 몡 목표 | 使用 shǐyòng 동 사용하다, 쓰다 | 精细 jīngxì 형 꼼꼼하다, 철저하다, 세심하다 | ★操作 cāozuò 동 조작하다 | 具体 jùtǐ 형 구체적이다 | 高尔夫 gāo'ěrfū 몡 골프 | 慌 huāng 형 허둥대다, 당황하다 | 放慢 fàngmàn 동 늦추다 | 把手 bǎshou 몡 손잡이, 핸들 | 抬高 táigāo 동 높이 들다, 높이 들어 올리다 | 耐力 nàilì 몡 인내력, 내구력, 지구력 | 韧性 rènxìng 몡 근성, 끈기 | 积极性 jījíxìng 몡 적극성 | 不停 bùtíng 동 서지 않다, 멈추지 않다 [不停地: 끊임없이, 쉴 새 없이] | 精神 jīngshén 몡 정신 | 鼓舞 gǔwǔ 몡 격려 | 比如 bǐrú 접 예를 들어 | 参加 cānjiā 동 (어떤 조직이나 활동에) 참가하다 | 马拉松 mǎlāsōng 몡 마라톤 | 竞走 jìngzǒu 몡 경보 | 赢 yíng 동 이기다, 승리하다 | 总之 zǒngzhī 접 총괄적으로 말하면, 한마디로 말하면 | 调整 tiáozhěng 동 조절하다, 조정하다 | ★心态 xīntài 몡 심리 상태 | 发挥 fāhuī 동 발휘하다 | ★能量 néngliàng 몡 에너지 | 自信 zìxìn 형 자신감이 있다, 자신만만하다 몡 자신감 | 注意力 zhùyìlì 몡 주의력 | 集中 jízhōng 동 집중하다, 모으다, 집중시키다, 집중되다 [注意力集中: 주의력이 집중되다] | 起到 qǐdào 동 (어떤 상황을) 초래하다, 일으키다 | 效果 xiàoguǒ 몡 효과

很多人在生活中 / 都会有这样的经历：在你参与①到一些②任务③的同时，对自己说一些暗示性的话语，可以更④有效地 / 帮助你完成任务。从心理学上讲，自我暗示 / 对人的心理作用很大，甚至会改变我们做事的结果。

不同的目标，需要我们使用不同的暗示语。对于一些 / 要求⑤精细操作的任务，要用 / 比较具体的暗示语，如 / 打高尔夫时，可以暗示自己："不要⑥慌，放慢点儿"，"再把手抬高一点儿②"等；而对于一些要求有耐力 / 和韧性的任务，我们 / 要使用积极性的 / 暗示语，不停地 / 给自己精神上的鼓舞，这样效果会更好，比如参加马拉松、竞走⑦时，对自己说："再坚持一下就赢了"，"我一定能做到"等。

总之⑧，自我暗示 / 可以帮助我们调整⑨心态，发挥最大的能量，让人更自信、注意力更集中，可以起到事半功倍的效果。

발음 tip

① **参与** '参与'의 '与'는 4성으로 읽는다

② **一些 / 一点儿** '一'의 성조 변화에 주의! 1성+1성/2성/3성 → 4성+1성/2성/3성

③ **任务** '任务'의 '务'는 4성이 아닌 경성으로 읽어야 하며, 앞의 '任'이 4성이므로 이어지는 '务'가 4성으로 들리지 않도록 주의해서 읽어야 한다

④ **更** 더, 더욱, 훨씬 등 부사의 의미로 쓰일 경우, 4성으로 읽는다

⑤ **要求** '要'는 주로 4성으로 읽지만, 1성으로 읽는 경우도 있음을 기억하자

⑥ **不要** '不'의 성조 변화에 주의! 4성+4성 → 2성+4성

⑦ **竞走** 많은 수험생이 잘못 발음하는 어휘 중 하나. 정확한 발음은 jìngzǒu

⑧ **总之** 설치음(z)+권설음(zh) 발음 주의

⑨ **调整** 다음자 '调'의 발음 주의! '调整'의 정확한 발음은 tiáozhěng

10

　　幸福是什么？这是一个近乎无解，却又处处是答案的问题。其实，幸福是一种主观感受，是一种体会，但绝不是物质方面的东西。幸福不是奢侈品，也不是高价才能买得到的，它应该是一种日常，是一种美好而珍贵的感觉。

　　每个人对幸福的定义都不一样，幸福生活的真正意义，是你在定义了自己的幸福后，建设属于自己的幸福家园。如果有人告诉你，他知道让人变得幸福的东西，你千万不要盲目相信他。因为那可能是别人的幸福，并不一定适合你。你要通过自身努力，去找到属于自己的幸福。当然，别人的幸福也可能适合你，这时候，需要你去试验一下这个到底是不是你想追求的幸福，如果是的话，你可以把这种幸福分享给大家，为别人多提供一个选项，这样每个人都可以轻松地享受到幸福。

[해석] 행복이란 무엇인가? 이는 거의 답이 없지만, 또 어디에나 답이 있는 문제이다. 사실 행복은 주관적인 감정으로 체득하는 것이지, 절대 물질적인 것이 아니다. 행복은 사치품이 아니며, 높은 가격으로 살 수 있는 것도 아니다. 행복은 일종의 일상이자 아름답고 진귀한 느낌이다.

사람마다 행복에 대한 정의는 모두 다르다. 행복한 생활의 진정한 의미는 스스로 행복에 대한 정의를 내린 후 자신만의 행복한 집을 짓는 것이다. 만약 누군가가 사람을 행복하게 하는 물건이 무엇인지 알고 있다고 당신에게 말하더라도 절대 맹목적으로 그를 믿어서는 안된다. 그것은 다른 사람의 행복이며 당신에게 꼭 맞는 것은 아닐 수도 있기 때문이다. 스스로의 노력을 통해 자신만의 행복을 찾을 수 있어야 한다. 물론 다른 사람의 행복이 당신에게도 맞을 수도 있다. 이때는 그것이 당신이 추구하던 행복이 맞는지 직접 경험해 보고, 맞다면 그 행복을 모두에게 공유해 다른 사람을 위해 선택 사항을 하나 더 제공해주면 된다. 이렇게 하면 모든 사람이 편하게 행복을 누릴 수 있다.

[어휘] **幸福** xìngfú 몡 행복 | **近乎** jìnhu 동 ~에 가깝다 | **处处** chùchù 몡 도처에, 어디든지 | **答案** dá'àn 몡 답, 답안 | **主观** zhǔguān 혱 주관적인 | **感受** gǎnshòu 몡 느낌 | **体会** tǐhuì 몡 (체험에서 얻은) 경험, 느낌, 배운 것 | **物质** wùzhì 몡 물질 | **方面** fāngmiàn 몡 방면, 분야, 부분 | **奢侈品** shēchǐpǐn 몡 사치품 | **高价** gāojià 몡 고가, 비싼 값 | **日常** rìcháng 몡 일상 | **美好** měihǎo 혱 아름답다, 좋다, 훌륭하다 | ★**珍贵** zhēnguì 혱 진귀하다, 귀중하다 | ★**定义** dìngyì 몡 정의(定义) 동 정의를 내리다 | **真正** zhēnzhèng 혱 진정한, 순수한 | **意义** yìyì 몡 의미, 의의, 뜻 | **建设** jiànshè 동 건설하다 | **属于** shǔyú 동 ~에 속하다 | **千万** qiānwàn 몡 절대로, 제발 [千万+부정 부사: 절대 ~하지 마세요] | ★**盲目** mángmù 혱 맹목적인, 무작정의 | **相信** xiāngxìn 동 믿다, 신임하다, 신뢰하다 | **适合** shìhé 동 적합하다, 알맞다, 적절하다 | **通过** tōngguò 개 ~을 통해, ~에 의해 [通过+수단/방식/방법] | **自身** zìshēn 몡 자신, 스스로 | **当然** dāngrán 뮈 당연히, 물론 | ★**试验** shìyàn 동 시험하다, 실험하다, 테스트하다 | **到底** dàodǐ 뮈 도대체 | **追求** zhuīqiú 동 추구하다, 탐구하다 | **分享** fēnxiǎng 동 (기쁨·행복·좋은 점 등을) 공유하다, 함께 나누다 | **提供** tígōng 동 (자료·물자·의견·조건 등을) 제공하다, 공급하다, 내놓다 | **选项** xuǎnxiàng 몡 보기, 선택 항목 | **轻松** qīngsōng 혱 수월하다, 가볍다, 부담이 없다, 홀가분하다

[모범답안] ● track **610**

幸福①是什么？这是一个近乎无解，却又处处是答案的问题。其实，幸福是一种②主观感受，是一种体会，但绝不是 / 物质方面的东西。幸福不是奢侈品③，也不是高价才能买得到的，它应该是 / 一种日常③，是一种美好而珍贵的感觉。

每个人对幸福的定义 / 都不一样，幸福生活的真正意义，是你在定义了自己的幸福后，建设属于自己的幸福家园。如果有人告诉④你，他知道 / 让人变得幸福的东西，你千万不要 / 盲目相信他。因为那可能是别人的幸福，并不一定适合你。你要 / 通过自身努力，去找到属于自己的幸福。当然，别人的幸福 / 也可能适合你，这时候，需要你去试验一下 / 这个到底是不是 / 你想追求的幸福，如果是的话，你可以把这种幸福 / 分享给大家，为⑤别人多提供一个⑥选项，这样 / 每个人 / 都可以轻松地享受到幸福。

발음 tip

① **幸福** '幸'과 '福'를 각각 '辛 xīn', '富fù'로 읽지 않도록 주의! 비슷한 모양의 한자를 정확하게 구분하는 것이 중요하다

② **一种** '一'의 성조 변화 주의! 1성+3성 → 4성+3성

③ **奢侈品** / **日常** 권설음(sh, ch, r)이 있어 발음하기 어려운 어휘
1성+3성+3성 → 1성+2성+반3성으로 읽으며, '奢shē'는 1성을 약간 길게 끌어주면서 읽어야 4성처럼 들리지 않는다

④ **告诉** '诉'는 경성으로 읽으며, 4성으로 읽으면 고소하다, 기소하다라는 의미가 되므로 주의! '告'(4성)에 이어지는 '诉'가 4성으로 들리지 않도록 주의!

⑤ **为** wéi, wèi 로 읽는 다음자로 여기에서는 4성으로 읽는다

⑥ **个** '个'가 양사로 쓰일 경우, 보통 경성으로 읽는다

01 일상생활 · 생활 상식

본문 p.80

1

当你受到压力时，一般会通过何种方式来缓解？（2.5分钟）

당신은 스트레스를 받을 때, 보통 어떤 방법으로 해소하나요？（2분 30초）

모범답안 ▶ ● track **701**

当今社会节奏越来越快，现代人无论①是在生活还是工作学习中，都①会受到②或多或少的压力②。这些形形色色的压力如果得不到缓解，会对我们的身体和精神造成影响。因此，面对这些压力时，我们一定要及时解压。每个人的解压方式都不一样。拿我来说，受到压力时，我会通过③运动来③转移注意力。平时我喜欢做一些户外有氧运动，比如④慢跑、骑自行车等。约几个好友骑骑车，呼吸一下新鲜空气，出出汗，再洗个热水澡，这样既可以放松心情，减少压力，也可以联络朋友之间的感情。每次运动完，我会在安静的地方闭目养神，做几次深呼吸。这样能让我更加放松，解压效果特别好！其实⑤，我认为所有人都有压力，这是不可避免的。受到压力并不可怕，可怕的是⑥不知道如何缓解压力。找到适合自己的减压方式有利于调整好心态，化压力为动力，更好地投入到生活和工作学习中。

해석 요즘 사회 리듬이 점점 빨라지면서 현대인은 생활에서든 업무 및 학습에서든, 많고 적은 스트레스를 받게 됩니다. 이 각양각색의 스트레스들이 해소되지 않으면 우리의 신체와 정신에 영향을 끼칠 수 있습니다. 따라서 스트레스를 받았을 때 우리는 반드시 제때 해소해야 합니다. 사람마다 스트레스 해소 방식은 모두 다릅니다. 저는 스트레스를 받으면 운동으로 주의를 돌립니다. 평소에 저는 조깅, 자전거 타기 등의 야외 유산소 운동을 좋아합니다. 친한 친구들을 몇 명 불러 자전거를 타며 신선한 공기를 마시고 땀을 흘린 후, 따뜻한 물에 샤워하면 마음이 편안해지고 스트레스가 줄어드는 데다가 친구와의 감정을 돈독히 할 수 있습니다. 매번 운동을 마친 후 저는 조용한 곳에 가서 눈을 감고 명상을 하면서 몇 차례 심호흡을 합니다. 이렇게 하면 마음이 더욱 편해져 스트레스 해소 효과가 매우 좋습니다! 사실 저는 모든 사람에게는 스트레스가 있으며, 이것은 피할 수 없다고 생각합니다. 스트레스를 받는 것은 결코 두렵지 않습니다. 두려운 것은 어떻게 스트레스를 해결할 지 모르는 것입니다. 자신에게 맞는 스트레스 해소 방법을 찾는 것은 심리 상태를 잘 가다듬고 스트레스를 원동력으로 바꾸며, 생활, 업무 및 학습에 집중하는 데에 도움이 됩니다.

남쌤만의 **고득점 tip**

도입에는 우리가 일반적으로 스트레스를 받는 상황과 스트레스가 미치는 영향을 설명하고, 본론에서는 스트레스를 해소하는 본인만의 방법을 말해 보자.

표현 활용 tip

① 无论A, 都B A을 막론하고 B 하다/A와 관계없이 B하다 A에는 평서문이 아닌 선택의문문, 정반의문문 등 의문 형식의 문장이 와야 한다는 것을 잊지 말자

② 受到压力 '受' 뒤에는 추상 명사가 온다. 구체적인 명사가 뒤에 오는 '收shōu'와 성조가 다르므로 주의해서 발음하자

③ 通过A(방식) (来)+B(행동) A를 통해 B를 하다 특정 동작을 완성하기 위한 수단(방식)을 언급할 때 쓰는 표현. '用A来B'로 바꿔 쓸 수 있다

④ 比如 예시를 들 때 들고자 하는 것들을 뒤에 나열해 써 보자

⑤ 其实 앞 문장과 상반되는 내용을 쓸 때 쓰는 부사

⑥ A并不可怕, (更)可怕的是 B A는 전혀 두렵지 않으며, (훨씬) 두려운 것은 B이다 A는 말하고 있던 주제를, B는 주제A보다 더 두렵다고 생각하는 것을 넣음으로써 B를 강조하는 표현

어휘 当时 dāngshí 몡 당시, 그 때 | 受到 shòudào 동 받다, 얻다 [受到压力: 스트레스를 받다] | 压力 yālì 몡 스트레스 [减少压力: 스트레스를 줄이다] | 通过 tōngguò 개 ~을 통해, ~에 의해 | 任何 rènhé 대 어떠한, 무슨 | 方式 fāngshì 몡 방식, 방법 [以……方式으로: ~한 방식으로] | 缓解 huǎnjiě 동 완화시키다, 누그러뜨리다 [缓解压力: 스트레스를 완화시키다] | 当今 dāngjīn 몡 요즘, 지금, 오늘날 | 社会 shèhuì 몡 사회 | ★节奏 jiézòu 몡 리듬, 박자 | 越来越 yuèláiyuè 점점, 갈수록, 더욱 더 | 现代人 xiàndàirén 현대인 | 无论 wúlùn 접 ~을 막론하고 [无论A, 还是B都C: A 혹은 B를 막론하고 모두 C하다] | 生活 shēnghuó 몡 생활 | 或多或少 huò duō huò shǎo 많거나 적거나, 다소 | 形形色色 xíngxíngsèsè 톙 각양각색의, 가지각색의 | 精神 jīngshén 몡 정신 | 造成 zàochéng 동 초래하다, 야기하다 | 影响 yǐngxiǎng 동 영향을 주다 [对A影响: A에게 영향을 주다] | 因此 yīncǐ 접 따라서, 그래서, 이로 인하여 | 面对 miànduì 동 직면하다, 마주 대하다 | 及时 jíshí 믠 제때, 즉시, 곧바로 | 解压 jiěyā 동 스트레스를 풀다 | ★转移 zhuǎnyí (방향이나 위치를) 이동시키다, 옮기다 | 注意力 zhùyìlì 몡 주의력, 집중력 | 平时 píngshí 몡 평소, 평상시 | 户外 hùwài 몡 야외, 집밖 | 有氧运动 yǒuyǎng yùndòng 유산소 운동 | 慢跑 mànpǎo 몡 조깅 | 约 yuē 동 부르다 | 好友 hǎoyǒu 몡 친한 친구 | 呼吸 hūxī 공기를 마시다, 숨을 쉬다, 호흡하다 | 新鲜 xīnxiān 톙 신선하다 | 空气 kōngqì 몡 공기 | 出汗 chūhàn 동 땀이 나다 | 洗澡 xǐzǎo 동 목욕하다 | 热水 rèshuǐ 몡 따뜻한 물 | 既 jì 접 ~할 뿐만 아니라, ~하고도 [既A也B: A 할뿐만 아니라 또한 B하다] | 放松 fàngsōng 동 이완시키다, 정신적 긴장을 풀다 | 心情 xīnqíng 몡 마음, 심정 [放松心情: 마음을 편안하게 하다] | ★联络 liánluò 동 소통하다, 통하다, 접촉하다 | 感情 gǎnqíng 몡 감정 [联络感情: 감정을 나누다] | 安静 ānjìng 톙 조용하다, 고요하다 | 地方 dìfang 몡 곳, 장소 | 闭目 bìmù 동 눈을 감다 | 养神 yǎngshén 명상을 하다, 심신을 편안히 하다 | 效果 xiàoguǒ 몡 효과 | 认为 rènwéi 동 ~라고 생각하다, 여기다 | 所有 suǒyǒu 톙 모든, 전부의, 전체의 | 避免 bìmiǎn 동 피하다, 면하다 | 并不 bìngbù 믠 결코 ~이 아니다, 결코 ~하지 않다 | 可怕 kěpà 톙 두렵다, 무섭다 | 适合 shìhé 동 적합하다, 알맞다, 적절하다 | 有利 yǒulì 유리하다, 유익하다, 도움이 되다 [有利于: ~에 유리하다, ~에 도움이 되다] | 调整 tiáozhěng 동 조정하다, 조절하다 | ★心态 xīntài 몡 심리 상태 | ★动力 dònglì 몡 동력 [提供动力: 동력을 제공하다] | 投入 tóurù (어떤 일에 열정적으로) 집중하다, 몰두하다

2

要想成为一名合格的领导，应该具备哪些基本能力和素质？为什么？(2.5分钟)

인정받는 리더가 되려면 어떤 기본적 능력과 자질을 갖추어야 하나요? 왜 그렇게 생각하나요? (2분 30초)

모범 답안 ● track **702**

不同的社会角色对人的素质要求是不同的，我觉得①要②做一名合格的领导，需要具备以下几个②基本的能力和素质：

第一③，要具备组织和管理能力，要激发出每个员工的潜力，将每个人的工作安排得井井有条，出现问题时，只有及时协调，才能带领团队一步步走向成功；

第二③，要具备创新素质，创新是④企业的灵魂，也是④一个领导者必须具备的能力。通过创新，可以增强对外界的适应能力，提高组织的生命力；

第三③，要具备学习能力，不断更新知识。通过学习，不断丰富完善自己，同时⑤带动其他成员一起学习，共同完善和积累知识，提高团队竞争力；

最后③，要具备决策能力，决策是领导工作的重要环节。"商场如战场"，决策力高，才能快速地完成任务，在商场上占据先机。总而言之，合格的领导只有先具备各种能力和素质，才能在竞争如此激烈的环境中带领团队快速发展。

남쌤만의 **고득점 tip**

먼저 내가 존경하는 리더를 생각해 본 후, 그 리더를 존경하는 이유를 나열해 보면 좀 더 쉽게 대답할 수 있다.

표현 활용 tip

① 我觉得 나의 주장이나 생각을 말하고 싶을 때 쓴다. 비슷한 표현은 '我认为'

② 要A，需要具备以下几个B A하려면, 아래의 몇 가지 B가 필요하다 어떤 일을 달성하기 위해 필요한 충족 조건 등을 언급하기 전에 써 보자

③ 第一，第二，第三，最后 주장에 대한 여러 가지 근거를 말할 때 사용

④ A是B，也是C A는 B이자 C이기도 하다 두 가지 역할을 겸할 때 사용한다 **메** 她是我的同事，也是我的妻子。(그녀는 내 동료이자, 내 아내이기도 하다.)

⑤ 同时 두 개의 단문, 문장을 연결해 병렬 관계를 나타낸다

서로 다른 사회적 역할에 따라 사람의 자질에 대한 요구도 모두 다릅니다. 저는 인정받는 리더가 되려면 아래의 몇 가지 기본 능력과 자질을 갖추어야 한다고 생각합니다.

첫째, 조직 능력과 관리 능력을 갖추어야 합니다. 모든 직원의 잠재력을 끌어내야 하고, 모든 직원들의 업무를 조리 있게 잘 배치하며, 문제가 생기면 즉시 조정해야만 팀을 성공의 길로 한 걸음씩 이끌 수 있습니다.

둘째, 혁신의 자질을 갖추어야 합니다. 혁신은 기업의 정신이자 리더가 반드시 갖추어야 할 능력입니다. 혁신을 통해 외부 적응 능력을 강화하고 조직의 생명력을 높일 수 있습니다.

셋째, 학습 능력을 갖추고 끊임없이 지식을 쌓아야 합니다. 학습을 통해 자신을 더욱 완벽히 하고, 동시에 팀원도 같이 학습하게끔 이끌어 함께 지식을 쌓고 보충해 팀의 경쟁력을 높여야 합니다.

마지막으로, 정책 결정 능력을 갖추어야 합니다. 정책 결정은 리더의 업무 중 중요한 부분입니다. '시장은 전쟁터'와 같습니다. 결정 능력이 좋아야 빠르게 임무를 완수하고 시장에서 좋은 위치를 선점할 수 있습니다. 결론적으로 말하면, 인정받는 리더는 먼저 여러 능력과 자질을 갖추어야만 경쟁이 치열한 환경 속에서 팀을 빠르게 발전시킬 수 있습니다.

어휘 成为 chéngwéi 통 ~이 되다, ~로 되다 | 领导 lǐngdǎo 명 리더, 지도자 | 具备 jùbèi 통 (물품 등을) 갖추다, 구비하다, 완비하다 | 基本 jīběn 형 기본의, 기본적인 | 能力 nénglì 명 능력 [有能力: 능력이 있다] | ★素质 sùzhì 명 자질, 소양 [具备素质: 자질을 갖추다] | 社会 shèhuì 명 사회 | 角色 juésè 명 역할, 배역 | 要求 yāoqiú 명 요구 | 需要 xūyào 통 반드시 ~해야 한다 [동사구를 목적어로 취할 수 있는 동사] | 组织 zǔzhī 명 조직 | 管理 guǎnlǐ 명 관리 | ★激发 jīfā 통 (감정을) 불러일으키다, 분발시키다 | 员工 yuángōng 명 직원 | ★潜力 qiánlì 명 잠재 능력, 잠재력 | 将 jiāng 개 ~을/를 [=把] | 安排 ānpái 통 (일·계획 등을) 세우다, 처리하다 | 井井有条 jǐngjǐng yǒutiáo 형 조리정연하다, 질서정연하다 | 出现 chūxiàn 통 나타나다, 출현하다 | 及时 jíshí 형 즉시, 곧바로 | ★协调 xiétiáo 형 조정하다, 어울리다, 조화롭다 | 团队 tuánduì 명 팀, 단체, 집단 | 一步 yíbù 명 일보, 한 걸음, 한 단계 [一步步: 한 걸음 한 걸음] | 向 xiàng 개 ~을 향하여 | 成功 chénggōng 명 성공 | 创新 chuàngxīn 명 혁신, 창의성, 창조성 | 企业 qǐyè 명 기업 | ★灵魂 línghún 명 정신, 영혼 | 领导者 lǐngdǎozhě 명 리더, 지도자 | 必须 bìxū 부 반드시 (~해야 한다) | 增强 zēngqiáng 통 강화하다, 증강하다, 높이다 | ★外界 wàijiè 명 외부, 바깥 세계 | 适应 shìyìng 통 적응하다 | 生命力 shēngmìnglì 명 생명력 | 不断 búduàn 부 끊임없이, 계속해서 | 知识 zhīshi 명 지식 | 丰富 fēngfù 형 풍부하다 | 完善 wánshàn 형 완벽하다, 완전하다 | 带动 dàidòng 통 (이끌어) 움직이다, 이끌어 나가다 | ★成员 chéngyuán 명 팀원, 성원, 구성원 | 共同 gòngtóng 부 함께, 다 같이, 더불어 | 积累 jīlěi 통 쌓이다 [积累知识: 지식을 쌓다] | 团队 tuánduì 명 팀, 단체, 집단 | 竞争力 jìngzhēnglì 명 경쟁력 | 决策 juécè 통 방법, 정책을 결정하다 | ★环节 huánjié 명 부분, 일환 | 商场 shāngchǎng 명 시장, 백화점, 쇼핑센터 | 如 rú 통 ~와 같다 | 战场 zhànchǎng 명 전쟁터, 싸움터 | 决策力 juécèlì 명 결정력 | 快速 kuàisù 형 빠르다, 신속하다 | 任务 rènwu 명 임무, 책무 | ★占据 zhànjù 통 선점하다, 점유하다 | 先机 xiānjī 명 좋은 위치, 우위 | ★总而言之 zǒng'éryánzhī 성 결론적으로 말하자면, 총괄적으로 말하면 [마지막 문단에서 결론을 지을 때 자주 활용] | 竞争 jìngzhēng 명 경쟁 | 激烈 jīliè 형 치열하다, 격렬하다 | 发展 fāzhǎn 통 발전하다

3

请谈谈你学习汉语的经历，并简单说说为什么要学汉语？（2.5分钟）

중국어를 공부한 당신의 경험을 말해 보세요. 아울러 왜 중국어 공부를 하는지 간단히 말해 보세요. （2분 30초）

모범답안 ● track **703**

　　我是三年前开始学习汉语的，当时我第一次①到中国旅游，交了很多中国朋友，但是由于语言不通，难免②有点儿尴尬。回国后，为了继续和中国朋友们保持联系，我下定决心，一定要学好汉语这门语言。于是，我先报了一个汉语班，每天学习一到两个小时汉语。刚开始，我除了③"你好"、"谢谢"几句简单的汉语外③，什么也③听不懂，但是"功夫不负有心人"，坚持学习一年后，我的汉语水平在听、说、读、写方面上都有了很大的进步。在此期间，我还学会了很多中文歌，也交了很多中国朋友，我觉得和中国人聊天非常有助于④提高汉语水平，在聊天的

남쌤 만의 **고득점 tip**

본인의 경험을 이야기하는 문제이므로, 중국어를 처음 공부하게 된 계기와 공부 방법을 설명하고, 마지막 부분에는 배운 중국어를 어떻게 활용할 것인가도 짧게 이야기해 보면 좋다.

표현 활용 tip

① 第一次 어떤 일을 처음으로 하였을 때 동사 앞에 사용해 보자. 그리고 서수의 의미를 가지고 있는 '一'는 성조가 변하지 않으므로 주의하자

过程中，也让我更加了解中国这个东方大国。虽然现在我的汉语不太流利，但是我相信，只要肯下功夫，在不远的将来，我一定会掌握这门语言。等我学成后，我打算⑤去中国留学，和朋友们一起去欣赏中国当地的美景，品尝中国美食，体验中国文化。

해석 저는 3년 전에 중국어 공부를 시작했습니다. 당시에 처음으로 중국 여행을 가서 많은 중국인 친구를 사귀었습니다. 하지만 언어가 통하지 않아 난감했습니다. 귀국 후, 중국 친구들과 계속 연락하기 위해 중국어를 열심히 배우겠다고 다짐했습니다. 그래서 저는 먼저 중국어 학원에 등록하고 매일 한두 시간씩 중국어 공부를 했습니다. 처음에는 '안녕하세요', '감사합니다'와 같은 간단한 말 외에는 아무것도 알아듣지 못했습니다. 하지만 '노력은 배신하지 않는다'는 말처럼 공부를 이어간 지 1년이 지난 후 저의 중국어 수준은 듣기, 말하기, 읽기, 쓰기 분야에서 모두 큰 발전이 있었습니다. 이 기간 동안 저는 많은 중국 노래를 배우고, 많은 중국인 친구도 사귀었습니다. 저는 중국인과 이야기하는 것은 중국어 수준을 높이는 데 도움이 되며, 이야기하면서 중국이라는 동양의 대국에 대해 더 깊이 알게 되었다고 생각합니다. 비록 현재 제 중국어는 그다지 유창하지는 않지만, 계속해서 노력한다면 머지않아 중국어에 능통하게 될 것이라 믿습니다. 학업을 마치면 중국에 유학 가서 친구들과 함께 중국 현지의 아름다운 경치를 감상하고, 중국의 음식을 맛보고, 중국 문화를 체험해 볼 계획입니다.

② 难免+A A(피하기 어려운 결과 등)를 피하기 어렵다/A할 수밖에 없다 '难免' 앞에 서술한 상황으로 인해 피하기 어려운 결과, 원치 않는 결과가 발생했을 때 사용

③ 除了A(以)外，什么也B A를 제외하고 어떤 것도 B하다, A를 뺀 나머지는 모두 B하다 어떤 상황이나 상태를 강조하고 싶을 때 쓰는 표현

④ A有助于B A가 B에 도움이 되다 'A对B有好处'와 바꿔 쓸 수 있다

⑤ 打算 ~할 예정이다라는 의미로, 뒤에는 계획한 내용이 목적어로 오는데, 보통 술어+목적어 구조가 온다

어휘 经历 jīnglì 몡 경험 | 并 bìng 젭 그리고, 아울러 | 当时 dāngshí 몡 당시, 그 때 | 由于 yóuyú 젭 ~때문에, ~로 인하여 | 语言 yǔyán 몡 언어 | 不通 bùtōng 동 통하지 않다 [语言不通: 언어가 통하지 않다] | 难免 nánmiǎn 동 ~하게 마련이다, 피하기 어렵다 | ★尴尬 gāngà 혱 난감하다, 입장이 곤란하다, 당혹스럽다 | 为了 wèile 갸 ~을/를 하기 위하여 [为了+A(목적), B(행위): A하기 위하여 B하다] | 继续 jìxù 동 계속하다, 끊임없이 하다 [부사적 용법] | 保持 bǎochí 동 (좋은 상태를) 유지하다, 지키다 | 联系 liánxì 동 연락하다, 연결하다 | 决心 juéxīn 몡 다짐, 결심, 결의 [下定决心: 다짐하다] | 门 mén 얭 과목, 가지 [과목·과학 기술 등에 쓰임] | 于是 yúshì 젭 그래서, 이리하여, 그리하여 | 报名 bàomíng 동 등록하다, 지원하다 | 除了 chúle 갸 ~를 제외하고, ~외에도 [除了A以外, 什么也B: A를 제외하고 무엇도 B하다] | 句 jù 얭 마디, 편 [언어·시문 등을 세는 단위] | 功夫不负有心人 gōngfu bú fù yǒuxīnrén 속담 노력은 배신하지 않는다, 노력은 뜻이 있는 사람을 저버리지 않는다, 노력만 하면 일은 성공하게 마련이다 | 进步 jìnbù 동 진보하다 | 此 cǐ 때 이, 이것 | 期间 qījiān 몡 기간, 시간 | 中文 Zhōngwén 고유 중국어 | 歌 gē 몡 노래, 가곡 | 聊天(儿) liáotiān(r) 동 이야기하다, 잡담하다 | 有助于 yǒuzhùyú ~에 도움이 되다 | 更加 gèngjiā 뷔 더욱, 훨씬 | 东方 dōngfāng 동 동양 | 大国 dàguó 몡 대국 | 流利 liúlì 혱 (말·문장이) 유창하다, 막힘이 없다 | 相信 xiāngxìn 동 믿다, 신임하다, 신뢰하다 | 功夫 gōngfu 몡 재주, 솜씨, 조예 | 将来 jiānglái 몡 장래, 미래 | 掌握 zhǎngwò 동 장악하다, 정통하다 | 当地 dāngdì 몡 현지, 현장 | 欣赏 xīnshǎng 동 감상하다 | 美景 měijǐng 몡 아름다운 경치, 아름다운 풍경 [欣赏美景: 아름다운 경치를 감상하다] | ★品尝 pǐncháng 동 맛보다, 시식하다 | 美食 měishí 몡 맛있는 음식 | 体验 tǐyàn 동 체험하다 | 文化 wénhuà 몡 문화

4

假如给你一个月的假期，那么你现在最想做什么？（2.5分钟）

만약 당신에게 한 달의 휴가가 주어진다면, 가장 하고 싶은 것은 무엇인가요? (2분 30초)

모범답안 ● track **704**

自从①参加工作后，我每天都忙于②工作和生活，个人时间就越来越少了。假如③给我一个月的假期，我想好好放松一下，独自去东南亚旅游。

首先④，我选择去东南亚旅游的理由不仅因为东南亚离我们国家很近，物价很便宜，还因为我以前经常去东南亚玩儿，并且喜欢吃那里的美食，所以一个人在那儿旅游也没什么⑤不方便的⑤。

另外④，我喜欢一个人旅游，一个人旅游时，身心自由，不用在乎别人的眼光，释放工作时受到的压力；还有，通过旅游，可以多倾听自己的心声，进一步认识自己。而且，旅途中每次处理突发状况都会锻炼自己的应变能力。在旅游中，我还能认识很多志同道合的人，通过和他们交谈，了解更多人的故事，既能增长见识，开阔视野，也能锻炼自己的社交能力。

最后，我认为⑥旅游是为了让生活变得更美好，在尽情享受为期⑦一个月的⑦自由时间后，以全新的姿态，投入到接下来的生活中。

본인이 평소 생각했던 휴가에 대한 계획을 말하는 것이 좋다. 거창한 계획을 말하는 것보다 평소 생각해 두었던 휴가에 관한 소소한 내용들을 정리해서 말해 보자.

표현 활용 tip

① 自从A A에서 / A이래로 어렵다면 '从'이나 '自' 중에 하나만 써도 무방하다
② A忙于B A는 B로 바쁘다/ B하느라 바쁘다 바쁜 이유를 말할 때 쓰는 표현으로, '忙着 mángzhe'로 바꿔 쓸 수 있다
③ 假如 가정을 나타내는 표현으로 '如果rúguǒ'와 바꿔 쓸 수 있다
④ 首先……, 另外…… 자신의 생각을 정리해서 이유나 근거를 중요하다고 생각하는 것부터 순차적으로 나열할 때 사용
⑤ 没什么……的 ~해도 상관없음, ~해도 문제 없음을 의미함
⑥ 最后，我认为 마지막 부분에 자신의 생각을 정리할 때 사용해보자!
⑦ 为期+A(시간)的B A를 기한으로 하는 B / A 동안의 B '为期' 뒤에 사건이 벌어져 지속되는 시간을 써서 표현 예 为期5天的休假(5일 동안의 휴가)

해석 저는 일을 시작한 이후로 매일 업무와 일상으로 바빠 개인적인 시간이 점점 줄어들었습니다. 만약 제게 한 달의 휴가가 주어진다면, 저는 푹 쉬고 혼자 동남아 여행을 가고 싶습니다.

우선, 내가 동남아 여행을 선택한 이유는 동남아가 우리나라와 가깝고 물가도 저렴할 뿐만 아니라, 예전에도 동남아로 자주 놀러 갔었고, 그곳의 음식을 좋아하기 때문입니다. 그래서 혼자서 그곳을 여행을 해도 불편한 점은 없습니다.

이 외에도 저는 혼자 여행하는 것을 좋아합니다. 혼자 여행을 할 때 몸과 마음이 자유롭고 다른 사람의 시선을 신경 쓰지 않아도 되며 일에서 받은 스트레스를 해소할 수 있습니다. 그리고 여행을 통해 자신의 마음의 소리에 귀 기울일 수 있고, 자신을 더욱 깊게 알아갈 수 있습니다. 게다가 여행 도중의 돌발 상황을 처리하다 보면 스스로의 임기응변 능력을 기를 수도 있습니다. 여행 중 저와 마음이 잘 맞는 사람들을 만나, 그들과 담소를 나누면서 더 많은 사람의 이야기를 들으면 식견과 시야를 넓힐 수 있으며 스스로 사교 능력도 기를 수 있습니다.

마지막으로, 여행은 더 행복하게 생활하기 위해 가는 것이라고 생각합니다. 한 달 동안의 자유 시간을 마음껏 누린 후, 새로운 자세로 이후의 삶에 집중할 것입니다.

어휘 **假如** jiǎrú 집 만약, 만일 [≒如果] | **假期** jiàqī 몡 휴가 | **自从** zìcóng 깨 ~한 후, ~에서, ~부터 | **生活** shēnghuó 몡 생활 | **个人** gèrén 몡 개인 | **越来越** yuèláiyuè 틘 점점, 갈수록, 더욱 더 | **放松** fàngsōng 동 늦추다, 느슨하게 하다 | **独自** dúzì 틘 혼자서, 단독으로 | **东南亚** Dōngnán Yà 고유 동남아시아 | **旅游** lǚyóu 동 여행하다, 관광하다 | **不仅** bùjǐn 접 ~뿐만 아니라 [不仅A还B: A뿐만 아니라 B하기도 하다] | **离** lí 깨 ~에서, ~로부터 [离+기준점+近: (기준점) 에서 가깝다] | **国家** guójiā 몡 나라, 국가 | **物价** wùjià 몡 물가 | **美食** měishí

명 맛있는 음식 | **另外** lìngwài 접 이 외에, 이 밖에 | **身心** shēnxīn 명 몸과 마음, 심신 | **自由** zìyóu 형 자유롭다 | **在乎** zàihu 동 (유쾌하지 않은 일을) 신경 쓰다, 마음속에 두다 [주로 부정어 뒤에 쓰임] | ★**眼光** yǎnguāng 명 시선, 눈길 | ★**释放** shìfàng 동 방출하다, 내보내다 | **受到** shòudào 동 받다, 얻다, 만나다 | **压力** yālì 명 스트레스 [受到压力: 스트레스를 받다] | **通过** tōngguò 개 ~을 통해, ~에 의해 [通过+수단/방식/방법] | **倾听** qīngtīng 귀를 기울여 듣다, 경청하다 | **心声** xīnshēng 명 마음의 소리 | **进一步** jìnyíbù 부 더욱, (한 걸음 더) 나아가, 진일보하여 | **旅途** lǚtú 명 여행, 여정 | **处理** chǔlǐ 처리하다 | **突发** tūfā 동 돌발하다, 갑자기 발생하다 | **状况** zhuàngkuàng 명 상황, 형편, 상태 | **应变** yìngbiàn 동 응변하다 | **能力** nénglì 명 능력 [应变能力: 임기응변 능력] | **志同道合** zhìtóng dàohé 동 마음이 잘 맞다, 의기가 투합하고 지향하는 바가 같다 | **交谈** jiāotán 동 담소를 나누다, 이야기를 나누다 | **既** jì 접 ~할 뿐만 아니라, ~이며, ~하고도 [既A也B: A할뿐더러 또한 B하다] | **增长** zēngzhǎng 동 증가하다, 늘어나다 | **见识** jiànshi 동 식견을 넓히다, 견문을 넓히다 | ★**开阔** kāikuò 넓히다 | ★**视野** shìyě 명 시야, 시계 [开阔视野: 시야를 넓히다] | **社交** shèjiāo 명 사교 | **认为** rènwéi ~라고 여기다, 생각하다, 간주하다 | **为了** wèile 개 ~을/를 하기 위하여 [为了+A(목적), B(행위): A하기 위하여 B하다] | **美好** měihǎo 형 행복하다, 좋다 [주로 생활·앞날·희망 등 추상적인 것에 쓰임] | **尽情** jìnqíng 동 마음껏 하다, 하고 싶은 바를 다하다 | **享受** xiǎngshòu 동 누리다, 즐기다 | **全新** quánxīn 형 아주 새롭다, 참신하다 | ★**姿态** zītài 명 자세, 자태, 모습 | **投入** tóurù 동 (어떤 일에 열정적으로) 집중하다, 몰두하다 | **接下来** jiēxiàlái 이후의, 다음으로, 이어서

5

如果让你介绍一个值得你尊敬的人，那么你会介绍谁？原因是什么？(2.5分钟)

만약 당신에게 존경할 만한 인물을 소개해 달라고 한다면, 당신은 누구를 소개할 건가요? 이유는 무엇인가요? (2분 30초)

모범 답안 ● track 705

　人一生中会经历①很多事，遇见很多人。这其中一定有些人对我们的影响很大。在我的身边，也有许许多多的人，值得②我尊敬，其中有一个人，从我懂事起，我就把他视为我的榜样。这个人远在天边，近在眼前，他就是我的哥哥。

　我的哥哥个子高高的，他最喜欢玩电脑游戏，一③提到电脑游戏，他就③能说个没完；他还很喜欢打篮球，上大学的时候④，他加入了篮球队，参加过很多篮球比赛。他的性格很温柔，总是⑤在我闯祸时，耐心地给我讲道理；在我考试失利时，帮我分析难点，总结经验；在我遇到困难时，也是他第一时间⑥赶到，替我遮风挡雨。他见多识广，每次和他聊天，都能有很多收获；另外，他很节俭，总是把钱花在刀刃上，从不乱花一分钱，在他的影响下，我也慢慢改掉了花钱如流水的坏习惯；他还有一个优点，就是很会做家务，生活自理能力极强！这就是我的哥哥，一个永远值得我尊重的人！

남쌤 만의 **고득점 tip**

평소에 본받고 싶었던 인물에 대한 간략한 소개와 함께 본받고 싶은 부분을 정리해서 말해 보자. 위대한 인물을 이야기하는 것도 좋지만 주변의 본받고 싶은 인물을 말하는 것도 좋다.

표현 활용 tip

① 经历 '经验jīngyàn'와 구별해서 써야 한다. '经历'는 주로 본인이 직접 겪거나 본 일에 쓰이고, '经验'은 명사로 많이 쓰여 학습, 생활을 통해 얻은 지식, 노하우, 비법을 의미한다.

② 值得+A A할 가치가 있다/할 만하다 A에는 동사, 또는 주어+술어 구조의 절이 온다

③ 一A就B A하기만 하면 바로 B하다 어떤 동작이 연달아 일어날 때 쓰면 좋은 표현

④ 上大学的时候 '上大学时'로 바꿔 사용해도 좋다

⑤ 총是 반복적인 행동을 언급할 때 그 앞에 쓰면 좋은 어휘

⑥ 第一时间+동사 모든 일을 제치고 첫 번째로 하는 행동을 말하고 싶을 때 쓸 수 있다

해석 사람은 일생 동안 많은 일을 겪으면서 많은 사람을 만납니다. 그중 일부 사람은 분명 우리에게 미치는 영향이 클 것입니다. 제 주변에도 여러 사람이 있는데, 제가 존경하는 사람 중 한 명은 제가 철이 들고부터 본보기로 삼았던 사람입니다. 멀다면 하늘 저편, 가깝다면 바로 눈앞에 있습니다. 그는 바로 제 형입니다.

저의 형은 키가 크며, 컴퓨터 게임을 가장 좋아합니다. 컴퓨터 게임 이야기만 나오면 멈출 줄을 모릅니다. 그는 농구도 좋아합니다. 대학교에 다닐 때 농구팀에 들어가 농구 경기에 많이 참여했습니다. 그는 성격이 상냥합니다. 제가 사고를 칠 때면 인내심 있게 저를 가르칩니다. 제가 시험 성적이 좋지 않을 때 저를 도와 문제점을 분석해 주고 경험을 정리해 줍니다. 제가 곤경에 처하면 가장 먼저 달려와 저를 보호해 줍니다. 그는 식견이 넓어 그와 대화를 하면 항상 얻는 것이 많습니다. 그 밖에도 형은 검소하여 항상 돈을 적정한 곳에 사용하고 헛되이 막 쓴 적이 없습니다. 그의 영향으로 저도 서서히 돈을 물 쓰듯이 하는 나쁜 버릇을 고쳤습니다. 형의 또 다른 장점은 바로 집안일을 잘하고 생활 자립 능력이 강하다는 것입니다! 이 사람이 바로 저의 형이며, 제가 영원히 존경할 만한 사람입니다!

어휘 **值得** zhídé 통 ~할 만한 가치가 있다 | **尊敬** zūnjìng 통 존경하다 | **原因** yuányīn 명 원인 | **一生** yìshēng 일생 | **经历** jīnglì 통 경험하다, 몸소 겪다 | **遇见** yùjiàn 만나다 | **有些** yǒuxiē 대 일부, 어떤 것 | **身边** shēnbiān 명 곁, 주변 | **懂事** dǒngshì 철들다, 세상 물정을 알다, 사리를 분별하다 | **视为** shìwéi ~로 보다, 간주하다, 여기다 | ★**榜样** bǎngyàng 명 본보기, 모범 | **天边** tiānbiān 명 머나먼 곳, 아득히 먼 곳 | **眼前** yǎnqián 명 눈앞, 가까운 곳 | **就是** jiùshì 부 바로 ~이다 | **个子** gèzi 명 (사람의) 키, 체격 [성조 주의] | **提** tí 통 언급하다, 제시하다 | **篮球** lánqiú 명 농구 [打篮球: 농구를 하다] | **上** shàng (정한 시간이 되어) 어떤 일을 하다 [上大学: 대학에 다니다] | **加入** jiārù 통 가입하다, 참가하다 | **篮球队** lánqiúduì 명 농구팀 | **性格** xìnggé 명 성격 | **温柔** wēnróu 형 상냥하다, 온유하다 | **总是** zǒngshì 부 항상, 늘, 언제나 | **闯祸** chuǎnghuò 통 (주의를 소홀히 했기 때문에) 사고를 치다, 사고를 일으키다 | **耐心** nàixīn 형 끈기 있다, 인내심이 강하다 | **讲** jiǎng 통 말하다, 이야기하다, 설명하다 | **道理** dàolǐ 명 도리, 이치, 근거 | **失利** shīlì 좋지 않다, 불리하게 되다 | **分析** fēnxī 통 분석하다 | **难点** nándiǎn 명 문제점, 난점 [分析难点: 문제점을 분석하다] | **总结** zǒngjié 통 정리하다, 총결산하다 | **经验** jīngyàn 명 경험, 체험 | **困难** kùnnan 명 곤경, 어려움 [遇到困难: 곤경에 처하다] | **赶到** gǎndào 통 서둘러 가다, 서둘러 행동하다 | **替** tì 통 대신하다 | **遮风挡雨** zhēfēng dǎngyǔ 통 비바람을 막다, 보호하다, 감싸다 | ★**见多识广** jiànduō shíguǎng 식견이 넓다, 박학다식하다 | **收获** shōuhuò 통 얻다, 수확하다 | **另外** lìngwài 접 이 밖에, 이 외에 | **节俭** jiéjiǎn 통 절약하다, 절검하다 | **刀刃** dāorèn 명 적정한 곳, 결정적인 곳 | **乱** luàn 함부로, 막 | **改掉** gǎidiào 통 고치다, 고쳐버리다 [改掉习惯: 습관을 고치다] | **如** rú ~와 같다 | **流水** liúshuǐ 명 흐르는 물 | **优点** yōudiǎn 명 장점 | **家务** jiāwù 명 가사, 집안일 | **生活** shēnghuó 명 생활 | **自理** zìlǐ 통 스스로 처리하다, 스스로 부담하다 | **能力** nénglì 명 능력 | **强** qiáng 형 강하다, 힘이 세다 | **永远** yǒngyuǎn 부 영원히, 언제나

6

到目前为止，你有什么还没实现的愿望？你打算如何实现它？(2.5分钟)

지금까지 아직 이루지 못한 꿈이 있나요? 어떻게 이룰 계획인가요? (2분 30초)

모범답안 ● track 706

我的愿望是①成为一名歌手。从小到大，我一直②很喜欢唱歌，每到KTV就放不下麦克，朋友们都称③我为③麦霸。为了提高唱歌水平，我付出了很大努力。首先，我跟着专业老师学习了很多发声技巧，练习基本功，并且学习了弹钢琴和吉他，学会识谱，充实音乐理论知识；不仅如此，我还④把音乐理论和实践相结合，不断进行创作，并从创作好的歌曲中选出满意的作品进行宣传。为了宣传这些原创歌曲，我还在网上开直播，参加唱歌比赛等等，利用一切机会展示自己。我还会与观众们互动，这样可以开阔视野，丰富演唱经验，既宣传了歌曲，也为自己打了广告！当然，在这些过程中，为了投资我的梦想，平时，我还做了很多兼职，维持一定的经济来源，用来支撑我的

남쌤 만의 **고득점 tip**

아직 이루지 못했지만 어릴 적부터 바라던 꿈이 있었는지, 그 꿈을 갖게 된 계기는 무엇이었는지 정리해서 간략하게 언급한 뒤, 본론에서 현재 그 꿈을 이루기 위해 어떤 노력을 하고 있는지 정리해서 말해 보자.

표현 활용 tip

① 我的愿望是A 도입에서 질문에 바로 답을 하고 천천히 풀어나가도 되며, 'A就是我的愿望'으로 바꿔 써도 무방하다

② 从小到大，我一直…… 어릴 때부터 지금까지 계속해 온 일을 언급할 때 사용

歌手梦。虽然现在日子不是很宽裕，名气也不是很大，但是我相信在我的努力下，不久的将来一定会⑤守得云开见月明⑥，成为一名合格的歌手!

해석 제 꿈은 가수가 되는 것입니다. 어릴 때부터 줄곧 노래 부르는 것을 좋아했습니다. 노래방에 갈 때마다 마이크를 놓지 않아 친구들은 저를 '마이크광'이라고 불렀습니다. 노래 실력을 높이기 위해 저는 많은 노력을 기울였습니다. 가장 먼저 전문적인 선생님을 따라 발성 기법을 배우고 기본기를 다졌으며, 피아노와 기타를 배우고 악보 보는 법을 배워 음악 이론 지식을 습득했습니다. 이 외에도 저는 음악 이론을 실천과 서로 결합시켜 끊임없이 창작하고, 창작이 잘 된 노래 중 만족스러운 작품을 추려서 홍보를 합니다. 창작곡을 홍보하기 위해 인터넷에서 라이브 방송을 진행하고, 노래 대회에도 나가는 등, 모든 기회를 이용해 자신을 드러냈습니다. 저는 또한 관객들과 교류하는데, 이렇게 하면 시야를 넓힐 수 있고 노래부르는 경험을 풍부하게 할 수 있으며, 노래 홍보도 되고 자신도 광고할 수 있습니다. 물론, 이 과정에서 저는 제 꿈에 투자하기 위해 평소에 아르바이트를 많이 해 일정 정도의 수입원을 유지하고 가수의 꿈을 지원하는 데에 사용하고 있습니다. 비록 지금의 생활은 여유롭지 않고 인기도 많지 않지만, 계속해서 노력한다면 머지않아 해 뜰 날이 와 유명한 가수가 될 것으로 믿습니다.

③ A称B为C A는 B를 C로 칭하다/C라고 부르다 다른 사람들이 부르는 별칭을 언급할 때 유용한 표현으로, 'A把B称为C'로도 쓸 수 있다

④ 不仅如此，我还A A 앞에 언급한 예시 뒤에 또 다른 예시를 더 말하고 싶을 때 사용

⑤ 不久的将来一定会…… 멀지 않은 미래에 어떤 일이 발생할 것임을 말할 때 사용

⑥ 守得云开见月明 어떤 어려움도 끝까지 견디면 희망과 승리를 볼 수 있음을 의미한다 [≒风雨过后见彩虹 fēngyǔ guòhòu jiàn cǎihóng (비바람이 그친 뒤 무지개가 뜨는 것을 볼 수 있다)]

어휘 目前 mùqián 圐 지금, 현재 [≒现在] | 为止 wéizhǐ 튑 ~까지 하다 | 实现 shíxiàn 튑 이루다, 실현하다, 달성하다 圐 실현 | 愿望 yuànwàng 圐 꿈, 희망, 바람, 소원 | 如何 rúhé 땡 어떻게, 어떤, 어떻게 하면 [≒怎么] | 成为 chéngwéi 튑 ~이 되다, ~로 되다 [成为+직업] | 名 míng 퍙 명 [사람을 세는 단위] | 歌手 gēshǒu 圐 가수 | 麦克 màikè 圐 마이크로폰(microphone), 마이크 [微音器wēiyīnqi의 속칭] | 称 chēng 튑 ~라고 부르다 | 麦霸 màibà 圐 마이크광, 노래방에서 노래할 때 마이크를 잡으면 잘 놓지 않는 사람 | 为了 wèile 깨 ~을/를 하기 위하여 [为了+A(목적), B(행위): A하기 위하여 B하다] | 付出 fùchū 튑 들이다, 바치다 | 首先 shǒuxiān 땡 첫째, 먼저 | 가장 먼저, 우선 | 专业 zhuānyè 圐 전문의, 직업의, 프로의 | 发声 fāshēng 튑 발성 | ★技巧 jìqiǎo 圐 기교, 테크닉 | 练习 liànxí 튑 연습하다, 익히다 | 基本功 jīběngōng 圐 기본기, 기초적 지식과 기술 | 并且 bìngqiě 쩹 또한, 동시에, 그리고 | 弹钢琴 tán gāngqín 피아노를 치다 | 吉他 jítā 圐 기타 | 谱 pǔ 圐 악보 | ★充实 chōngshí 혱 (주로 내용·인원·재력 등이) 충분하다, 풍부하다, 넘치다 | 音乐 yīnyuè 圐 음악 | 理论 lǐlùn 圐 이론 | 知识 zhīshi 圐 지식 | 不仅 bùjǐn 쩹 ~뿐만 아니라 [不仅A还B: A뿐만 아니라 B하기도 하다] | 如此 rúcǐ 땡 이와 같다, 이러하다 | 实践 shíjiàn 圐 실천, 실행 | 相 xiāng 튑 서로, 상호 | 结合 jiéhé 튑 결합하다 | 不断 búduàn 튑 계속해서, 끊임없이 | 进行 jìnxíng 튑 하다, 진행하다 | ★创作 chuàngzuò 튑 (문예 작품을) 창작하다 | 歌曲 gēqǔ 圐 노래, 가곡 | 选出 xuǎnchū 튑 뽑다, 추리다, 골라내다 | 满意 mǎnyì 혱 만족스럽다, 만족하다, 흡족하다 | 作品 zuòpǐn 圐 (문학·예술의) 작품, 창작품 | 宣传 xuānchuán 튑 홍보하다, 선전하다 | 原创 yuánchuàng 튑 창시하다, 처음으로 만들다 | ★直播 zhíbō 튑 생중계하다, 직접 중계하다 | 利用 lìyòng 튑 이용하다 | 一切 yíqiè 땡 모든 것, 온갖 것 | ★展示 zhǎnshì 튑 펼치다, 드러내다, 나타내다 | 观众 guānzhòng 圐 관중, 관객 | 互动 hùdòng 튑 교류하다, 상호 작용을 하다 | ★开阔 kāikuò 튑 넓히다 | ★视野 shìyě 圐 시야, 시계 [开阔视野: 시야를 넓히다] | 丰富 fēngfù 튑 풍부하게 하다 | 演唱 yǎnchàng 튑 노래를 부르다 | 经验 jīngyàn 圐 경험, 체험 [丰富经验: 경험을 풍부하게 하다] | 广告 guǎnggào 圐 광고 | 当然 dāngrán 튑 물론, 당연히 | 过程 guòchéng 圐 과정 | 投资 tóuzī 튑 투자하다 | 梦想 mèngxiǎng 圐 꿈 | 平时 píngshí 圐 평소, 평상시 | 兼职 jiānzhí 튑 겸직하다 | ★维持 wéichí 튑 유지하다, 지키다 | 经济 jīngjì 圐 경제 | ★来源 láiyuán 圐 (사물의) 상황, 출처 | 用来 yònglái 튑 ~에 사용하다, ~에 쓰다 | ★支撑 zhīchēng 튑 버티다, 받치다, 지탱하다 | 虽然 suīrán 쩹 비록 ~일지라도 [虽然A但(是)B: 비록 A일지라도 그러나 B하다] | 日子 rìzi 圐 날, 날짜 | 宽裕 kuānyù 혱 여유롭다, 풍부하다 | 名气 míngqì 圐 인기, 명성 | 相信 xiāngxìn 튑 믿다, 신임하다, 신뢰하다 | 不久 bùjiǔ 圐 얼마 지나지 않아, 머지않아 | 将来 jiānglái 圐 장래, 미래 | 守 shǒu 튑 지키다 | 云开见月明 yún kāi jiàn yuè míng 구름이 걷히고 해가 나다 | 合格 hégé 혱 규격에 맞다, 기준에 부합하다

7

你对名牌商品感兴趣吗？为什么？（2.5分钟）

당신은 명품에 관심이 있습니까? 이유가 무엇입니까? (2분 30초)

모범답안 ● track 707

　　以前，一提到名牌，大家想到的都是"奢侈品"一词。但随着①社会经济的飞速发展，以及人们生活水平的提高，人们对名牌的意识也越来越高了。在日常消费中，我也经常会考虑产品的知名度和安全性，因此也对名牌商品产生了很大兴趣。原因如下②：

　　首先③，名牌往往是产品质量的代名词，名牌商品之所以④让人放心，是因为④它在质量和信誉上有保障。比如说服饰，名牌服饰的手感与质感都很舒服，在满足视觉和触觉的同时，也能提高个人的气场。

　　另外③，除了⑤质量以外⑤，不可否认的是⑤，名牌商品的设计也是非常独到的。俗话说，"人靠衣装"，穿着有质感又适合自己的款式出门，既会提高人的气质，又会增强自信。在生活环境的影响下，人们在购物时，除了满足基本需求，也要获得精神上的愉悦。因此，我认为虽然名牌不是必需品，但如果拥有几件名牌商品可以在精神上为我们带来满足的话，名牌商品还是值得我们拥有的！

해석　예전에 사람들은 명품이라 하면 '사치품'이라는 단어를 떠올렸습니다. 하지만 사회와 경제의 빠른 발전과 사람들의 생활 수준 향상에 따라, 사람들의 명품에 대한 인식도 점차 높아지고 있습니다. 일상 소비에서 저도 상품의 유명도와 안전성을 자주 고려하게 되면서 명품에 대해 많은 흥미가 생기게 되었습니다. 그 이유는 다음과 같습니다.

먼저 유명 브랜드는 흔히 상품 품질의 대명사이기도 하며, 사람들이 명품에 안심하는 것은 그 품질과 명성이 보장되어 있기 때문입니다. 옷을 예로 들면, 유명 브랜드 옷의 감촉과 질감은 매우 좋아 시각과 촉각을 만족시킴과 동시에 개인의 기세를 높여 줍니다.

이 밖에 품질 외에도 부정할 수 없는 것은 명품의 디자인 또한 독창적이라는 것입니다. '옷이 날개다'라는 속담이 있듯이 품질이 좋고 자신에게 잘 맞는 스타일의 옷을 입고 외출을 하면 기품도 올라갈 뿐만 아니라 자신감도 올라갑니다. 생활 환경의 영향 속에서 사람들은 쇼핑할 때, 기본적인 수요를 만족시키는 것 외에도 정신적 즐거움을 얻고자 합니다. 따라서 저는 명품이 필수품이 아니지만, 만약 명품 몇 개를 소유하는 것이 정신적으로 우리에게 만족감을 가져다준다면, 명품도 소장할 가치가 있다고 생각합니다.

어휘　名牌 míngpái 명 명품, 유명 상표, 유명 브랜드 | 商品 shāngpǐn 명 상품 | 提 tí 통 언급하다, 제기하다 | 奢侈品 shēchǐpǐn 명 사치품 | 随着 suízhe 개 ~따라서, ~에 따라 | 社会 shèhuì 명 사회 | 经济 jīngjì 명 경제 | 飞速 fēisù 형 빠른, 급속한 | 发展 fāzhǎn 명 발전 | 以及 yǐjí 접 및, 그리고, 아울러 | 生活 shēnghuó 명 생활 | ★意识 yìshí 명 의식 [문제·현상 등에 갖는 인식 및 중시하는 정도] | 越来越 yuèláiyuè 부 갈수록, 더욱 더 | 日常 rìcháng 명 일상 | 消费 xiāofèi 명 소비 | 考虑 kǎolǜ 통 고려하다, 생각하다 | 产品 chǎnpǐn 명 제품,

생산품 | **知名度** zhīmíngdù 몡 지명도 | **安全性** ānquánxìng 몡 안전성 | **如下** rúxià 톙 다음과 같다, 아래와 같다 | **首先** shǒuxiān 떼 첫째, 우선 | **往往** wǎngwǎng 뵘 종종, 자주, 흔히 | **质量** zhìliàng 몡 품질, 질 | **代名词** dàimíngcí 몡 대명사 | **之所以** zhīsuǒyǐ 쩝 ~한 까닭, ~의 이유 [之所以A是因为B: A한 까닭은 B때문이다] | ★**信誉** xìnyù 몡 평판, 명성 | ★**保障** bǎozhàng 됭 (생명·재산·권리 등을) 보장하다, 보증하다 | **比如** bǐrú 쩝 예를 들어 됭 예를 들다 | **服饰** fúshì 몡 의복과 장신구 | **手感** shǒugǎn 몡 촉감 | **质感** zhìgǎn 몡 (물체의) 질감 | **舒服** shūfu 톙 편안하다, 쾌적하다, 홀가분하다 | **满足** mǎnzú 됭 만족시키다 | **视觉** shìjué 몡 시각, 본 느낌 | **触觉** chùjué 몡 촉각 [피부·모발 등의 감각 기관이 물체와 접촉할 때 생기는 느낌] | **同时** tóngshí 몡 동시 | **气场** qìchǎng 몡 분위기, 기분 | **另外** lìngwài 쩝 이 밖에, 이 외에 | **除了** chúle 깨 ~를 제외하고, ~이외에도 [除了A(以)外, 也/还B: A를 제외하고 또 B하다] | **不可** bùkě ~할 수가 없다 | **否认** fǒurèn 됭 부정하다, 부인하다 | **设计** shèjì 디자인, 설계 | **独到** dúdào 톙 독창적이다, 독특하다, 특이하다 | ★**俗话(儿)** súhuà(r) 몡 속담, 옛말 | **人靠衣装** rén kào yīzhuāng 쇽댬 옷이 날개다 | **适合** shìhé 됭 적합하다, 알맞다, 적절하다 | ★**款式** kuǎnshì 몡 스타일, 타입 | **出门** chūmén 됭 외출하다 | **既** jì 쩝 ~할 뿐만 아니라, ~이며, ~하고도 [既A又B: A할 뿐만 아니라 또한 B하다] | ★**气质** qìzhì 몡 기품, 성미, 성격 | **增强** zēngqiáng 됭 높이다, 강화하다, 증강하다 | **自信** zìxìn 몡 자신감 [增强自信: 자신감을 높이다] | **购物** gòuwù 됭 물품을 구입하다, 물건을 사다 [≒买东西] | **基本** jīběn 톙 기본의, 기본적인, 근본적인 | ★**需求** xūqiú 몡 수요, 필요 [满足需求: 수요를 만족시키다] | **获得** huòdé 됭 얻다, 획득하다, 손에 넣다 | **精神** jīngshén 몡 정신 | **愉悦** yúyuè 몡 즐거움, 기쁨, 희열 [获得愉悦: 즐거움을 얻다] | **因此** yīncǐ 쩝 따라서, 그래서 [≒所以] | **必需品** bìxūpǐn 몡 (생활) 필수품 | ★**拥有** yōngyǒu 됭 보유하다, 소유하다, 가지다 [拥有名牌: 명품을 가지다] | **件** jiàn 얭 벌, 개, 건 [일·사건·옷 등을 세는 단위] | **带来** dàilái 됭 가져다주다, 가져오다 [为A带来B: A에게 B를 가져오다] | **值得** zhídé 됭 ~할 만한 가치가 있다

8

你认为，作为父母对子女严格更好还是宽松更好？请说明理由。(2.5分钟)

당신은 부모로서 자녀에게 엄격하게 대하는 것과 관대하게 대하는 것 중 어느 것이 더 바람직하다고 생각하나요? 이유를 설명해 보세요. (2분 30초)

모범 답안 ● track **708**

随着①社会的发展与进步，人们的观念也在改变，子女的教育问题越来越引起家长的重视。有些父母认为②，对待孩子要"高标准，严要求"，而有些父母②对孩子百依百顺，无限包容。我认为③，父母对子女一味严格或者一味宽松都是不可取的，太过严格会让孩子在无形中产生种种的压力，变得自卑、胆小；而太过宽松会让孩子成为"温室里的花朵"，承受不了挫折。比较理想的状态是父母要"以身作则"。有研究表明④，父母如果"严于律己"，并在一些事情上给孩子充分的自由，让孩子自己去做决定，可以培养孩子的自立能力。有一句话说得好，"父母是孩子最好的老师"，与其⑤纠结对孩子严格⑥更好还是宽松更好，不如⑤在力所能及的范围内，给孩子足够的爱，在原则问题上言传身教，给孩子做个好"榜样"。在一些问题上，该干预的时候干预，该放手的时候放手，这样才能培养出一个身心健康、自立自信的好孩子。

남쌤만의 **고득점 tip**

뉴스, TV 프로그램, 인터넷 동영상 채널 등을 통해 접했던 자녀 교육 문제에 대한 내용을 떠올려 보자. 위의 문제에 제시된 두 가지 입장 중 하나를 선택했다면, 선택한 이유를 정리해서 말해 보자. 또는 두 가지 입장의 장점과 단점을 정리한 다음, 자녀를 대하는 이상적인 태도에 대한 본인만의 견해를 이야기하는 것도 좋다.

표현 활용 tip

① 随着 '随着' 뒤에는 보통 '~的变化/发展/进步' 등이 오며, 뒤에는 그에 따라 나타난 현상이나 결과가 온다

② 有些父母认为A, 而有些父母B 상반되는 입장의 부모들을 언급할 때 유용한 표현!

③ 我认为 나의 의견을 이야기할 때 가장 간단하면서도 쓰기 쉬운 표현이다. '我觉得'로 바꿔서 표현할 수 있다

④ 有研究表明 연구 결과를 말할 때, 도입 부분에 쓰기 좋은 표현

해석 사회의 발전과 진보에 따라 사람들의 관념도 변화하고 있어 자녀의 교육 문제가 점점 학부모의 관심을 끌고 있습니다. 일부 부모는 '높은 기준과 엄격한 요구'로 아이를 대해야 한다고 생각하고, 또 일부 부모는 무조건 아이가 원하는 대로 해주고 전부 포용해 줍니다. 저는 부모가 자녀에게 무조건 엄격하거나 무조건 관대한 것 모두 옳지 않다고 생각합니다. 지나치게 엄격하면 아이는 어느새 온갖 스트레스가 쌓여 열등감이 생기고 소심해질 것이고, 반대로 지나치게 관대하면 아이는 '온실 속 화초'가 되어 좌절을 견디지 못할 것입니다. 비교적 이상적인 상태는 부모가 '솔선수범'하는 것입니다. 한 연구에 따르면, 부모가 만약 '스스로에게 엄격'하고 어떤 일에 대해 아이에게 충분한 자유를 주고 스스로 결정을 내리게 한다면, 아이의 자립심을 기를 수 있다고 합니다. '부모는 아이의 가장 훌륭한 선생님이다'라는 좋은 말도 있습니다. 아이에게 엄격하게 하는 것이 좋을지, 관대하게 하는 것이 좋을지 고민하는 것보다 할 수 있는 범위 내에서 아이에게 충분한 사랑을 주고, 원칙 문제에서 말과 행동으로 모범을 보이며 아이에게 좋은 '본보기'가 되어주는 것이 더 좋습니다. 어떤 문제에서는 관여해야 할 때는 관여하고, 놓아줄 때는 놓아주어야 심신이 건강하고 자립심이 강한 좋은 아이로 키울 수 있습니다.

⑤ 与其A，不如B A하기 보다는 차라리 B하는 것이 낫다 A가 아닌 B 부분, 즉 '不如' 뒤에 자신이 비교적 더 선호하는 것, 더 원하는 것을 넣어 말해야 한다

⑥ 严格 상황이 심각해지고 좋지 못한 일이 더욱 악화됨을 뜻하는 '严重yánzhòng'과 혼동하지 말자

어휘 作为 zuòwéi 【개】 ~의 신분으로서, ~의 자격으로서 | 子女 zǐnǚ 【명】 자녀, 자식 | 严格 yángé 【형】 엄격하다, 엄하다 | 宽松 kuānsōng 【형】 여유가 있다, 풍족하다 | 说明 shuōmíng 【동】 설명하다 | 理由 lǐyóu 【명】 이유, 까닭, 연유 | 随着 suízhe 【개】 ~따라서, ~에 따라 [随着+변화/발전/개선, 결과] | 社会 shèhuì 【명】 사회 | 发展 fāzhǎn 【명】 발전 | 进步 jìnbù 【명】 진보 | 观念 guānniàn 【명】 관념, 생각 | 改变 gǎibiàn 【동】 변하다, 바뀌다, 바꾸다 [观念改变: 관념이 바뀌다] | 教育 jiàoyù 【명】 교육 | 越来越 yuèláiyuè 【부】 갈수록, 더욱 더 | 引起 yǐnqǐ 【동】 일으키다, 유발하다, 야기하다 | 家长 jiāzhǎng 【명】 부모, 가장 | 重视 zhòngshì 【동】 중시 [引起重视: 관심을 끌다] | 对待 duìdài 【동】 대하다, 상대하다, 대응하다 | 标准 biāozhǔn 【명】 기준, 잣대 | 要求 yāoqiú 【명】 요구 | 而 ér 【접】 또, 그리고 [뜻이 서로 이어지는 성분을 연결하여 순접을 나타냄] | 百依百顺 bǎiyī bǎishùn 【성】 모든 일을 원하는 대로 해주다, 모든 일을 순종하다 | 无限 wúxiàn 【형】 무한하다, 끝이 없다 | 包容 bāoróng 【동】 포용하다, 너그럽게 감싸다 | 一味 yíwèi 【부】 무조건, 맹목적으로, 무턱대고 | 或者 huòzhě 【접】 ~이던가 아니면 ~이다 [선택 관계를 나타냄] | 不可 bùkě 【동】 ~해서는 안 된다 | 取 qǔ 【동】 가지다, 취하다 | 太过 tàiguò 【형】 너무 지나치다 | 无形中 wúxíngzhōng 【부】 어느새, 모르는 사이에 | 产生 chǎnshēng 【동】 생기다, 발생하다, 나타나다 [产生+추상 명사] | 种种 zhǒngzhǒng 【명】 갖가지, 여러가지 | 压力 yālì 【명】 스트레스 [产生压力: 스트레스가 생기다] | ★自卑 zìbēi 【형】 스스로 열등하다, 스스로 남보다 못하다고 느끼다 | 胆小 dǎnxiǎo 【형】 소심하다, 겁이 많다, 담이 작다 | 成为 chéngwéi 【동】 ~이 되다, ~로 되다 | 温室 wēnshì 【명】 온실 | 花朵 huāduǒ 【명】 화초, 꽃 | 承受 chéngshòu 【동】 견뎌 내다, 감당하다, 이겨 내다 | ★挫折 cuòzhé 【명】 좌절, 실패 [承受挫折: 좌절을 견뎌내다] | 理想 lǐxiǎng 【형】 이상적이다, 만족스럽다 | 状态 zhuàngtài 【명】 상태 | 以身作则 yǐshēn zuòzé 【성】 솔선수범하다, 몸소 모범을 보이다 | 研究 yánjiū 【명】 연구 | 表明 biǎomíng 【동】 분명하게 밝히다 | 严于律己 yányúlǜjǐ 【성】 스스로를 엄하게 단속하다, 자신에게 아주 엄격하다 | 充分 chōngfèn 【형】 충분하다 | 自由 zìyóu 【명】 자유 | 培养 péiyǎng 【동】 길러내다, 육성하다 | 自立 zìlì 【동】 자립하다, 스스로 서다 | 能力 nénglì 【명】 능력 [自立能力: 자립심] | 句 jù 【양】 마디, 편 [언어·시문 등을 세는 단위] | 与其 yǔqí 【접】 ~하기보다는, ~하느니 [与其A不如B: A하기 보다는 B하는 편이 낫다] | 纠结 jiūjié 【동】 갈등하다, 고민하다 | ★力所能及 lìsuǒnéngjí 【성】 자기 능력으로 해낼 수 있다, 힘이 닿는 데까지 | 范围 fànwéi 【명】 범위 | 内 nèi 【명】 내부, 안, 안쪽 | 足够 zúgòu 【형】 충분하다 | 原则 yuánzé 【명】 원칙 | 言传身教 yánchuán shēnjiào 【성】 말과 행동으로 모범을 보이다, 말과 행동으로 가르치다 | ★榜样 bǎngyàng 【명】 본보기, 모범 | ★干预 gānyù 【동】 관여하다, 간섭하다, 개입하다, 참견하다 | 放手 fàngshǒu 【동】 손을 놓다, 손을 떼다 | 身心 shēnxīn 【명】 심신, 몸과 마음 | 自信 zìxìn 【명】 자신감

9

> "养老"问题逐渐成了人们关注的焦点。请你谈谈在未来社会中，"家庭养老"好还
> 是"社会养老"好？为什么？（2.5分钟）
>
> '노인 부양' 문제는 점점 사람들이 주목하는 초점이 되고 있습니다. 미래 사회에서 '노인 부양을 가정에서 맡는 것'이 좋을까요?
> 아니면 '노인 부양을 사회가 책임 지는 것'이 좋을까요? 그 이유는 무엇인지 말해 보세요. (2분 30초)

모범답안 ● track **709**

　　随着人口老龄化越来越严重，养老已经成为国家和家庭面临的大问题。未来社会"家庭养老"和"社会养老"哪种更好备受人们关注①，我认为未来社会，比起②"家庭养老"，"社会养老"更②可靠。原因如下：

　　首先③，老龄化时代让社会不断重视改善保障制度，因此，未来的"社会养老"方式会越来越完善。老人选择"社会养老"，不仅④能享受更专业的服务，还④会减轻家庭负担；其次③，"社会养老"让老人们在享受优质服务的同时⑤，通过养老机构，提供各种资源及教育项目，满足老人的精神需求；再次③，随着人们观念的转变，很多人选择不结婚或结婚后不生孩子，对于⑥他们而言⑥，年轻的时候努力赚钱存钱，步入老年后选择"社会养老"更便利更实际；最后③，对于⑥有工作的子女来说⑥，照顾生病的老人是一件压力非常大的事，"社会养老"可以让子女安心地工作，减轻子女的时间和心理上的负担，有助于家庭和谐。

해석 인구 고령화가 점차 심각해지면서 노인 부양은 국가와 가정이 직면한 큰 문제가 되었습니다. 미래 사회에서 '가정에서 노인 부양을 맡는 것'과 '사회가 노인 부양을 책임 지는 것' 중 어떤 것이 더 바람직한가에 대한 문제는 사람들의 관심을 끌고 있습니다. 저는 미래 사회에서 '가정에서 노인을 부양'하는 것보다 '사회가 노인을 부양'하는 것이 더 신뢰할 만하다고 생각합니다. 그 이유는 다음과 같습니다.

먼저, 고령화 시대로 인해 사회는 끊임없이 관련 보장 제도를 개선하고 있습니다. 따라서 미래의 '사회가 노인을 부양'하는 방식은 점점 완벽해질 것입니다. 노인이 '사회가 노인을 부양'하는 것을 선택하면 보다 전문적인 서비스를 받을 수 있을 뿐만 아니라 가정의 부담도 줄일 수 있습니다. 다음으로, '사회가 노인을 부양'하는 것은 노인들에게 양질의 서비스를 누릴 수 있게 함과 동시에 노인 부양 기관을 통해 각종 자원과 교육 프로그램을 제공하여 노인의 영적 요구를 만족시킬 수 있습니다. 그 다음으로, 사람들의 관념이 변화하면서 결혼하지 않거나 결혼 후에 아이를 낳지 않는 사람이 많아지고 있습니다. 이런 사람들에게 있어 젊을 때 노력하여 돈을 모아 노후에 '사회의 노인 양로'를 선택한다면 훨씬 편리하고 현실적입니다. 마지막으로, 일을 하는 자녀들에게 있어 아픈 노인을 돌보는 것은 스트레스가 엄청난 일입니다. '사회가 노인을 부양'하는 방식은 자녀가 안심하고 일할 수 있게 해주며, 시간과 심리적인 부담을 줄여주고 가정의 화목에도 도움이 됩니다.

남쌤 만의 **고득점 tip**

고령화 사회로 변화할수록 '노인 부양'을 비롯한 노인 문제는 커다란 사회 이슈가 되었다. 평소에 뉴스 등으로 '노인 부양' 문제를 접하면서 느낀 점과 이 문제에 대한 나의 생각을 정리해서 말해 보자.

표현 활용 tip

① 备受人们关注 사람들의 관심을 한 몸에 받다 이 표현이 어렵다면, '很受欢迎', '很有人气'로 바꿔 쓸 수 있다.

② 比起A，B更…… A와 비교해서 B가 더 ~하다 'B比A更……', 'B更……与A相比', 'B更……'로 바꿔 쓸 수 있다

③ 首先，其次，再次，最后 의견을 하나씩 열거할 때 쓰는 표현. 다른 표현으로는 '第一，第二，第三，最后'가 있다

④ 不仅A，还B '还' 대신 '而且', '也' 등을 사용할 수 있다

⑤ A的同时，B A，B 동시에 일어나는 일을 표현할 때 사용

⑥ 对于A而言 / 对于A来说 A에 대해 말하자면 주제에 대한 생각을 말할 때 사용하는 표현으로 '就A而言', '对A来说' 등과 바꿔 쓸 수 있다

养老 yǎnglǎo 명 양로, 노인 봉양 | **逐渐** zhújiàn 부 점점, 점차 | **关注** guānzhù 동 주목하다, 주시하다, 관심을 가지다 | ★**焦点** jiāodiǎn 명 (문제나 관심사의) 초점, 집중 | **谈** tán 동 이야기하다, 말하다 | **未来** wèilái 명 미래 | **社会** shèhuì 명 사회 | **家庭** jiātíng 명 가정 | **随着** suízhe 개 ~에 따라서, ~에 따라 | **人口** rénkǒu 명 인구 | **老龄化** lǎolínghuà 동 노령화하다 | **越来越** yuèláiyuè 점점, 갈수록, 더욱 더 | **严重** yánzhòng 형 (정도가) 매우 심하다 | **成为** chéngwéi 동 ~이 되다, ~로 되다 [成为问题: 문제가 되다] | **面临** miànlín 동 직면하다, 앞에 놓여 있다 | **备受** bèishòu 받다 [备受关注: 관심을 받다] | **认为** rènwéi 동 ~라고 여기다, 생각하다, 간주하다 | **比起** bǐqǐ ~와 비교하다 [比起A, B更……: A와 비교해서 B가 더 ~하다] | **可靠** kěkào 형 믿을 만하다, 믿음직하다, 믿음직스럽다 | **首先** shǒuxiān 대 첫째, 먼저 [首先A, 其次B, 再次C, 最后D: 먼저 A하고, 다음에 B하고, 그 다음에 C하고 마지막으로 D하다] | **时代** shídài 명 (역사상의) 시대, 시기 | **不断** búduàn 부 끊임없이, 계속해서 | **重视** zhòngshì 동 중시하다, 중요시하다 | **改善** gǎishàn 동 개선하다, 개량하다 | ★**保障** bǎozhàng 동 (생명·재산·권리 등을) 보장하다, 보증하다 | **制度** zhìdù 명 제도 [改善制度: 제도를 개선하다] | **因此** yīncǐ 접 그래서, 이로 인하여, 이 때문에 [≒所以] | **方式** fāngshì 명 방식, 방법 | **完善** wánshàn 형 완벽하다, 완전하다 | **老人** lǎorén 명 노인 | **选择** xuǎnzé 동 고르다, 선택하다 | **不仅** bùjǐn 접 ~뿐만 아니라 [不仅A还B: A뿐만 아니라 B하기도 하다] | **专业** zhuānyè 형 전문의 | **服务** fúwù 명 서비스 | **减轻** jiǎnqīng 동 줄다, 감소하다 | ★**负担** fùdān 명 부담, 책임 | **其次** qícì 명 다음, 그 다음 | **享受** xiǎngshòu 동 누리다, 즐기다 [享受服务: 서비스를 누리다] | **优质** yōuzhì 형 양질의, 질이 우수하다 | **同时** tóngshí 명 동시 | **通过** tōngguò 개 ~을 통해, ~에 의해 | ★**机构** jīgòu 명 기관, 기구 | **提供** tígōng 동 제공하다, 공급하다 | **各种** gèzhǒng 형 각종의, 갖가지의 | **资源** zīyuán 명 자원 | **及** jí 접 ~와, 및 | **教育** jiàoyù 명 교육 | **项目** xiàngmù 명 프로그램, 항목 [提供项目: 프로그램을 제공하다] | **满足** mǎnzú 동 만족시키다 [满足+목적어] | **精神** jīngshén 명 정신 | ★**需求** xūqiú 명 수요, 필요, 요구 [满足需求: 수요를 만족시키다] | **再次** zàicì 명 그 다음으로, 재차, 거듭 | **观念** guānniàn 명 관념, 생각 | **转变** zhuǎnbiàn 동 변하다, 바꾸다, 바뀌다 | **生孩子** shēng háizi 아이를 낳다 | **对于** duìyú 개 ~에 대해서, ~에 대하여 [对于……而言: ~에게 대해 말하자면] | **赚钱** zhuànqián 동 돈을 벌다, 이윤을 남기다 | **存钱** cúnqián 동 돈을 모으다, 저금하다, 예금하다 | **步入** bùrù (일의 진행이 일정 단계에) 이르다, 들어서다 | **老年** lǎonián 명 노후, 년년 | ★**便利** biànlì 형 편리하다 | **实际** shíjì 형 현실적이다, 실제적이다 | **最后** zuìhòu 형 맨 마지막의, 최후의 | **……来说** ……láishuō ~으로 말하자면 [对于……来说: ~에게 있어서] | **照顾** zhàogù 동 돌보다, 보살피다 | **生病** shēngbìng 동 병이 나다 | **件** jiàn 양 벌, 개, 건 [일·사건·옷 등을 세는 단위] | **子女** zǐnǚ 명 자녀, 자식 | **安心** ānxīn 형 안심하다, 마음을 놓다 | **有助于** yǒuzhùyú ~에 도움이 되다 | ★**和谐** héxié 형 화목하다, 잘 어울리다, 조화롭다

10

> 随着互联网和电子设备的日益普及，许多工作都可以在家完成。有些人认为在家办公更方便，而有些人更喜欢在办公室和同事们一起工作。请你对这个问题发表一下看法。(2.5分钟)
>
> 인터넷과 전자 제품이 날로 보편화되면서 많은 업무를 집에서 할 수 있게 되었습니다. 어떤 사람은 재택근무가 더 편하다고 하고, 어떤 사람은 사무실에서 동료들과 일하는 것을 더 선호합니다. 이에 대한 자신의 견해를 말해 보세요. (2분 30초)

모범답안 ● track **710**

　　随着①科学技术的发展①，各种各样的办公软件越来越②便利，人们的办公地点也越来越②自由，对此，有的③人选择居家办公，有的③人选择在办公室工作。我认为④，这两种办公方式各有利弊⑤。

　　首先，在家办公可以节省路费，也可以节省在路上花费的时间，并且在"家"这个熟悉的环境中，做起工作来更得心应手，也可以做到工作生活两不误，同时可以提高生活和工作质量。但是，居家办公也有弊端，即⑥在舒适的环境中容易分散注意力，不能专心工作，这样就会影响工作，降低工作效率。相反⑦，在办公室的工作氛围中，可以集中注意力，高效地完成工

남쌤 만의 **고득점 tip**

과학 기술 발전으로 재택근무를 선호하게 된 이유를 설명하고, 재택근무의 장점과 부작용을 함께 설명한 후, 마지막에 나의 의견을 정리해서 말해 보자.

표현 활용 tip

① 随着A的发展 A의 발전에 따라 보통 글의 도입에 써서 주제에 대한 서술을 시작하며, 뒤 절에는 그에 따라 나타난 현상이나 결과가 온다
② 越来越 정도, 수준 등이 심해지거나 높아질 때 쓰는 표현
③ 有的A, 有的B 두 가지 이상의 상황이나 사실이 서로 다름을 표현할 때 사용

作；而且在工作过程中出现问题时，可以及时和同事们沟通，第一时间解决问题。总之⑧，不管在家工作还是在办公室工作，都各有各的优缺点，要权衡利弊，找到适合自己的方式，才能在工作中发挥自己最大的才能。

해석 과학 기술의 발전에 따라 여러 가지 업무 소프트웨어가 점점 편리해지고, 사람들의 근무 장소도 점점 자유로워지고 있습니다. 이에 대해 어떤 사람은 재택근무를 선택하며, 어떤 사람은 사무실 근무를 선택합니다. 저는 두 가지 업무 수행 방식에 각각 장단점이 있다고 생각합니다.

먼저 재택근무는 교통비를 절약할 수 있으며, 출퇴근에 드는 시간도 절약할 수 있습니다. 게다가 '집'이라는 익숙한 환경에서 일하면 훨씬 순조로우며, 일과 생활 모두 지장이 없어 생활과 업무의 질을 동시에 높일 수 있습니다. 하지만, 재택근무에도 폐해는 있습니다. 즉, 편안한 환경에서는 집중력이 분산되기 쉬워 업무에 집중할 수 없습니다. 이렇게 되면 업무에 영향이 생기고 능률이 떨어지게 됩니다. 반대로, 사무실 분위기에서는 주의를 집중할 수 있어 높은 효율로 업무를 완성할 수 있습니다. 게다가 업무 과정에서 문제가 생겼을 때 즉시 동료들과 소통할 수 있어 문제를 빠르게 해결할 수 있습니다. 요약하자면, 집에서 일하든 사무실에서 일하든 각자의 장단점이 있습니다. 장단점을 잘 헤아려 자신에게 맞는 방식을 찾아야만 업무에서 자신의 재능을 최대로 발휘할 수 있습니다.

④ 我认为 자신의 의견이나 주장을 말할 때 사용
⑤ 各有利弊 모두 장단점이 있음을 의미하며, 장단점을 서술하는 문제에 쓰면 좋은 표현. '有利有弊yǒulì yǒubì'로도 바꿔 쓸 수 있다
⑥ 即 '즉, 곧, 바로'의 의미로, 하고자 하는 말을 다시 한 번 설명할 때 쓴다
⑦ 相反 앞에 언급한 내용과 상반되는 내용을 연결해서 이야기할 때 쓰기 좋은 어휘
⑧ 总之 결론을 말할 때 쓰는 표현, 비슷한 표현으로 '总而言之zǒng'éryánzhī', '因此yīncǐ', '最后zuìhòu' 등이 있다

어휘 **各种各样** gèzhǒng gèyàng 성 각양각색, 갖가지 | **办公** bàngōng 동 업무를 처리하다 | **软件** ruǎnjiàn 명 소프트웨어 | **便利** biànlì 형 편리하다 | **自由** zìyóu 형 자유롭다 | **居家办公** jūjiā bàngōng 재택 근무 | **方式** fāngshì 명 방식, 방법 | **利弊** lìbì 명 장단점, 이로움과 폐단 | **节省** jiéshěng 동 아끼다, 절약하다 | **路费** lùfèi 여비 [节省路费: 여비를 아끼다] | **花费** huāfèi 들이다, 쓰다, 소비하다 | **得心应手** déxīn yìngshǒu 성 마음이 원하는 대로 손이 따라 움직이다, 막힘이 없이 자유자재로 되다, 순조롭게 진행되다 | **两不误** liǎng bú wù 두 가지 일에 모두 지장이 없다, 두 가지 일이 모두 잘 되다 | **弊端** bìduān 명 폐단, 폐해 | **即** jí 부 즉, 곧, 바로 | **舒适** shūshì 형 기분이 좋다, 쾌적하다 | **分散** fēnsàn 동 분산하다, 분산시키다 | **注意力** zhùyìlì 명 주의력, 집중력 [分散注意力: 주의력을 분산시키다] | **专心** zhuānxīn 열중하다, 전념하다, 몰두하다 | **效率** xiàolǜ 명 능률, 효율 [降低效率: 능률을 떨어뜨리다] | **氛围** fēnwéi 명 분위기 | **集中** jízhōng 동 집중하다, 모으다 [集中注意力: 주의를 기울이다] | **高效** gāoxiào 형 고효율의, 능률이 높은 | **沟通** gōutōng 동 소통하다, 교류하다 [和A沟通: A와 소통하다] | **总之** zǒngzhī 접 총괄적으로 말해서, 요컨대 | **优缺点** yōuquēdiǎn 명 장단점, 장점과 단점 | **权衡利弊** quánhéng lìbì 이해득실을 따져 보다 | **发挥** fāhuī 동 발휘하다 | **才能** cáinéng 명 재능 [发挥才能: 재능을 발휘하다]

11

你是否赞成"学生时期打工赚钱"？请说明一下理由。（2.5分钟）

당신은 학생일 때 아르바이트로 돈을 버는 것에 찬성합니까? 이유를 설명해 보세요. (2분 30초)

모범 답안 ● track 711

　　学生时期打工赚钱究竟是利大还是弊大，一直以来众说纷纭①。在②我看来②，这个问题不能一概而论③，毕竟每个人的情况不同、打工目的也不同。再加上，如今打工的方式五花八门，学生可以通过各种方式来体验不同的工作，只要清楚自己的目标，适当地做一些打工没有什么害处。

　　有的④学生家庭条件不好，而上学的支出⑤又不少，因此想打工为家里减轻负担；还有的④学生是想在学生时期就多体验生活，锻炼自己，以便以后更快适应社会生活，同时⑥也能赚零花钱；还有的学生毕业后的目标就是创业，所以提前利用打工来了解市场。对于目标明确的学生来说，上学期间打工无疑会对他以后的人生产生一定的影响。但也有一些学生打工只是单纯为了赚钱，没有自己的实际目标，这样不仅会影响学习，还容易走偏方向，容易陷入金钱的诱惑中。我认为这样的学生，还是以学习为主，免得最后"得不偿失"。

남쌤 만의 **고득점 tip**

본인이 학생이었을 때 아르바이트를 해 본 경험이 있거나, 학생 신분으로 아르바이트를 하는 주변 사람을 본 적이 있다면 그 경험을 참고하여 찬성 또는 반대의 입장을 정리해서 말해 보자.

표현 활용 tip

① 究竟是利大还是弊大，一直以来众说纷纭 장점과 단점을 묻는 질문에 의견이 분분하다고 답을 할 때, 문장 시작 부분에서 사용해 보자

② 在A看来 A가 보기에 / A가 생각하기에 '对A来说', '对于A而言' 등과 바꿔 사용해도 좋다

③ 这个问题不能一概而论 한 마디로 단정지을 수 없을 때 사용하면 좋은 표현

④ 有的A 有的B 두 가지 이상의 상황이나 사실이 서로 다름을 표현할 때 사용

⑤ 支出 '开支kāizhī', '花费huāfei', '费用fèiyong' 등으로 바꿔 쓸 수 있다

⑥ 同时 두 개의 단문을 연결해서 병렬 관계를 나타낸다

해석 학생일 때 아르바이트로 돈을 버는 것은 과연 이로운 점이 많은가, 아니면 해로운 점이 많은가에 대해 지금까지 의견이 분분합니다. 제 생각에 이 문제는 일률적으로 말할 수 없습니다. 어쨌든 모든 사람의 상황이 다르고, 아르바이트의 목적도 다르기 때문입니다. 게다가 요즘은 아르바이트 방식이 매우 다양하여 학생들은 여러 가지 방식을 통해 여러 일을 경험할 수 있습니다. 자신의 목표를 분명히 한다면, 적당히 아르바이트를 하는 것은 어떠한 해로운 점이 없습니다.

어떤 학생은 가정 환경이 좋지 않은 데다가 학교를 다니면서 지출이 많아 가족의 부담을 줄이고자 아르바이트를 합니다. 또 어떤 학생은 학생일 때 여러 가지 경험을 쌓고 자신을 단련해서 나중에 사회생활에 더 빨리 적응하기 위함과 동시에 용돈도 벌 수 있어서 아르바이트를 합니다. 또 어떤 학생은 졸업 후 목표가 창업이기 때문에 미리 아르바이트를 통해 시장을 이해하려 합니다. 목표가 명확한 학생에게는 재학 중에 하는 아르바이트가 분명히 앞으로의 인생에 일정 부분 영향을 미칠 것입니다. 하지만 또 어떤 학생은 단순히 돈을 모으기 위해 아르바이트를 할 뿐 실질적인 목표가 없습니다. 이러하면 학업에 영향을 줄 뿐만 아니라 잘못된 방향으로 가기 쉽고, 돈의 유혹에 쉽게 빠집니다. 저는 이러한 학생들은 '얻는 것보다 잃는 것이 더 많은 상황'을 피하기 위해 학습을 더 중요시해야 한다고 생각합니다.

어휘 **是否** shìfǒu 뷔 ~인지 아닌지 | **赞成** zànchéng 통 찬성하다, 동의하다 | **时期** shíqī 명 (특정한) 시기 | **打工** dǎgōng 통 아르바이트하다 | **赚钱** zhuànqián 통 돈을 벌다, 이윤을 남기다 | **说明** shuōmíng 통 설명하다 | **理由** lǐyóu 명 이유, 까닭, 연유 | **究竟** jiūjìng 뷔 과연, 도대체 | **利** lì 명 이익, 이로운 점 | **弊** bì 명 폐해, 해로운 점 [利大于弊: 이로움이 폐해보다 크다] | **以来** yǐlái 명 이래, 동안 | **众说纷纭** zhòngshuō fēnyún 솅 의견이 분분하다 | **一概而论** yígài'érlùn 솅 일률적으로 말하다 | **毕竟** bìjìng 뷔 어쨌든, 결국, 끝내 | **目的** mùdì 명 목적 | **适当** shìdàng 형 적당하다, 알맞다, 적합하다, 적절하다 | **再加上** zàijiāshàng 쩹 게다가 | **如今** rújīn 명 (비교적 먼 과거에 대하여) 요즘, 현재, 오늘날 | **方式** fāngshì 명 방식, 방법 [以……方式: ~한 방식으로] | **五花八门** wǔhuā bāmén 솅 각양각색, 다양하다 | **通过** tōngguò 통 통과하다 | **各种** gèzhǒng 형 각종의, 갖가지의 | **体验** tǐyàn 통 경험하다, 체험하다 | **只要** zhǐyào 쩹 ~하기만 하면 [只要A就B: A하기만 하면, B하다] | **清楚** qīngchu 형 뚜렷하다, 분명하다 | **害处** hàichu 명 해로운 점, 결점 | **家庭** jiātíng 명 가정 | **条件** tiáojiàn 명 환경, 조건 | ★**支出** zhīchū 통 지출하다 | **因此** yīncǐ 쩹 그래서, 이로 인하여, 이 때문에 [≒所以] | **减轻** jiǎnqīng 통 줄다, 감소하다 | ★**负担** fùdān 명 부담, 책임 [减轻负担: 부담을 줄이다] | ★**以便** yǐbiàn 쩹 ~ 하기에 편리 하도록, ~하기 위하여 | **适应** shìyìng 통 적응하다 | **社会** shèhuì 명 사

회 [适应社会: 사회에 적응하다] | **赚** zhuàn 통 (돈을) 벌다 | **零花钱** línghuāqián 명 용돈 | **还有** háiyǒu 접 또한, 그리고 | **毕业** bìyè 명 졸업 | ★**创业** chuàngyè 통 창업하다 | **提前** tíqián 통 (예정된 시간·위치를) 앞당기다 | **利用** lìyòng 통 이용하다 | **了解** liǎojiě 통 이해하다 | **市场** shìchǎng 명 시장 | **对于** duìyú 개 ~에 대해서, ~에 대하여 | **明确** míngquè 형 명확하다, 확실하다 [目标明确: 목표가 명확하다] | ……**来说** ……láishuō ~으로 말하자면 [对于……来说: ~에게 있어서] | **无疑** wúyí 형 의심할 바 없다, 틀림없다 | **人生** rénshēng 명 인생 | **产生** chǎnshēng 통 생기다, 발생하다, 나타나다 | **单纯** dānchún 형 단순하다 | **为了** wèile 개 ~을/를 하기 위하여 [为了+A(목적), B(행위): A하기 위하여 B하다] | **赚钱** zhuànqián 통 돈을 벌다, 이윤을 남기다 | **实际** shíjì 형 실질적이다, 구체적이다, 실제적이다 | **不仅** bùjǐn 접 ~뿐만 아니라 [不仅A还B: A뿐만 아니라 B하기도 하다] | **偏** piān 통 (특정한 방향으로) 치우치다, 기울다, (정상적인 기준에서) 벗어나다 | **方向** fāngxiàng 명 방향 | ★**陷入** xiànrù 통 (불리한 지경에) 빠지다, 떨어지다 | **金钱** jīnqián 명 돈, 금전 | ★**诱惑** yòuhuò 통 유혹하다, 꾀다 [陷入诱惑: 유혹에 빠지다] | **认为** rènwéi 통 여기다, 생각하다 | ★**免得** miǎnde 접 ~않기 위해서, ~하지 않도록 [免得+ 좋지 않은 일/바라지 않는 일] | ★**得不偿失** débùchángshī 성 얻는 것보다 잃는 것이 더 많다

12

> 不要孩子的双薪夫妻被称为"丁克族"。你对"丁克族"的看法是什么？(2.5分钟)
>
> 아이를 원하지 않는 맞벌이 부부를 '딩크족'이라고 합니다. 당신은 '딩크족'에 대해 어떻게 생각하나요? (2분 30초)

모범 답안 ● track 712

　　现代人的生活节奏越来越快，压力也越来①大，很多夫妻不想要孩子，这样的人叫作②"丁克族"。我认为选择做"丁克族"一定有他们的理由，应该尊重他们的选择，有的③夫妻是为了享受二人世界，不想被任何人打扰，所以决定不生；有的③夫妻是因为生活压力大，不能保证给孩子提供很好的生活环境，与其如此，不如不生；还有的③夫妻双方以事业为重，他们根本没有时间考虑生孩子。

　　我认为，对于丁克族，我们应该尊重他们的选择，不能对他们指手画脚。但任何事情都有两面性④，选择丁克族也面临着很多考验：首先⑤是寂寞，身边的朋友都结婚生子，聊天的重心也逐渐转到养孩子上。你和朋友的共同话题越来越少，就这样渐行渐远；另外⑤，上年纪后总有生病的时候，这时如果另一半⑥行动也不便，就只能寻求外人的帮忙。总之⑦，无论丁不丁克，都是自己的自由。毕竟每个人都有选择自己生活方式的权利。只要想清楚自己真正想要的生活是什么就可以了。

남쌤만의 **고득점 tip**

요즘 사회에서 '딩크족'은 주변에서 많이 볼 수 있는 현상 중 하나이다. 사회의 발전에 따라 변화하는 가족상(가족으로서 갖추어야 할 모습)과 주변 사람 또는 내가 생각하는 이상적인 가족상을 먼저 생각해 보면 '딩크족'에 대한 생각도 정리할 수 있을 것이다.

표현 활용 tip

① 越来越 상태나 정도가 점점 심해짐을 표현할 때 사용

② A叫作B 'A被称为B'로 바꿔써도 무방하다

③ 有的A 有的B 还有的C 두 가지 이상의 상황이나 사실이 서로 다름을 표현할 때 사용

④ 但任何事情都有两面性 서로 상반되는 특징을 가지고 있을 때 사용하기 좋은 표현

⑤ 首先, (其次), (再次), 另外 이유, 주장의 근거 등을 나열할 때 사용해 보자

⑥ 另一半 이 문장에서는 '伴侣bànlǚ', '配偶pèi'ǒu' 등으로 바꿔 쓸 수 있다

⑦ 总之 앞의 내용을 총괄해서 정리할 때 쓰는 표현으로 '总而言之zǒng'éryánzhī'의 약칭이다

해석 현대인의 생활 리듬이 점점 빨라지고 스트레스도 점점 많아지게 되면서 많은 부부가 아이를 원하지 않고 있습니다. 이런 사람들을 '딩크족'이라고 부릅니다. 저는 '딩크족'을 선택한 데에는 그들만의 이유가 반드시 있을 것이며, 그들의 선택을 존중해야 한다고 생각합니다. 어떤 부부는 두 사람만의 세상을 누리기 위해, 어떠한 사람의 간섭도 받고 싶지 않아 아이를 낳지 않기로 결정합니다. 어떤 부부는 생활의 스트레스가 너무 커 아이의 좋은 생활 환경을 보장할 수 없기에 그럴 바엔 낳지 않는 것입니다. 또 어떤 부부는 둘 다 일을 중시해 자녀 계획을 아예 고려하지 않습니다.

저는 딩크족에 대해, 그들의 선택을 존중해야 하며 우리가 왈가왈부해서는 안 된다고 생각합니다. 하지만 어떤 일이든 양면성이 있습니다. 딩크족을 선택하면 여러 시련에 부딪힐 수 있습니다. 우선, 외로움을 느낄 수 있습니다. 주변 친구들이 모두 결혼 후 아이를 낳으면 이야기의 중심도 점차 육아로 옮겨갈 것입니다. 그러면 친구와의 공통된 대화 주제가 갈수록 줄어들고, 친구와 점점 멀어질 수 있습니다. 그 외에도, 나이가 든 후 병이 들었을 때 만약 배우자도 몸이 불편하다면 외부인의 도움을 구할 수밖에 없습니다. 한마디로 요약하자면, 딩크족이든 아니든 모두 자신의 자유입니다. 어쨌든 모든 사람은 자신의 생활 방식을 선택할 권리가 있습니다. 자신이 진정 원하는 삶이 무엇인지 명확하기만 하면 됩니다.

어휘 双薪 shuāngxīn 阅 맞벌이 | 夫妻 fūqī 阅 부부, 남편과 아내 | 称为 chēngwéi 图 ~라고 부르다 [被称为: ~라고 불리다] | 丁克族 dīngkèzú 딩크족 | 看法 kànfǎ 阅 생각, 견해 | 现代 xiàndài 阅 현대 | 生活 shēnghuó 阅 생활 | ★节奏 jiézòu 阅 리듬, 박자 | 越来越 yuèláiyuè 阅 점점, 갈수록, 더욱 더 | 压力 yālì 阅 스트레스 | 选择 xuǎnzé 图 선택하다, 고르다 | 理由 lǐyóu 阅 이유, 까닭, 연유 | 尊重 zūnzhòng 图 존중하다 | 为了 wèile 꽤 ~을/를 하기 위하여 [为了+A(목적), B(행위): A하기 위하여 B하다] | 享受 xiǎngshòu 图 누리다, 즐기다 | 二人世界 èrrén shìjiè 자식이 없는 부부 또는 둘만 사는 연인의 생활 | 任何 rènhé 때 어떠한, 무슨 [任何+명사] | 打扰 dǎrǎo 图 간섭하다, 방해하다, 지장을 주다 | 保证 bǎozhèng 图 보증하다, 보장하다 | 提供 tígōng 图 제공하다, 공급하다 | 与其 yǔqí 집 ~하기보다는, ~하느니 [与其A不如B: A하기 보다는 B하는 편이 낫다] | 如此 rúcǐ 때 이와 같다, 이러하다 | 双方 shuāngfāng 阅 두 사람, 쌍방, 양쪽 | ★事业 shìyè 阅 업무, 일, 사업 | 重视 zhòngshì 图 중시하다, 중요시하다 | 根本 gēnběn 阅 근본, 근원, 기초 | 考虑 kǎolǜ 图 고려하다, 생각하다 | 对于 duìyú 꽤 ~에 대해서, ~에 대하여 [对于+대상] | 指手画脚 zhǐshǒu huàjiǎo 图 왈가왈부하다, (흥이 나서) 손짓 몸짓하면서 말하다 | 两面性 liǎngmiànxìng 阅 양면성 | 面临 miànlín 图 직면하다, 앞에 놓여 있다 | 考验 kǎoyàn 图 (사건·시련 등을 통해) 시험하다, 검증하다 | 首先 shǒuxiān 때 첫째, 먼저 | 寂寞 jìmò 阅 외롭다, 쓸쓸하다, 적막하다 | 身边 shēnbiān 阅 곁 | 生子 shēngzǐ 图 자식을 낳다 | 聊天儿 liáotiānr 图 이야기하다 | ★重心 zhòngxīn 阅 중심, 무게 중심 | 逐渐 zhújiàn 阅 점점, 점차 | 转 zhuǎn 图 옮기다, 바꾸다, 전환하다 | 养 yǎng 图 키우다 | 共同 gòngtóng 阅 공통의, 공동의 | 话题 huàtí 阅 대화의 주제, 화제 | 渐行渐远 jiànxíng jiànyuǎn 점점 멀어지다 | 另外 lìngwài 집 이 밖에, 이 외에 | 行动 xíngdòng 阅 행동, 거동 | 寻求 xúnqiú 图 구하다, 찾다 | 外人 wàirén 阅 외부인, 다른 사람 | 帮忙 bāngmáng 图 도움, 원조, 지원 | 总之 zǒngzhī 집 한마디로 말하면, 총괄적으로 말하면 | 无论 wúlùn 집 ~을 막론하고 [无论A还是B, 都: A 혹은 B를 막론하고 모두 C하다] | 自由 zìyóu 阅 자유 | 毕竟 bìjìng 阅 어쨌든, 결국, 어디까지나 | 方式 fāngshì 阅 방식, 방법 [选择方式: 방식을 선택하다] | 权利 quánlì 阅 권리 | 只要 zhǐyào 집 ~하기만 하면 [只要A就B: A하기만 하면, B 하다] | 清楚 qīngchu 阅 뚜렷하다, 분명하다 | 真正 zhēnzhèng 阅 진정한, 순수한

13

你怎样看待"沉默是金"的处世态度？为什么？(2.5分钟)

당신은 '침묵은 금이다'라는 처세술을 어떻게 보나요? 왜 그렇게 생각하나요? (2분 30초)

모범 답안 ● track 713

　　每个人都有沉默的时候，都有不想说话的时候。有人认为，"言多必失"，话说多了一定有失误，因此在生活中，我们要慎言慎行。可我认为①，"沉默"并不等于②"无言"。我认为"沉默是金"包含三层意思：

　　第一层③意思是指在沟通中多倾听，不随意打搅别人说话，这也是尊重别人的一种表现。

　　第二层③意思是指"三思而后言"，充分考虑④说话的内容和时机，经过深思熟虑后再开口，这样才能避免产生不必要的误

남쌤 만의 **고득점 tip**

'침묵은 금이다'라는 말은 평소에 많이 들어 봤을 것이다. 이 말의 의미를 생각해 보고, 내가 생각하는 침묵에 대한 이상적인 태도와 연결 지어 말해 보자.

표현 활용 tip

① 可我认为 앞의 주장을 반대하여 나의 주장을 더 강조할 때 사용해 보자

② A不等于B A는 B와 다르다/동일하지 않다 'A等于B(A는 B

会，达到⑤"不鸣则已，一鸣惊人"的效果⑤。

第三层③意思是指不要在背后⑥议论别人，不打听、不传播小道消息，该说的说，不该说的不说。不负责任的传播小道消息会伤害别人，所以要切记"谨言慎行"。

总之③，沉默是否为金，应该分场合，该沉默时沉默，不该沉默时要敢于说出自己的想法。

해석 사람들은 모두 침묵할 때, 말을 하고 싶지 않을 때가 있습니다. 어떤 사람은 '말이 많으면 실수하기 쉽다'고 하며, 말을 많이 하면 반드시 실수하기 쉬우므로, 생활 속에서 말과 행동을 신중하게 해야 한다고 생각합니다. 하지만 저는 '침묵'과 '말이 없는 것'은 동일하지 않다고 생각합니다. '침묵은 금이다'라는 말은 세 가지 의미를 내포한다고 생각합니다.

첫 번째 의미는 소통 중 상대방의 말에 귀 기울이며 다른 사람이 말하는데 마음대로 끼어들지 않는 것입니다. 이는 다른 사람의 의견을 존중해 주는 것이기도 합니다.

두 번째 의미는 '세 번 생각하고 말하는 것'입니다. 하고 싶은 말의 내용과 말할 시기를 충분히 생각하고 심사숙고를 한 후 말을 하는 것입니다. 이렇게 해야 불필요한 오해가 생기는 것을 피할 수 있으며, '말 한 마디로 사람을 놀라게 하는' 효과를 얻을 수 있습니다.

세 번째 의미는 뒤에서 다른 사람의 이야기를 하지 말고, 확인되지 않은 소문은 묻지도, 전하지도 말며, 해야 할 말은 하고, 하면 안 되는 말은 하지 말라는 의미이기도 합니다. 무책임하게 확인되지 않은 소문을 전파하는 것은 다른 사람을 다치게 할 수 있습니다. 따라서 말과 행동을 신중히 해야 한다는 사실을 꼭 기억해야 합니다.

결론적으로 침묵이 금이 될지 아닐지는 상황을 구분해야 합니다. 침묵해야 할 때는 침묵하고, 침묵하지 않아도 될 때는 자기 생각을 용감하게 말해야 합니다.

어휘 ★看待 kàndài 图 다루다, 대하다, 대우하다 | 沉默 chénmò 图 침묵하다, 말을 하지 않다 | 金 jīn 图 금 | 处世 chǔshì 처세하다 | 态度 tàidu 图 태도 | 说话 shuōhuà 图 말하다, 이야기하다 | 认为 rènwéi ~라고 여기다, 생각하다 | 言多必失 yánduō bìshī 图 말이 많으면 실수하기 쉽다 | ★失误 shīwù 图 실수, 실책 | 因此 yīncǐ 图 그래서, 이로 인하여, 이 때문에 | 慎言 shènyán 신중하게 말하다, 말을 조심하다 | 慎行 shènxíng 신중하게 행동하다, 행동을 조심하다 | 并不 bìngbù 图 결코 ~하지 않다, 결코 ~이 아니다 | 等于 děngyú 图 ~와 같다 | 包含 bāohán 图 포함하다 | 意思 yìsi 图 의미, 뜻 [包含意思: 의미를 포함하다] | 指 zhǐ (의미상으로) 의미하다, 가리키다 | 沟通 gōutōng 图 소통하다, 교류하다 | ★倾听 qīngtīng 图 귀를 기울여 듣다, 경청하다 | ★随意 suíyì 图 (자기) 마음대로, 하고 싶은 대로 | 打搅 dǎjiǎo 图 끼어들다, 방해하다, 지장을 주다 | 尊重 zūnzhòng 图 존중하다 | 表现 biǎoxiàn 의견, 태도 [尊重表现: 의견을 존중하다] | 三思而后言 sān sī ér hòu yán 图 세 번 생각하고 말하다, 심사숙고한 후 말하다 | 充分 chōngfèn 图 충분하다 | 考虑 kǎolǜ 고려하다, 생각하다 | 内容 nèiróng 图 내용 | ★时机 shíjī (유리한) 시기, 기회 | 经过 jīngguò 图 거치다, 경험하다 | 深思熟虑 shēnsī shúlǜ 심사숙고하다 | 开口 kāikǒu 图 말을 하다 | 避免 bìmiǎn 图 (좋지 않은 일 등을) 피하다, 면하다 | 产生 chǎnshēng 图 생기다, 발생하다, 나타나다 [产生+추상 명사] | 必要 bìyào 图 필요로 하다 | 误会 wùhuì 图 오해 | 达到 dádào 图 도달하다, 달성하다 | 不鸣则已，一鸣惊人 bùmíng zéyǐ, yìmíng jīngrén 图 (새가) 울지 않다가 한 번 울면 사람을 놀라게 하다, 평소에는 잠자코 있다가 갑자기 놀랄 만한 일을 해내다 | 效果 xiàoguǒ 图 효과 | 背后 bèihòu 图 뒷면, 배후 | 议论 yìlùn 图 말하다, 의논하다, 논의하다 | 打听 dǎting 图 물어보다, 탐문하다, 알아보다 | 传播 chuánbō 图 전파하다, 널리 퍼뜨리다, 유포하다 | 小道消息 xiǎodào xiāoxi 확인되지 않은 소문, 항간의 소문, 주워 들은 이야기 | 不负责任 bú fù zérèn 책임을 지지 않다, 무책임하다 | 伤害 shānghài 图 (몸을) 다치게 하다, 상하게 하다, 상처를 입히다 | 切记 qièjì 图 꼭 기억하다, 단단히 기억하다 | 谨言慎行 jǐnyán shènxíng 图 말과 행동을 신중히 하다, 말과 행동을 각별히 조심하다 | 总之 zǒngzhī 图 결론적으로, 한마디로 말하면 | 是否 shìfǒu 图 ~인지 아닌지 | 场合 chǎnghé 图 상황, 장소 | 敢于 gǎnyú 图 용감하게 ~하다, 대담하게 ~하다 | 想法 xiǎngfa 图 생각, 의견

와 같다)'의 부정형, 더 쉬운 표현은 'A和B不一样'이다

③ 第一层……, 第二层……, 第三层……, 总之…… 자신의 생각을 정리한 후, 순서대로 나열할 때 쓰는 표현

④ 充分考虑 '充满考虑'로 쓰지 않도록 주의 '充满chōngmǎn'은 형용사로, 동사 앞에서 부사의 기능을 할 수 없다

⑤ 达到效果 '达到' 뒤에는 추상적인 명사가 와야 한다. '到达dàodá'와 헷갈리지 말자

⑥ 背后 '背'는 다음자로 여기에서는 사물의 등, 사물의 뒤쪽을 의미하므로 4성으로 읽는다

有人说："金钱是快乐的基础。"请问，你是如何看待金钱与快乐之间的关系的？
(2.5分钟)

누군가는 '돈은 즐거움의 기반이다'라고 말합니다. 당신은 돈과 즐거움의 관계를 어떻게 생각하나요？（2분 30초）

모범답안 ● track 714

　　人们常说①"金钱是快乐的基础。"现实生活中，钱与快乐都很重要，但不是绝对的。一方面，快乐是自己制造的，有些快乐，是不需要在金钱的基础上就能得到的。比如说②读书的快乐、运动的快乐，如果不以自己的兴趣为基础，有再多的钱，也体会不到这些快乐。从这一角度上可以看出③，快乐不一定建立在金钱的基础上。但是我认为，有钱不一定快乐，但没钱一定会影响我们享受快乐。金钱能够支持我们做自己想做的，吃自己想吃的，买自己想买的。如果没有金钱，连④最基本的生活都④得不到保障，何谈⑤制造快乐。另外，金钱可以支撑我保持身体健康，遇到疾病时可以及时救治。我们常说，"金钱能带来健康，而健康能带来快乐。"可见，金钱与快乐，总是有着直接或间接的关系。总之⑥，快乐是建立在一定的金钱基础上的。

해석 사람들은 '돈은 즐거움의 기반이다'라고 자주 말합니다. 현실 생활에서 돈과 즐거움은 모두 중요하지만, 절대적인 것은 아닙니다. 한 측면에서는 즐거움은 자신이 만드는 것이며 일부 즐거움은 돈을 기반으로 하지 않아도 얻을 수 있습니다. 예를 들면 독서의 즐거움, 운동의 즐거움 등이 있으며, 만약 자신의 흥미를 기반으로 하지 않았다면 아무리 돈이 많아도 이러한 즐거움을 느끼지 못할 것입니다. 이런 각도에서 보면 즐거움은 반드시 돈을 바탕으로 하는 것은 아니란 걸 알 수 있습니다. 그러나 저는 돈이 있다고 반드시 즐거운 것은 아니지만, 돈이 없으면 우리가 즐거움을 누리는 데 영향을 미친다고 생각합니다. 돈이 있으면 우리가 하고 싶은 것을 할 수 있게 해주고, 먹고 싶은 것을 먹을 수 있으며, 사고 싶은 것을 살 수 있습니다. 만약 돈이 없다면 가장 기본적인 생활조차 보장받지 못할 텐데 즐거움은 더 말할 나위도 없습니다. 그 밖에도 돈이 있으면 건강을 유지하는 데에 도움이 됩니다. 병이 생기면 즉시 치료를 받을 수 있습니다. 우리는 자주 '돈은 건강을 가져오고 건강은 즐거움을 가져온다'고 말합니다. 이로써 돈과 즐거움에는 직접 혹은 간접적인 관계가 있음을 알 수 있습니다. 결론적으로, 즐거움은 어느 정도는 돈이 기반이 되어야 합니다.

남쌤 만의 **고득점 tip**

'돈'은 우리 생활에 없어서는 안 되는 필수 요소이다. 생활을 영위하고, 일련의 활동을 하기 위해서는 필수 요소인 '돈'이 수반되어야 하는 것도 사실이다. 내가 평소 즐겁다고 느끼는 활동과 '돈'의 상관 관계를 생각해 보고, 내용을 정리해서 말해 보자.

표현 활용 tip

① 人们常说 문제에서 '有人说'로 나왔을 때 바꿀 수 있는 표현

② 比如说 예를 열거할 때 많이 쓰는 표현 중 하나

③ 从这一角度上可以看出 견해를 말할 때 쓰는 표현으로 '由此可见' 또는 '从这一个角度看'으로 바꿔 쓸 수 있다

④ 连A都…… A(명사) 조차 ~하다 '连' 뒤에 '都', '也', '还' 등과 함께 쓰여 대상(A)을 강조

⑤ A何谈B A일 텐데 어찌 B라고 할 수 있나(=B는 더 말할 나위도 없다) 반어적 표현으로 앞의 문장을 강조하고 싶을 때 사용

⑥ 总之 마지막 부분에서 결론을 말하고자 할 때 쓰는 표현으로, '最后', '因此', '总的来说' 등과 바꿔 쓸 수 있다

어휘 金钱 jīnqián 몡 돈, 금전 | 快乐 kuàilè 톙 즐겁다, 유쾌하다, 행복하다 | 基础 jīchǔ 몡 기본, 기초 | 如何 rúhé 떼 어떻게, 어떤 [≒怎么] | ★看待 kàndài 동 생각하다, 다루다, 취급하다 | 之间 zhījiān ~의 사이 | 关系 guānxi 몡 관계 | 现实 xiànshí 몡 현실 | 生活 shēnghuó 몡 생활 | 重要 zhòngyào 톙 중요하다 | 绝对 juéduì 톙 절대적인, 무조건적인 | 一方面 yìfāngmiàn 몡 일부, 한 방면 | 制造 zhìzào 동 만들다, 제조하다 | 得到 dédào 동 얻다, 받다, 획득하다 | 比如 bǐrú 동 예를 들어 | 读书 dúshū 동 독서하다 | 兴趣 xìngqù 몡 흥미 | 体会 tǐhuì 동 체험하다, 체득하다 | 角度 jiǎodù 몡 (문제를 보는) 각도 | 看出 kànchū 동 알아차리다, 간파하다 | 建立 jiànlì 동 만들다, 세우다 | 享受 xiǎngshòu 동 누리다, 즐기다 [享受快乐: 즐거움을 느끼다] | 能够 nénggòu 조동 ~할 수 있다 | 支持 zhīchí 동 지지하다 | 连 lián 개 ~조차도, ~까지도 [连A都……: A조차도 ~하다] | 基本 jīběn 톙 기본의, 기본적인 | ★保障 bǎozhàng 동 (생명·재산·권리 등을) 보장하다, 보증하다 | 另外 lìngwài 접 이 밖에, 이 외에 | ★支撑 zhīchēng 동 버티다, 받치다, 지탱하다 | 保持 bǎochí 동 유지하다, 지키다 [保持身体健康: 건강을 유지하다] | ★疾病 jíbìng 몡 병, 질병 | 及时 jíshí 위 즉시, 곧바로, 신속히 | 救治 jiùzhì 동 치료받다 | 带来 dàilái 가져오다, 가져다주다 | 可见 kějiàn 접 ~라는 것을 알 수 있다 | 对于 duìyú 개 ~에 대해서, ~에 대하여 | ……而言 ér yán ~으로 말하자면 [对于……而言: ~에게 있어서] | 总是 zǒngshì 위 항상, 늘, 줄곧 | 直接 zhíjiē 톙 직접적인, 직접의 | ★间接 jiànjiē 톙 간접적인 | 总之 zǒngzhī 접 결론적으로, 한마디로 말하면

对那些"对电脑游戏上瘾"的人，尤其是青少年，有什么看法？或者给他们一些忠告。（2.5分钟）

당신은 컴퓨터 게임에 중독된 사람들, 특히 청소년에 대해서 어떻게 생각하나요? 혹은 그들에게 충고해 주세요. (2분 30초)

모범답안 🔊 track 715

如今①，随着科技发展，吸引青少年的电脑游戏越来越多，很多青少年在网络世界里迷失②自我，游戏上瘾，这样既③耽误学习，也③浪费大好时光。游戏上瘾会给④青少年带来④很大影响④。例如⑤影响正常作息、损害身体健康、扭曲世界观和价值观、影响心理健康。那么为了应对这些不良影响，我们应该做些什么呢？

第一，在家里，父母可以多和孩子沟通，引导孩子去做其他事情。比如看电影、打篮球、去旅游等等。这样的话，一来⑥，可以多学点东西，二来⑥，可以转移注意力，远离网络；

第二，在学校里，老师应该用专业的教育方式来帮助学生预防游戏成瘾，改善因游戏成瘾产生的心理疾病；另外，提高教育质量，让青少年在学习、课外活动等方面体会到乐趣；

第三，在社会上，应限制青少年上网时间段和时长，同时营造一个健康、安全的上网环境，现在的网络不良信息非常多，只有调节好上网时间和网络环境，才能有效地防止⑦青少年游戏上瘾。

해석 오늘날, 과학 기술이 발전하면서 청소년을 유혹하는 컴퓨터 게임이 갈수록 많아지고 있습니다. 많은 청소년들이 인터넷 세계에서 자아를 잃고 게임에 중독되는데, 이렇게 되면 학업에 지장이 생기고 좋은 시절을 낭비하게 됩니다. 게임 중독은 청소년에게 커다란 영향을 가져옵니다. 예를 들면, 정상적인 생활 패턴에 영향을 주고, 신체 건강을 해치며, 세계관과 가치관을 왜곡하고, 심리 건강에도 영향을 줍니다. 그렇다면 이러한 좋지 않은 영향에 대응하기 위해 우리는 무엇을 해야 할까요?

첫째, 집에서 부모는 아이와 소통을 많이 하고, 아이가 다른 일을 할 수 있게 지도할 수 있습니다. 예를 들면, 영화 시청, 농구하기, 여행 등이 있습니다. 말하자면 첫 번째는 여러 가지를 배울 수 있으며, 두 번째는 집중력을 다른 곳에 쏟아 인터넷을 멀리하게 됩니다.

둘째, 학교에서 선생님은 전문적인 교육 방식으로 학생들의 게임 중독을 예방하며, 게임 중독으로 생기는 심리 장애를 개선해야 합니다. 그 밖에 교육의 질을 높여 청소년이 학습, 특별 활동 등에 흥미를 느끼게 해야 합니다.

셋째, 사회에서는 청소년의 인터넷 이용 시간대와 시간의 장단을 제한하는 동시에 건강하고 안전한 인터넷 환경을 조성해야 합니다. 현재 인터넷상에는 유해 정보가 매우 많은데, 인터넷 이용 시간과 인터넷 환경을 잘 조절해야만 청소년의 게임 중독을 효과적으로 막을 수 있습니다.

남쌤 만의 고득점 tip

도입부에서는 청소년 게임 중독에 대한 본인의 입장을 정리해 보자. 본인이 현재 청소년이거나 또는 이미 청소년 시절을 겪었다면, 컴퓨터 게임과 관련된 본인의 경험을 떠올려 보자. 경험이 없다면 컴퓨터 게임에 빠진 주변 사람들의 이야기나 관련된 뉴스를 접해 본 경험을 정리하여 도입부에 정리한 본인의 입장에 맞는 예시로 이야기해 보자.

표현 활용 tip

① 如今 비교적 먼 과거에 상대되는 오늘날, 현재, 지금을 의미하며, 상당히 긴 시간을 나타낸다
② 迷失 '迷失方向(방향을 잃다)', '迷失自我(자아를 잃다)'와 같이 뒤에 추상적인 사물과 함께 쓰인다
③ 既A也B A할뿐더러 또한 B하다 두 가지 상황이 동시에 존재함을 나타낸다
④ 给A带来影响 A에게 영향을 주다 많이 쓰는 고정 격식
⑤ 例如 주장의 근거가 빈약하다면 예시를 들어 말해 보자
⑥ 一来A，二来B 첫 번째는 A하고, 두 번째는 B하다 단문을 열거할 때 유용한 표현. 비슷한 표현으로 '不仅A，而且B'가 있다
⑦ 防止 뒤에 부정적인 의미의 목적어가 온다. 📌 防止疫情扩散(전염병 확산을 방지하다)

16

你赞成"一分钱一分货"的说法吗？请说明理由。(2.5分钟)

당신은 '비싼 데는 그만한 이유가 있다'는 말에 동의하나요? 이유를 설명해 보세요. (2분 30초)

모범답안 ● track 716

购物时，我们经常听到①"一分钱一分货"这种说法，我认为这句话很有道理①。虽然随着经济和技术的发展，物美价廉②的商品也逐渐增多，但真正的好产品是不会低价出售的。当③你抱怨你买的东西贵的时候③，多想一下它的使用价值，就会发现商品的价格跟④价值是成正比④的。很多质量好的商品由于投入成本高，定价很贵，但绝对是物有所值的！我认为，买东西的时候不要贪小便宜，要根据自己的需要选择最合适的。有的廉价商品，只有你掏钱的一刻才是开心的，之后可能会因质量差而后悔。反之⑤，高价商品，会在掏钱的一刻比较纠结，之后会发现钱花得很值。所以，我赞成⑥"一分钱一分货"这种说法，不过要在理性消费的前提下，在自己能承受的经济范围内花钱。不管价格便宜还是贵，都要把钱花在刀刃上，买适合自己的，这样才会让商品发挥最大的价值！

남쌤 만의 고득점 tip

평소 내가 자주 구매하거나 애용하는 제품의 특징과 그 제품을 선호하는 이유를 가격적인 면에서 정리해 보면 이 질문에 대한 답을 말하는 데에 도움이 될 것이다.

표현 활용 tip

① 我们经常听到"A"这种说法，我认为这句话很有道理 속담이나 표현이 문제로 나올 때 대답의 첫 문장에 활용하면 좋은 표현

② 物美价廉 물건, 가격 그리고 품질 관련 내용을 언급할 때 사용하기 좋은 성어 [≒价廉物美]

③ 当A的时候 어떤 상황을 말할 때 쓰기 좋은 표현으로 '当A时'로 바꿔 써도 무방하다

④ A跟B成正比 A는 B와 정비례하다 반대말은 'A跟B成反比'

해석 물건을 살 때, 우리는 '비싼 데는 그만한 이유가 있다'는 말을 자주 듣습니다. 저는 이 말이 일리가 있다고 생각합니다. 비록 경제와 기술의 발전에 따라 값싸고 좋은 상품도 점점 많아지고 있지만, 진정으로 좋은 제품은 낮은 가격에 팔 수 없습니다. 당신이 산 물건이 비싸다고 불평할 때, 그 물건의 사용 가치를 생각해 보면 상품의 가격과 가치는 정비례한다는 것을 알 수 있습니다. 질이 좋은 상품들은 투입되는 비용이 많기 때문에 가격이 높게 책정되지만, 분명 그만한 값어치를 할 것입니다! 저는 물건을 살 때 작은 이익을 탐내지 않고, 자신의 필요에 따라 가장 적합한 것을 선택합니다. 일부 값이 싼 상품은 돈을 낼 당시에만 잠깐 즐거울 뿐이지, 그 후엔 품질이 좋지 않아 후회할 수 있습니다. 반면, 값이 비싼 상품은 돈을 낼 당시엔 고민이 될 수 있지만, 그 후엔 돈 쓴 가치가 있다고 생각할 것입니다. 따라서 저는 '비싼 데는 그만한 이유가 있다'는 말에 동의합니다. 하지만, 이성적인 소비를 한다는 전제 하에 자신이 감당할 수 있는 경제적 범위 내에서 돈을 써야 합니다. 가격이 싸든 비싸든 관계없이, 돈은 모두 요긴한 곳에 써야 하며 자신에게 맞는 것을 사야만 비로소 상품의 가장 큰 가치가 발휘될 것입니다.

⑤ 反之 앞과 상반되는 내용을 말할 때 쓰는 표현
⑥ 我赞成 비슷한 표현으로는 '我赞同', '我同意' 등이 있다

어휘 赞成 zànchéng 동 (다른 사람의 주장·행위에) 동의하다, 찬성하다 | 一分钱一分货 yìfēnqián yìfēnhuò 비싼 데는 그만한 이유가 있다, 싼 게 비지떡, 가격에 따라 품질이 다르다 | 说法 shuōfa 명 말, 견해 | 说明 shuōmíng 동 설명하다 | 理由 lǐyóu 명 이유, 까닭 | 购物 gòuwù 동 물건을 사다, 물품을 구입하다 [≒买东西] | 经常 jīngcháng 부 자주, 늘, 항상 [≒常常] | 认为 rènwéi 동 생각하다, 여기다 | 句 jù 양 마디, 편 [언어·시문 등을 세는 단위] | 话 huà 명 말, 이야기 | 道理 dàolǐ 명 도리, 이치, 일리 | 随着 suízhe 개 ~에 따라서, ~에 따라 | 经济 jīngjì 명 경제 | 技术 jìshù 명 기술 | 发展 fāzhǎn 명 발전 | ★物美价廉 wùměi jiàlián 성 상품의 질이 좋고 값도 저렴하다 | 商品 shāngpǐn 명 상품 | 逐渐 zhújiàn 부 점점, 점차 | 增多 zēngduō 동 많아지다, 증가하다 | 真正 zhēnzhèng 형 진정한, 순수한 | 产品 chǎnpǐn 명 제품, 생산품 | 出售 chūshòu 동 판매하다, 팔다 | 抱怨 bàoyuàn 동 원망하다, 불평하다 | 时 shí 명 때, 시기 [当……时: ~할 때] | 使用 shǐyòng 동 사용하다, 쓰다 | 价值 jiàzhí 명 가치 | 发现 fāxiàn 동 알아차리다, 발견하다 | 价格 jiàgé 명 가격, 값 | 正比 zhèngbǐ 명 정비례 | 质量 zhìliàng 명 질, 품질 | 投入 tóurù 동 들어가다, 돌입하다 | ★成本 chéngběn 명 원가, 자본금 | 定价 dìngjià 동 가격을 정하다, 가격을 책정하다 | 绝对 juéduì 부 분명히, 반드시, 절대로, 완전히 | 物有所值 wùyǒusuǒzhí (물건이) 값어치가 있다 | 贪小便宜 tān xiǎopiányi 작은 이익을 탐내다 | 根据 gēnjù 개 ~따라, ~에 의거하여, ~에 근거하여 | 需要 xūyào 명 필요, 수요 | 合适 héshì 동 적합하다, 알맞다, 적당하다 | 廉价 liánjià 명 염가, 저가, 싼 값 | 掏钱 tāoqián 동 돈을 내다 | 刻 kè 양 ('一刻'의 형태로 쓰여) 때, 순간 [발음 주의] | 开心 kāixīn 형 즐겁다, 기쁘다 | 后悔 hòuhuǐ 동 후회하다 | ★反之 fǎnzhī 접 반면에, 이와 반대로, 바꾸어서 말하면 | 纠结 jiūjié 동 고민하다 | 理性 lǐxìng 형 이성적이다 | 消费 xiāofèi 동 소비하다 | ★前提 qiántí 명 전제, 전제 조건 | 承受 chéngshòu 동 받아들이다, 감당하다, 이겨 내다 | 范围 fànwéi 명 범위 | 不管 bùguǎn 접 ~을 막론하고, ~에 관계없이, ~에 상관없이 [不管A还是B, 都C: A든지 B든지 상관없이 모두 C하다] | 刀刃 dāorèn 명 요긴한 곳, 결정적인 곳 | 发挥 fāhuī 동 발휘하다

모의고사 (1회)

1. 🔘 track 801

　鞭炮的起源很早，至今已有2000多年的历史。鞭炮的用途也因历史时期的不同而有所变化。在古代，鞭炮主要用于驱魔辟邪，预防瘟疫，而在现代，无论是结婚嫁娶，还是进学升迁、商店开张等，为了表示喜庆，人们都会燃放鞭炮来庆祝。特别是在春节等传统节日时，鞭炮的使用量最大，几乎超过全年用量的一半。

미니 정리	
핵심 어휘	鞭炮
기본 특징	至今已有2000多年的历史
시간	古代, 现代
특징	驱魔辟邪, 预防瘟疫 / 表示喜庆
예시	在春节等传统节日时, 鞭炮的使用量最大, 几乎超过全年用量的一半

해석 폭죽의 기원은 매우 이르며, 오늘날까지 2천여 년의 역사를 가지고 있다. 폭죽의 용도도 역사 시기에 따라 변화가 있었다. 고대에 폭죽은 주로 악귀를 물리치고 역병을 예방하는 데 사용되었다. 그러나 현대에는 결혼할 때, 입학 및 승진, 신장개업 등 경사스러운 일이 있으면 경축하기 위해 폭죽을 터뜨린다. 특히 춘절 등 전통 명절에 폭죽 사용량이 가장 많아 연간 사용량의 거의 절반이 넘는다.

어휘 鞭炮 biānpào 몡 폭죽의 총칭 | ★起源 qǐyuán 몡 기원 | 早 zǎo 혱 이르다 | 至今 zhìjīn 凰 지금까지, 여태껏 | 已 yǐ 凰 이미 | 多年 duōnián 몡 여러 해, 오랜 세월 | 用途 yòngtú 몡 용도 | 因 yīn 젭 ~로 인하여, ~때문에 [因A而B: A때문에 B하다] | 时期 shíqī 몡 (특정한) 시기 | 有所 yǒusuǒ 동 다소 ~하다 | 古代 gǔdài 몡 고대 | 主要 zhǔyào 凰 주로, 대부분 | 用于 yòngyú 동 ~에 쓰다 | 驱魔 qūmó 동 물리치다 | 辟邪 bìxié 동 악귀를 물리치다 | 预防 yùfáng 동 예방하다, 미리 방비하다 | 瘟疫 wēnyì 몡 역병, 돌림병, 급성 전염병 [预防瘟疫: 역병을 예방하다] | 现代 xiàndài 몡 현대 | 无论 wúlùn 젭 ~을 막론하고 [无论A还是B, 都C: A 혹은 B를 막론하고 모두 C하다] | 嫁娶 jiàqǔ 동 결혼하다 | 进学 jìnxué 동 입학하다 | 升迁 shēngqiān 동 높은 지위로 오르다 | 开张 kāizhāng 동 개업하다 | 喜庆 xǐqìng 몡 경사스러운 일 | 燃放 ránfàng 동 (폭죽 등에) 불을 붙여 터뜨리다 | 庆祝 qìngzhù 동 경축하다 | 春节 Chūnjié 고유 춘절, 설 | 传统 chuántǒng 몡 전통 혱 전통적인, 적통의 | 量 liàng 몡 수량, 양 | 全年 quánnián 몡 연간, 일 년 내내, 한 해 동안 | 用量 yòngliàng 몡 사용량 | 一半 yíbàn 쉬 절반 ['一'의 성조 변화 주의]

모범답안 🔘 track 802

　鞭炮至今已经有2000多年的历史。其用途也因时期不同而有所变化。在古代，鞭炮用于驱魔辟邪、预防瘟疫；而现在，无论是结婚，还是进学、开张，都用放鞭炮来庆祝。春节等传统节日时，鞭炮的使用量最大，几乎超过全年用量的一半。

남쌤 만의 **고득점 tip**

'历史时期的不同而有所变化'는 시간에 따라 다름을 의미하므로, 시간을 나타내는 표현이 2개 이상 언급될 것을 예상하여 시간에 따른 특징을 잘 듣고 기억하도록 하자.

해석 폭죽은 오늘날까지 이미 2천여 년의 역사가 있다. 그 용도도 역사 시기에 따라 변화했다. 고대에 폭죽은 악귀를 물리치고 역병을 예방하는 데 쓰였다. 그런데 현대에는 결혼할 때는 물론, 입학할 때, 개업할 때도 폭죽을 터뜨리며 축하한다. 춘절 등 전통 명절 때 폭죽의 사용량이 가장 많아 연간 사용량의 절반 가량을 넘는다.

2. ◉ track 803

白居易是唐代著名的大诗人。他写的诗深入浅出，读起来朗朗上口，受到当时很多人的喜爱。据说，白居易为了让自己的诗通俗易懂，便于人们理解，每次写完一首诗，都要给邻居老妇人读一遍，老妇人没有什么文化，每次有听不懂的地方就指出来，白居易便按照老妇人的要求不断修改，直到她完全听懂为止。

미니 정리	
인물	白居易, 老妇人
인물 정보	唐代著名大诗人
원인	让自己的诗通俗易懂
과정	给邻居老妇人读一遍
결과	按照老妇人的要求不断修改，直到她完全听懂为止

해석 백거이는 당대의 저명한 시인이다. 그가 쓴 시는 심오한 내용을 알기 쉽게 표현하고, 읽을 때 입에 잘 붙어서 그 당시 많은 사람들의 사랑을 받았다. 백거이는 자신의 시를 통속적이고 알기 쉽게 써서 사람들이 쉽게 이해할 수 있도록 매번 시 한 편을 완성하면 이웃집 노부인에게 읽어주었다고 한다. 노부인은 문화적 소양이 없어 매번 알아듣지 못하는 부분을 지적했고, 백거이는 노부인의 요구에 따라 노부인이 완전히 알아들을 수 있을 때까지 시를 끊임없이 수정했다.

어휘 白居易 Bái Jūyì 고유 백거이 | 唐代 Tángdài 고유 당대, 당 왕조 | 著名 zhùmíng 형 저명하다, 유명하다 [≒有名] | 诗人 shīrén 명 시인 | 深入浅出 shēnrù qiǎnchū 성 심오한 내용을 알기 쉬운 말로 표현하다 | 朗朗上口 lǎnglǎng shàngkǒu 성 입에 잘 붙다, 낭랑하게 읊다 | 受到 shòudào 동 받다, 얻다 | 当时 dāngshí 명 당시, 그 때 | 喜爱 xǐ'ài 동 좋아하다, 호감을 가지다 [受到喜爱: 사랑을 받다] | 通俗易懂 tōngsú yìdǒng 통속적이어서 알기 쉽다 | 理解 lǐjiě 동 이해하다, 알다 | 首 shǒu 양 수 [시·사·노래 등을 세는 단위] | 诗 shī 명 시 | 邻居 línjū 명 이웃집 | 老妇人 lǎo fùrén 노부인 | 听不懂 tīngbudǒng 알아들을 수가 없다 | 按照 ànzhào 개 ~에 따라, ~에 의해 | 要求 yāoqiú 명 요구 | 不断 búduàn 부 끊임없이, 계속해서 | 修改 xiūgǎi 동 수정하다, 고치다

모범 답안 ◉ track 804

白居易是唐代著名的大诗人。他的诗受到很多人的喜爱。据说，他为了让自己的诗通俗易懂，每次写完诗，都要给邻居没什么文化的老妇人读一遍，老妇人有听不懂的地方就指出来，白居易便把诗修改到她听懂为止。

해석 백거이는 당대의 저명한 시인이다. 그의 시는 많은 사람들의 사랑을 받았다. 전해지는 말에 따르면, 그는 자신의 시가 통속적이고 알기 쉽게 하기 위해서 매번 완성한 시를 문화적 소양이 없는 이웃 노부인에게 한 번씩 읽어 주었는데, 노부인이 이해하지 못하는 부분을 지적하면, 백거이는 그녀가 알아들을 때까지 시를 수정했다고 한다.

남쌤만의 고득점 tip

옛날이야기일 경우, 주인공의 정보 및 특징을 설명한 다음, 주인공의 성격, 처한 환경, 성공 과정 등의 내용이 이어진다. 그러므로 들은 내용을 무조건 외워서 말하기 보다는 이야기를 듣고 이해한 내용을 바탕으로 다시 말한다면 훨씬 쉬울 것이다. 문제에 등장하는 어휘나 표현을 그대로 언급하면 좋겠지만, 그 표현이 확실하지 않다면 쉬운 말로 바꾸어 말해 보자.

3. ◉ track 805

举止是指人的肢体动作和表情，它虽然是一种无声的语言，但丝毫不亚于口头语言所发挥的作用。在当今社会，举止礼仪是非常重要的，一个人的行为举止很大程度上会反映出他的性格、修养和文明素质，也会影响到别人对他的评价以及对他的信任程度。因此，平时在与人交往时，一定要注意自己的行为举止。

미니 정리	
핵심 어휘	举止
기본 특징	人的肢体动作和表情
특징	一个人的行为举止很大程度上会反映出他的性格
결론	平时在与人交往时，一定要注意自己的行为举止

[해석] 행동거지는 신체의 동작과 표정을 가리키며, 비록 소리 없는 언어이지만 말로 하는 언어가 발휘하는 역할에 전혀 뒤지지 않는다. 요즘 사회에서 행동 예절은 매우 중요하며, 한 사람의 행동거지는 그의 성격, 교양, 그리고 문화적 소양이 크게 반영되고, 다른 사람들의 그에 대한 평가와 신뢰도에도 영향을 미친다. 따라서 평소에 다른 사람과 교류할 때, 반드시 자신의 행동거지를 조심해야 한다.

[어휘] 举止 jǔzhǐ 명 행동거지, 몸가짐 | 肢体 zhītǐ 명 신체, 사지와 몸통 | 动作 dòngzuò 명 동작, 행동 | 表情 biǎoqíng 명 표정 | 语言 yǔyán 명 언어 | 丝毫 sīháo 부 전혀, 조금도 | 不亚于 búyàyú ~에 못지 않다, 뒤지지 않다 | 作用 zuòyòng 명 역할, 작용 [发挥作用: 역할을 발휘하다] | 当今 dāngjīn 명 요즘, 현재, 지금 | 礼仪 lǐyí 명 예절과 의식 | 行为 xíngwéi 명 행동, 행위 | 程度 chéngdù 명 정도 | 反映 fǎnyìng 동 반영하다 [反映+추상 명사] | ★修养 xiūyǎng 명 교양 | 文明 wénmíng 형 고상하다, 세련되다 | ★素质 sùzhì 명 소양, 자질 | 评价 píngjià 명 평가 | 以及 yǐjí 접 및, 그리고, 아울러 | 信任 xìnrèn 명 신임 | 程度 chéngdù 명 정도, 수준 | 平时 píngshí 명 평소, 평상시 | 交往 jiāowǎng 동 교류하다 | 注意 zhùyì 동 주의하다

모범 답안 ▶ 🎧 track 806

    举止是指人的动作和表情，它虽然无声，但作用不亚于口头语言。当今社会，举止礼仪非常重要，一个人的行为举止会反映出他的性格、修养和文明素质，也影响到别人对他的评价及信任程度。因此，与人交往时，要注意自己的行为举止。

> **남쌤**의 **고득점 tip**
>
> 'A是指B', '所谓A，B', 'A是B' 등은 설명문에 자주 등장하는 표현으로, 핵심 단어 A를 집중해서 잘 들어야 한다. 그리고 이어서 언급되는 관련 설명과 예시, 주장과 주장을 뒷받침하는 근거 등을 잘 듣고 다시 말해 보자.

[해석] 행동거지는 사람의 동작과 표정을 가리키는데, 비록 소리는 없지만 역할은 말로 하는 언어 못지 않다. 요즘 사회에서 행동 예절은 매우 중요하며 한 사람의 행동거지는 그의 성격, 교양, 문화적 소양을 반영하고, 그에 대한 타인의 평가 및 신뢰도에도 영향을 준다. 따라서 사람과 교류할 때 자신의 행동거지를 조심해야 한다.

4.

    所谓好心态，从根本上说，就是做事时保持快乐，以乐观的态度去看待事物。拥有一个良好的心态，对一个人来讲是至关重要的，良好的心态可以让我们有良好的发展，并给我们带来快乐的人生。

    一个拥有好心态的人，他的生活一定是丰富多彩、充满欢声笑语的。这并不是说他的生活里没有挫折和苦难，只是他习惯于"化悲痛为力量"的方式，以乐观的态度去看待事物，每一次突破困难都被他当作提升自己的机会。相反，对于心态不好的人，在他们的世界里，总是把简单的事情复杂化，而且缺乏自信，遇到困难和挫折时会变得诚惶诚恐，在找不到解决方案时，只知道抱怨，低头丧气。这样下去只会恶性循环，从而导致精神崩溃。因此，拥有一个良好的心态，抹掉心中消极的一面，对于我们的生活工作，都是有益无害的。

[해석] 소위 좋은 심리 상태란 근본적으로 말해서 일할 때 즐거움을 유지하고 낙관적인 태도로 사물을 바라보는 것이다. 좋은 심리 상태를 가지고 있다는 것은 한 사람에게 매우 중요하며, 좋은 심리 상태는 우리를 더 좋은 쪽으로 발전시키고 우리에게 즐거운 인생을 가져다 줄 수 있다.

좋은 심리 상태를 가지고 있는 사람은 분명 삶이 다채롭고 즐거운 웃음소리와 말소리로 가득할 것이다. 그렇다고 그 사람의 삶에 좌절과 고난이 없다는 것은 아니다. 단지 그 사람은 '슬픔을 역량으로 승화'하는 것에 익숙해 낙관적인 태도로 사물을 바라보고 매번 어려움을 극복할 때마다 그는 스스로를 발전시키는 기회로 생각한다. 이와 반대로 심리 상태가 좋지 않은 사람은 자신의 세상에서 항상 간단한 일도 복잡하게 만들고 자신감이 결여되며, 고난과 좌절에 부닥쳤을 때는 두렵고 불안해하고, 해결 방법을 찾지 못했을 때는 원망만 할 줄 알

고 의기소침해진다. 이러한 상태가 지속되면 악순환이 될 뿐이며 결국 정신이 붕괴되고 만다. 따라서 좋은 심리 상태를 갖고 마음속의 부정적인 면을 버린다면, 우리의 생활과 업무에 좋은 영향을 끼칠 것이다.

어휘 所谓 suǒwèi 형 소위, 이른바 | ★心态 xīntài 명 심리 상태 | 做事 zuòshì 동 일을 하다 | 保持 bǎochí 동 유지하다, 지키다 | 快乐 kuàilè 형 즐겁다, 유쾌하다 [保持快乐: 즐거움을 유지하다] | 乐观 lèguān 형 낙관적이다, 희망차다 | 态度 tàidu 명 태도 | ★看待 kàndài 동 대하다, 대우하다, 다루다 | 事物 shìwù 명 사물 | ★拥有 yōngyǒu 동 가지다, 보유하다 | 良好 liánghǎo 형 좋다, 양호하다 | ……来讲 ……láijiǎng ~으로 말하자면 [对……来讲: ~에게 있어서] | 至关 zhìguān 부 매우, 지극히 | 发展 fāzhǎn 명 발전 | 人生 rénshēng 명 인생 | 丰富多彩 fēngfù duōcǎi 성 풍부하고 다채롭다 | 充满 chōngmǎn 동 충만하다, 가득차다 | 欢声笑语 huānshēng xiàoyǔ 즐거운 웃음소리와 말소리 | ★挫折 cuòzhé 명 좌절, 실패 | 苦难 kǔnàn 명 고난, 고생 | 悲痛 bēitòng 명 비통 | 力量 lìliang 명 능력, 역량 | 方式 fāngshì 명 방법, 방식 | ★突破 tūpò 동 (한계·난관을) 극복하다, 타파하다 | 困难 kùnnan 명 어려움, 곤란 [突破困难: 어려움을 극복하다] | 当作 dàngzuò 동 ~로 여기다, ~로 간주하다 [被……当作: ~로 여겨지다] | 提升 tíshēng 동 진급하다, 진급시키다 | 相反 xiāngfǎn 접 반대로, 거꾸로 | 复杂化 fùzáhuà 동 복잡해지다, 복잡하게 하다 | 缺乏 quēfá 동 결핍되다, 결여되다 | 自信 zìxìn 명 자신감 [缺乏自信: 자신감이 결여되다] | 诚惶诚恐 chénghuáng chéngkǒng 성 매우 두렵고 불안하다 | 方案 fāng'àn 명 방안 | 抱怨 bàoyuàn 동 원망하다 | 低头 dītóu 머리를 숙이다 | 丧气 sàngqì 동 의기소침하다 | 恶性循环 èxìng xúnhuán 악순환 | 导致 dǎozhì (좋지 않은 일, 어떤 사태를) 야기하다, 초래하다 | 精神 jīngshén 명 정신 | ★崩溃 bēngkuì 동 붕괴하다, 무너지다 | 抹掉 mǒdiào 동 삭제하다 | 消极 xiāojí 형 소극적이다, 의기소침하다 | 有益 yǒuyì 형 유익하다 | 无害 wúhài 형 무해하다, 해롭지 않다

모범 답안 ● track 807

　　所谓好心态，从根本上说，就是做事时保持①快乐，以乐观的态度 / 去看待事物。拥有一个良好的心态，对一个人来讲 / 是至关重要的，良好的心态 / 可以让我们 / 有良好的发展，并给我们带来快乐的人生。

　　一个拥有好心态的人，他的生活 / 一定是丰富多彩、充满欢声笑语的。这并不是说 / 他的生活里 / 没有挫折和苦难，只是他习惯于 / "化悲痛为②力量"的方式，以乐观的态度 / 去看待事物，每一次突破困难③ / 都被他当作 / 提升自己的机会。相反，对于心态不好的人，在他们的世界里，总是④把简单的事情复杂化，而且缺乏自信，遇到困难和挫折时 / 会变得诚惶诚恐，在找不到解决方案时，只知道抱怨，低⑤头丧气。这样下去 / 只会恶⑥性循环，从而导致精神崩溃。因此，拥有一个⑦良好的心态，抹掉心中消极的一面，对于我们的生活工作，都是有益无害的。

발음 tip

① 保持 3성 성조 변화 주의! 3성+2성 → 반3성+2성

② 为 2성, 4성으로 읽는 다음자. 여기에서는 '~로 변화하다', '~이 되다'의 의미로 쓰였으므로, wéi로 읽는다. 다음자는 성조에 따라 그 뜻과 쓰임이 다르므로 정확하게 읽어야 한다

③ 困难 여기에서 '难'은 경성으로 읽어야 한다. 앞 글자 '困'이 4성이기 때문에 '难'도 4성처럼 읽기 쉬우나, 가볍게 얹혀 주는 느낌으로 읽어야 한다

④ 总是 설치음(z)+권설음(sh) 발음 주의!

⑤ 低 dī(1성)로 읽는다. 모양이 비슷한 한자가 많아서 성조를 많이 헷갈리는 글자

⑥ 恶 여기에서는 è로 읽는다. 자주 나오는 다음자와 다음자가 포함된 어휘는 반드시 발음을 외워 두자

⑦ 个 원래 4성으로 읽어야 하나, 양사로 쓸 때는 경성으로 읽는다

5.

你认为学历和能力在找工作时的影响大吗？请说说两者的关系。(2.5分钟)

당신은 학력과 능력이 취업에 미치는 영향이 크다고 생각하나요? 둘의 관계에 대해 말해 보세요. (2분 30초)

　　面对日益严峻的就业形势和压力，有人认为①就业时，学历是块敲门砖，没有学历，连面试的机会都没有；也有人认为①，找工作时，老板真正看重的是能力，不是学历，如果没有能力胜任工作，分分钟都会被炒鱿鱼。我认为，找工作时，学历和②能力二者缺一不可②。

　　现今社会，大学以上毕业的人应有尽有③，大部分高学历者都拥有很大的潜力和超强的学习能力，能够更快地适应公司业务，尽早为公司做出贡献。因此，拥有一个高学历，就等于④拥有了一把通向职场的金钥匙。不过，光拥有高学历也是不够的，高学历本身并不能直接给企业带来效益，它只能代表知识的存储量，而不能代表能力值。所以，找工作时，能力也是必不可少⑤的。"是金子到哪儿都会发光的"，只要努力打造自己的能力水平，让其与学历相辅相成，相信一定能为自己的求职之路锦上添花。

> **해석**　나날이 심각해지는 취업 상황과 스트레스에 직면하여, 어떤 사람은 취업 시 학력은 출세의 수단이므로 학력이 없다면 면접 기회조차 없다고 생각합니다. 또 어떤 사람은 취업 시 사장이 진정 중요하게 생각하는 것은 능력이지 학력이 아니며, 만약 능력 없이 업무를 맡는다면 금방 해고될 것이라고 생각합니다. 저는 취업을 할 때 학력과 능력 중 하나라도 빠져선 안 된다고 생각합니다.
> 　　오늘날 사회에서 대학 이상 졸업한 사람이 다수이며, 대부분의 고학력자는 큰 잠재력과 높은 학습 능력을 갖추고 있어 회사 업무에 훨씬 빨리 적응하고 가능한 한 빨리 회사에 기여할 수 있습니다. 따라서 높은 학력을 가지고 있는 것은 직장으로 통하는 황금 열쇠를 가진 것과도 같습니다. 하지만 고학력만으로는 부족합니다. 고학력 자체는 기업에 직접적으로 이익을 가져다주지 못하며, 고학력은 단지 지식의 양을 나타낼 뿐이지 능력치를 나타내진 못합니다. 따라서 취업 시 능력도 반드시 필요합니다. 금은 어디에서든 빛을 발합니다. 자기 능력 수준을 열심히 만들고 능력과 학력을 서로 보완한다면 본인의 구직에도 금상첨화가 될 것이라 믿습니다.

문제에 언급된 학력과 능력 중 취업에 더 큰 영향을 미친다고 생각하는 것을 선택하고, 선택한 이유를 생각해 보자. 본인이 취업을 했다면 본인의 상황을 정리해 보고, 아니면 취업을 준비하거나, 이미 취업을 한 주변 사람들이 겪은 일을 들은 적이 있다면 상기하여 말해 보자.

표현 활용 tip

① 有人认为A，也有人认为B
두 사람 이상의 생각을 나타낼 때 많이 쓰는 표현

② A和B二者缺一不可　A와 B 둘 중 하나라도 없으면 안 된다
두 가지 모두가 중요함을 강조할 때 쓰는 표현

③ 应有尽有　모든 것을 가지고 있음, 없는 것이 없음을 의미하는 성어. 반대 의미의 성어는 '一无所有 yī wú suǒ yǒu'. 무조건 풀어 쓰는 것보다 성어를 넣어서 말하면 고득점을 받는 데 더 유리하다

④ A就等于B　A는 B와 마찬가지다, A는 곧 B와 같다
이 표현이 어렵다면 'A和B一样'으로 바꿔 말해 보자

⑤ 必不可少　'없어서는 안 된다', '반드시 필요하다'라는 의미를 가진 성어. 성어를 활용해 대답하면 좋은 점수를 받을 수 있다

> **어휘**　**学历** xuélì 몡 학력 | **两者** liǎngzhě 몡 양자 | **关系** guānxi 몡 관계 | **面对** miànduì 동 직면하다, 마주 대하다 | ★**日益** rìyì 및 나날이, 날로 | ★**严峻** yánjùn 혱 심각하다, 중대하다 | ★**就业** jiùyè 동 취업하다, 취직하다 | **形势** xíngshì 몡 상황, 정세 | **敲门砖** qiāoménzhuān 몡 출세의 수단 | **连** lián 깨 ~조차도, ~까지도 [连A都……: A조차도 ~하다] | **面试** miànshì 몡 면접시험 | **老板** lǎobǎn 몡 사장 | **看重** kànzhòng 동 중시하다 | **胜任** shèngrèn 동 (맡은 직책이나 임무를) 능히 감당하다 | **分分钟** fēn fēnzhōng 1분을 쪼갠 매우 짧은 시간 [(어떤 일을) 언제든지 할 수 있음을 나타냄] | **炒鱿鱼** chǎo yóuyú 해고하다 | **二者** èrzhě 몡 양자 | **缺一不可** quēyī bùkě 성 하나라도 부족해서는 안 된다 | **现今** xiànjīn 몡 현재 ['现在'보다 비교적 긴 시기를 말함] | **应有尽有** yīngyǒu jìnyǒu 성 모두 갖추어져 있다, 없는 것이 없다, 온갖 것이 다 있다 | **大部分** dàbufen 몡 대부분 | **高学历者** gāoxuélìzhě 몡 고학력자 | ★**拥有** yōngyǒu 동 보유하다, 가지다 | ★**潜力** qiánlì 몡 잠재력, 잠재 능력 | **超** chāo 동 초과하다 | **强** qiáng 혱 강하다 | **适应** shìyìng 동 적응하다 | **业务** yèwù 몡 업무 [适应业务: 업무에 적응하다] | **尽早** jǐnzǎo 및 되도록 일찍, 조속히 | **贡献** gòngxiàn 동 기여하다, 바치다 | **等于** děngyú 동 ~와 같다 | **通向** tōngxiàng 동 (~에) 통하다 | **职场** zhíchǎng 몡 직장 | **金** jīn 몡 금 | **不够** búgòu 혱 부족하다 | ★**本身** běnshēn 몡 그 자체, 그 자신 | **并不** bìngbù 및 결코 ~하지 않다, 결코 ~이 아니다 | **直接** zhíjiē 혱 직접의, 직접적인 | **企业** qǐyè 몡 기업 | **带来** dàilái 동 가져다 주다, 가져오다 [给A带来B: A에게 B를 가져다주다] | **效益** xiàoyì 몡 효과와 수익, 이익, 이득, 성과 | **代表** dàibiǎo 동 나타내다, 대표하다, 대신하다 | **知识** zhīshi 몡 지식 | **存储量** cúnchǔliàng 몡 저장 용량 | **能力值** nénglìzhí 몡 능력치 | **必不可少** bìbùkěshǎo 성 없어서는 안 된다, 반드시 필요하다 | **金子** jīnzi 몡 금, 황금 | **发光** fāguāng 동 빛을 발하다, 광채를 내다 | **打造** dǎzào 동 만들다 | ★**相辅相成** xiāngfǔ xiāngchéng 성 서로 보완하고 도와서 일을 완성하다, 서로 도와서 일이 잘 되어 나가도록 하다 | **相信** xiāngxìn 동 믿다, 신임하다 | **求职** qiúzhí 동 직업을 구하다, 일자리를 찾다 | ★**锦上添花** jǐnshàng tiānhuā 성 금상첨화, 좋은 일에 더 좋은 일이 더해지다

6.

모범답안 ▶ ● track 809

　　五年前，我在①朋友的鼓励下①，开始了健身之旅。这五年中，不管刮风下雨，我都坚持去健身房健身，这件事让我非常有成就感。生活中总有很多事会打乱健身的节奏，因此能坚持至今才显得更加难能可贵！

　　其实②，我健身的最初目的只是为了增强体力，获得③健康。但时间一长，我发现除了提高身体素质，健身还带来了很多意想不到的好处。比如说④，健身让我的身体提高了抗压能力，人也变得很自律，饮食方面越来越讲究，心情也变得更加舒畅，而且越来越有自信。另外，与⑤同龄人相比⑤，我看起来更加年轻，有活力。这些感受一次又一次地带给我成就感，而这种成就感也让我期待下一次的运动。就这样，我在无形中⑥养成⑦了良好的生活习惯，锻炼了心理素质，这些都让我获益匪浅。

　　我认为，不管是任何对身体有益的事情，只要能不忘初心，一直坚持下去，就会给自己带来成就感。

남쌤 만의 **고득점 tip**

본인 스스로가 어떤 일을 하고서 가장 만족했던 일들을 떠올려 보고, 그 일을 하게 된 배경과 일을 순차적으로 정리해서 말해 보자.

표현 활용 tip

① 在 A 下　A 아래에서, A 하에 일정한 범위, 상황, 조건 등에 속함을 나타낼 때 쓴다

② 其实　앞의 문장을 이어 전환의 의미를 강조해서 말할 때 사용

③ 获得　주로 추상적인 것과 함께 쓰임

④ 比如说　앞에 언급한 내용에 대한 예시를 나열할 때, 도입부에 쓰는 표현

⑤ 与 A 相比　A와 비교해서 어떤 대상과 비교할 때 쓰는 표현

⑥ 无形中　'不知不觉bùzhī-bùjué', '无意间wúyìjiān' 등으로 바꾸어 쓸 수 있다

⑦ 养成　성격, 태도, 습관 등을 키워 나가는 것을 의미한다

해석　5년 전, 친구의 격려 속에 운동의 여정을 시작했습니다. 5년 동안 비가 오나 바람이 부나 헬스장에 꾸준히 가서 운동을 했으며, 이로 인해 저는 커다란 성취감을 느꼈습니다. 일상에는 언제나 운동의 리듬을 방해할 수 있는 일이 많이 있습니다. 그러므로 지금까지 운동을 꾸준히 지속하는 것이야말로 매우 대단한 일입니다.

　　사실, 제가 운동을 하는 최초 목표는 단지 체력을 기르고 건강해지기 위해서였습니다. 하지만, 시간이 지나면서 운동은 신체를 단련하는 것 외에도 생각지 못한 장점이 많다는 것을 알았습니다. 예를 들면, 운동하는 것은 우리 신체의 스트레스를 관리하는 능력을 높여주고, 스스로 억제하게 하며 음식을 먹고 마시는 부분도 점점 주의하게 되고 기분도 더욱 편안해집니다. 게다가 점점 자신감도 생기게 됩니다. 이 외에도 또래보다 더 어려 보이고 활력 있어 보입니다. 이러한 느낌들이 연이어 제게 성취감을 가져다주며, 이런 성취감은 다음 번 운동을 기대하게 합니다. 저는 어느새 이렇게 좋은 생활 습관과 심리적 소양을 기를 수 있게 되었고, 이에 따라 많은 이득을 얻게 되었습니다.

　　저는 신체에 도움이 되는 어떤 일이든지 초심을 잃지 않고 꾸준히 지속하기만 한다면 자신에게 성취감을 가져다 줄 것으로 생각합니다.

어휘　过去 guòqù 명 과거 | 成就感 chéngjiùgǎn 명 성취감 | 鼓励 gǔlì 통 (용기를) 격려하다, 북돋우다 | 健身 jiànshēn 신체를 건강하게 하다 | 刮风 guā fēng 바람이 불다 | 坚持 jiānchí 통 (어떤 행위를) 지속하다, 계속 지지하다, 유지하다 | 健身房 jiànshēnfáng 명 헬스장, 피트니스 센터 | 打乱 dǎluàn 통 방해하다, 교란시키다 | ★节奏 jiézòu 명 리듬, 박자 | 至今 zhìjīn 부 지금까지, 오늘까지 [=到现在] | 显得 xiǎnde 통 ~인 것처럼 보이다, ~하게 보이다 | ★难能可贵 nánnéng kěguì 성 대단하다, 쉽지 않은 일을 해내어 대견스럽다 | 最初 zuìchū 명 최초, 처음 | 只是 zhǐshì 부 그저, 단지, 다만 | 增强 zēngqiáng 통 강화하다, 증강하다 | 体力 tǐlì 명 체력 | 获得 huòdé 통 얻다, 획득하다 | ★素质 sùzhì 명 소양, 자질 | 带来 dàilái 통 가져다주다, 가져오다 | 意想 yìxiǎng 통 예상하다, 예측하다, 생각하다 | 好处 hǎochù 명 장점, 좋은 점 | 抗压 kàngyā 스트레스를 관리하다 | 自律 zìlǜ 통 자신을 단속하다 | ★饮食 yǐnshí 음식을 먹고 마시다 | 方面 fāngmiàn 명 방면, 분야, 부분 | 越来越 yuèláiyuè 부 점점, 갈수록 | 讲究 jiǎngjiu 통 주의하다, 소중히 여기다 | 心情 xīnqíng 명 마음, 심정 | 更加 gèngjiā 부 더욱, 더, 훨씬 | ★舒畅 shūchàng 형 시원하다, 홀가분하다 | 自信 zìxìn 명 자신감 | 同龄人 tónglíngrén 명 동년배 | 相比 xiāngbǐ 통 비교하다, 견주다 [与……相比: ~와 비교하다] | 看起来 kàn qǐlai 보기에 ~하다, 보아하니 ~하다 [표면적으로 보이는 모습에 대한 예측 평가] | 年轻

niánqīng 형 어리다, 젊다 | ★活力 huólì 명 활력, 활기 | 感受 gǎnshòu 명 느낌 | 期待 qīdài 동 기대하다, 바라다 | 无形中 wúxíngzhōng 부 어느새, 모르는 사이에 | 良好 liánghǎo 형 좋다, 훌륭하다 | 心理 xīnlǐ 명 심리 | 获益匪浅 huòyì fěiqiǎn 성 많은 이득을 보다, 얻은 바가 꽤 많다 | 任何 rènhé 대 어떠한, 무슨 | 有益 yǒuyì 동 도움이 되다, 유익하다 | 初心 chūxīn 명 초심

모의고사 (2회)

1. ○ track 810

诸葛亮是三国时期有名的智者，他不仅上知天文、下知地理，而且有着不同常人的智慧。中国有一句俗话叫："三个臭皮匠，顶个诸葛亮。"意思是说，只要同心协力，三个平庸的人的智慧加起来就能与诸葛亮的智慧相比。后来，人们把这句话用于比喻人多的话，解决问题的速度就快，只要大家团结，就总能想出好办法来。

[미니 정리]

인물 诸葛亮

인물 정보 三国时期有名的智者

특징 上知天文、下知地理 / 有着不同常人的智慧

핵심 어휘 三个臭皮匠，顶个诸葛亮

핵심 어휘 비유 解决问题的速度就快，只要大家团结，就总能想出好办法来

해석 제갈량은 삼국시대의 유명한 지혜로운 사람으로, 위로는 천문을 알고 아래로는 지리를 이해했을 뿐만 아니라 남다른 지혜도 가지고 있었다. 중국에는 '구두장이 셋이면 제갈량을 당한다.'라는 속담이 있다. 마음을 합쳐 협력한다면 평범한 세 사람의 지혜를 합쳤을 때 제갈량의 지혜와 어깨를 나란히 할 수 있다는 의미이다. 후에 사람들은 사람이 많으면 문제를 빠르게 해결할 수 있고, 모두가 단결하면 좋은 방법을 생각해 낼 수 있음을 비유할 때 이 속담을 사용하곤 한다.

어휘 诸葛亮 Zhūgě Liàng 고유 제갈량 [중국 삼국시대 촉한의 정치가이자 군사 전략가] | 时期 shíqī 명 (특정한) 시기 | 智者 zhìzhě 명 지자 [지혜로운 사람] | ★天文 tiānwén 명 천문 | 地理 dìlǐ 명 지리 | 智慧 zhìhuì 명 지혜 | 句 jù 양 마디, 편 [언어·시문 등을 세는 단위] | ★俗话(儿) súhuà(r) 명 속담, 옛말 | 臭皮匠 chòupíjiàng 명 구두장이 [구두를 만들거나 고치는 일을 업으로 하는 사람] | 意思 yìsi 명 뜻, 의미 | 同心协力 tóngxīn xiélì 성 마음을 합쳐 협력하다, 일치단결하다 | ★平庸 píngyōng 형 평범하다, 보통이다 | 相比 xiāngbǐ 동 비교하다, 견주다 [与……相比: ~와 비교하다] | 后来 hòulái 명 그 후, 그 뒤 | ★比喻 bǐyù 동 비유하다 | 办法 bànfǎ 명 방법 [想出办法: 방법을 생각해 내다]

[모범답안] ○ track 811

诸葛亮是三国时期有名的智者，他有着不同常人的智慧。俗话说："三个臭皮匠，顶个诸葛亮。"意思是，只要同心协力，三个普通人的智慧加起来能和一个诸葛亮相比。后来用于比喻只要团结，就能想出好办法来。

해석 제갈량은 삼국시대의 유명한 지혜로운 사람으로, 그는 남다른 지혜를 가지고 있다. '구두장이 셋이면 제갈량을 당한다'라는 속담이 있는데, 마음을 합쳐 협력하기만 하면 평범한 세 사람의 지혜를 합쳤을 때 제갈량의 지혜와 견줄 수 있음을 의미한다. 후에는 단결하면 좋은 방법을 생각해낼 수 있음을 비유할 때 쓰인다.

남쌤 만의 **고득점 tip**

인물 관련 이야기에서는 인물의 업적와 함께 인물과 관련된 성어 및 속담도 자주 출제된다. 성어 및 속담은 '有句话说', '俗话说', '有一句俗话叫' 등의 표현과 함께 등장하기 때문에 이와 같은 표현 다음에 나오는 성어 및 속담을 반드시 기억하고, 그 앞뒤에는 관련 설명이 나오므로 주의해서 들어야 한다.

2. ● track 812

　　自从有了信用卡以后，便出现了"先享受，后付款"的消费模式。这样的消费模式为很多当下存款不多、手头紧的人提供了便利，因此也受到了大众的追捧。但是，使用信用卡时也有几点需要注意：首先，要提高自控能力，树立理性消费观，以免成为"卡奴"；另外，不要存侥幸心理，要及时还款，以免影响自己的信用度。

미니 정리

핵심 어휘 先享受，后付款

기본 정의 为很多当下存款不多、手头紧的人提供了便利

주의 사항 树立理性消费观，以免成为"卡奴" / 要及时还款，以免影响自己的信用度

해석 신용카드가 생긴 이후로 '우선 즐기고 나중에 결제한다'라는 소비 패턴이 나타났다. 이러한 소비 패턴은 오늘날 저금한 돈이 많지 않고 주머니 사정이 어려운 사람들에게 편리함을 제공해 대중의 열광적인 사랑을 받았다. 하지만, 신용카드를 사용할 땐 몇 가지 주의할 점이 있다. 우선, '신용카드의 노예'가 되지 않기 위해 자제력을 높이고 이성적인 소비 관념을 세울 수 있어야 한다. 그 밖에 요행을 바라면 안 되며, 제때 대금을 잘 갚아 자신의 신용도에 영향이 가지 않게 해야 한다.

어휘 自从 zìcóng 개 ~한 후, ~부터 | 信用卡 xìnyòngkǎ 명 신용카드 | 出现 chūxiàn 통 나타나다, 출현하다, 생기다 | 享受 xiǎngshòu 통 즐기다, 누리다 | 付款 fùkuǎn 통 결제하다, 돈을 지불하다 | 消费 xiāofèi 명 소비 | ★模式 móshì 명 패턴, 모델 [出现模式: 패턴이 나타나다] | 存款 cúnkuǎn 통 저금하다, 예금하다 | 手头 shǒutóu 명 (개인의 일시적인) 주머니 사정, 경제 상황 | 提供 tígōng 통 제공하다, 공급하다 | ★便利 biànlì 명 편리 [提供便利: 편리함을 제공하다] | 大众 dàzhòng 명 대중, 군중 | 追捧 zhuīpěng 통 열광적인 사랑을 받다 [受到A的追捧: A의 사랑을 받다] | 使用 shǐyòng 통 사용하다, 쓰다 | 注意 zhùyì 통 주의하다 | 首先 shǒuxiān 명 첫째, 먼저 | 自控能力 zìkòng nénglì 자제력 | ★树立 shùlì 통 세우다, 수립하다 [树立消费观: 소비 관념을 세우다] | 理性 lǐxìng 형 이성적이다 | 消费观 xiāofèiguān 명 소비관 | ★以免 yǐmiǎn 접 ~하지 않도록, ~않기 위해서 | 卡奴 kǎnú 명 신용카드의 노예 | 另外 lìngwài 접 이 외에, 이 밖에 | 侥幸心理 jiǎoxìng xīnlǐ 요행 심리 | 及时 jíshí 부 제때에, 즉시 | 还款 huánkuǎn 통 돈을 갚다 ['还'의 발음 주의] | 信用度 xìnyòngdù 명 신용도

모범 답안 ● track 813

　　信用卡"先享受，后付款"的消费模式，为很多当下存款不多、手头紧的人提供了便利，受到了大众的欢迎。但使用信用卡时，要注意树立理性消费观，避免成为"卡奴"；而且要及时还款，以免影响自己的信用度。

남쌤만의 **고득점 tip**

설명문에서는 핵심 어휘 앞뒤로 핵심 어휘의 특징, 또는 핵심 어휘의 기본 정보를 말해 주고, 이어서 예시, 주의 사항 등을 말하므로 녹음이 끝날 때까지 집중해서 듣자.

해석 신용카드는 '우선 즐기고 나중에 결제한다'라는 소비 패턴으로 현재 저금한 돈이 많지 않고, 주머니 사정이 어려운 사람들에게 편리함을 제공해 대중의 환영을 받았다. 그러나 신용카드를 사용할 때 합리적인 소비 관념을 세워 '신용카드의 노예'가 되지 않도록 주의해야 한다. 게다가 제때 대금을 갚아 자신의 신용도에 영향이 가지 않게 해야 한다.

3. ● track 814

　　宋代的进步在中国古代教育、科技和文化发展史上占有突出的重要地位，其文明水平在当时也达到了巅峰。中国古代四大发明中，除了造纸术，其余的指南针、火药、活字印刷术都是在宋代出现的。另外，宋代的数学、天文学、纺织、瓷器和造船等技术也非常发达，在当时远远领先于其他国家，对世界的文明发展起到了深远的影响。

미니 정리

핵심 어휘 宋代

특징 在中国古代教育、科技和文化发展史上占有突出的重要地位 / 文明水平在当时达到了巅峰

근거 中国古代四大发明中，指南针、火药、活字印刷术都是在宋代出现的 / 宋代的数学、天文学等技术也非常发达

송대의 발전은 중국 고대 교육, 과학 기술 및 문화 발전사에서 눈에 띄는 중요한 자리를 차지하고 있으며, 문명 수준은 당시에도 정점에 달했었다. 중국 고대 4대 발명품 중 제지술을 제외한 나머지 나침반, 화약, 인쇄술은 모두 송대에 출현한 것이다. 이 외에도 송대에는 수학, 천문학, 방직, 자기, 조선 등의 기술도 매우 발달하였으며, 당시에 다른 나라들을 크게 앞서갔고 세계 문명 발전에 지대한 영향을 미쳤다.

어휘 **宋代** Sòngdài 고유 송대, 송 왕조 [≒宋朝] | **进步** jìnbù 명 발전 | **古代** gǔdài 명 고대 | **科技** kējì 명 과학 기술 | **史** shǐ 명 역사 | **占有** zhànyǒu 동 차지하다 | **突出** tūchū 형 뚜렷하다, 뛰어나다, 돋보이다 | **地位** dìwèi 명 위치, (사회적) 지위 [占有地位: 위치를 차지하다] | **文明** wénmíng 명 문명 | **达到** dádào 동 달하다 | **巅峰** diānfēng 명 정점, 전성기 [达到巅峰: 정점에 도달하다] | **四大发明** sìdà fāmíng 4대 발명품 | **造纸术** zàozhǐshù 제지술 | **其余** qíyú 대 나머지, 남은 것 | ★**指南针** zhǐnánzhēn 명 나침반 | ★**火药** huǒyào 명 화약 | **活字印刷术** huózì yìnshuāshù 인쇄술 | **天文学** tiānwénxué 명 천문학 | ★**纺织** fǎngzhī 명 방직 | **瓷器** cíqì 명 자기 [질 좋은 사기그릇의 총칭] | **造船** zàochuán 동 조선하다, 배를 만들다 | **发达** fādá 형 발달하다, 흥성하다 [技术发达: 기술이 발달하다] | **远远** yuǎnyuǎn 부 크게, 멀리 | ★**领先** lǐngxiān 동 앞서 가다, (함께 나아갈 때) 앞장서다 | **起到** qǐdào 동 (작용·역할 등을) 끼치다, 야기하다 [起到影响: 영향을 끼치다] | **深远** shēnyuǎn 형 깊고 크다, 심원하다

모범 답안 🔊 track 815

　　宋代在中国古代有着突出的重要地位，其文明水平也非常高。四大发明中，除了造纸术，其余三个都是在宋代出现的。另外，宋代的数学、天文学等技术也很发达，在当时领先于其他国家，对世界文明发展起到了深远的影响。

남쌤만의 **고득점 tip**

중국 4대 발명품(제지술, 나침반, 화약, 인쇄술) 관련 내용은 시험에 자주 출제되는 주제 중 하나이다. 이와 관련된 기본적인 내용(각 발명품이 발명된 배경과 시기, 발명품이 중국 및 세계에 미친 영향 등)을 미리 숙지해 놓으면 문제를 듣고 다시 말하는 데 도움이 될 것이다.

해석 송나라는 중국 고대에서 눈에 띄는 중요한 자리를 차지하고 있고, 그 문명 수준도 매우 높다. 4대 발명품 중 제지술을 제외하고 나머지 3개는 모두 송나라 때 출현한 것이다. 이 외에도 송나라의 수학, 천문학 등 과학 기술도 발달했으며, 당시 다른 나라보다 앞서 세계 문명 발전에 큰 영향을 미쳤다.

4. ━━━━━━━━━━━━━━━━━━━━━━━━━━━━━━━━━━━━━

> 　　冰灯是中国北方流行的一种古老的民间艺术形式，也是冰雕艺术的一种形式。作为民间风俗，冰灯有着悠久的历史，中国北方便是冰灯的发源地。
>
> 　　早期冰灯的产生与实践活动密切相关。如今，在哈尔滨，冰灯不仅成为了一个具有观赏价值的艺术品，也形成了冰雪艺术的一个门类，并在多年的实践与摸索中，形成了一套科学的冰灯制作体系。从原料上说，所有冰块儿一定要使用自然河道中的自然冰，自然河道的冰致密、通透，可塑性和抗压强度强。相反，人造冰由于缺少流水的作用，所以不太均匀。因此，人造冰块儿就不如自然形成的冰块儿那样细致透明，会影响雕塑效果。另外，制作冰灯还有个重要的程序，那就是将日光灯安放在冰灯内部。灯光的颜色、大小、摆放的角度等一系列的工序，都需要专业知识来进行严密计算。待通电照明后，冰灯作品就算大功告成了！

해석 빙등(얼음으로 만든 등)은 중국 북방 지역에 유행하는 옛날 민간 예술 형식이자 얼음 조각 예술 형식이다. 민간 풍속으로서 빙등은 유구한 역사를 가지고 있으며, 중국 북방 지역은 바로 빙등의 발원지이다.

초기 빙등의 탄생은 실질적인 활동과 밀접한 관련이 있다. 오늘날, 하얼빈에서 빙등은 관상 가치를 가지고 있는 예술품이 되었으며, 얼음 예술의 한 부문을 형성했고, 다년간의 실천과 모색으로 과학적인 빙등 제작 시스템을 구축했다. 원재료를 이야기하자면, 모든 얼음덩어리는 반드시 천연 강줄기에 있는 자연 얼음을 사용해야 한다. 강줄기의 얼음은 치밀하고 투명하며, 가소성과 압축 강도가 세다. 반대로

인공 얼음은 흐르는 물의 작용이 결여되어서 균일하지 않다. 따라서 인공 얼음덩어리는 자연에서 형성된 얼음덩어리만큼 치밀하고 투명하지 않아 조각의 결과물에 영향을 미칠 수 있다. 이 외에도 빙등 제작에는 중요한 과정이 있는데, 형광등을 빙등 안에 넣는 것이다. 조명의 색, 크기, 배치 각도 등 일련의 제작 공정에는 전문적인 지식을 이용한 치밀한 계산이 필요하다. 전기를 공급하여 조명이 켜진 다음에야 빙등 작품이 완성되었다고 할 수 있다!

어휘 **冰灯** bīngdēng 명 빙등 [얼음을 조각하여 만든 등] | **流行** liúxíng 형 유행하는 | **古老** gǔlǎo 형 오래되다 | ★**民间** mínjiān 명 민간 | **艺术** yìshù 명 예술 | **形式** xíngshì 명 형식 | **冰雕** bīngdiāo 명 얼음 조각 | **作为** zuòwéi 개 ~으로서 [주로 문장 맨 앞에 쓰임] | **风俗** fēngsú 명 풍속 | **悠久** yōujiǔ 형 유구하다, 아득하게 오래다 [历史悠久: 역사가 유구하다] | **发源地** fāyuándì 명 발원지 | **早期** zǎoqī 명 초기 | **产生** chǎnshēng 동 출현하다, 나타나다 | **实践** shíjiàn 동 실천하다, 실행하다 | **活动** huódòng 명 활동, 행사 | **密切** mìqiè 형 (관계가) 밀접하다, 긴밀하다 | **相关** xiāngguān 동 관련이 있다, 관련되다 [A与B密切关系: A는 B와 밀접한 관련이 있다] | **如今** rújīn 명 (비교적 먼 과거에 대하여) 오늘날, 현재, 지금 | **哈尔滨** Hā'ěrbīn 고유 하얼빈 [헤이룽장성(黑龙江省)의 성도] | **成为** chéngwéi 동 ~이 되다, ~로 되다 | **具有** jùyǒu 동 지니다, 가지다 [具有+추상 명사] | **观赏** guānshǎng 동 감상하다, 관상하다, 보고 즐기다 | **价值** jiàzhí 명 가치 [具有价值: 가치를 지니다] | **艺术品** yìshùpǐn 명 예술품 [일반적으로 조형 예술 작품을 가리킴] | **门类** ménlèi 명 부문, 분류 | ★**摸索** mōsuǒ 동 (방법·경험 등을) 모색하다 | **套** tào 양 세트 | **科学** kēxué 형 과학적이다 | **制作** zhìzuò 동 제작하다, 만들다 | ★**体系** tǐxì 명 시스템 | **原料** yuánliào 명 원료, 소재 | **所有** suǒyǒu 형 모든, 전부의, 전체의 | **冰块(儿)** bīngkuài(r) 명 얼음덩이 | **使用** shǐyòng 동 사용하다, 쓰다 | **河道** hédào 명 (배가 다닐 수 있는) 강줄기, 수로 | **致密** zhìmì 형 조밀하다, 세밀하다 | **通透** tōngtòu 형 훤하게 꿰뚫다, 완전히 이해하다 | **可塑性** kěsùxìng 명 적응성, 가소성 | **抗压强度** kàngyā qiángdù 압축 강도 | **相反** xiāngfǎn 접 반대로, 거꾸로 | **人造冰** rénzàobīng 명 인조 얼음, 인공 얼음 | **缺少** quēshǎo 동 부족하다, 모자라다 | **流水** liúshuǐ 명 흐르는 물 | **作用** zuòyòng 명 작용, 역할 | **均匀** jūnyún 형 균일하다, 고르다 | ★**细致** xìzhì 형 정교하다, 정밀하다, 섬세하다 | **透明** tòumíng 형 투명하다 | ★**雕塑** diāosù 동 조소하다 | **效果** xiàoguǒ 명 효과 | **另外** lìngwài 접 이 밖에, 이 외에 | **程序** chéngxù 명 순서, 절차, 단계 | **日光灯** rìguāngdēng 명 형광등 | **安放** ānfàng 동 (일정한 장소에) 두다, 놓다 | **内部** nèibù 명 내부 | **灯光** dēngguāng 명 불빛 | **大小** dàxiǎo 명 크기 | **摆放** bǎifàng 동 진열하다, 나열하다, 배열하다 | **角度** jiǎodù 명 각도 | **一系列** yíxìliè 명 일련의, 연속의 | **工序** gōngxù 명 제조 공정 | **专业** zhuānyè 명 전문, 전문 분야 | **知识** zhīshi 명 지식 | **进行** jìnxíng 동 진행하다 | ★**严密** yánmì 형 빈틈없다, 치밀하다, 긴밀하다 | **计算** jìsuàn 동 계산하다 | **通电** tōngdiàn 동 전기가 통하다 | **照明** zhàomíng 명 조명 | **作品** zuòpǐn 명 (문학·예술의) 작품, 창작품 | **算** suàn 동 ~라고 인정하다, ~인 셈이다 | **大功告成** dàgōng gàochéng 성 큰일이 이루어짐을 알리다, 큰 성공을 거두다

모범 답안 ▶ track **816**

　　冰灯是中国北方流行的 / 一种①古老②的民间艺术形式，也是冰雕艺术的 / 一种形式。作为民间风俗，冰灯有着悠久的历史，中国北方 / 便是冰灯的发源地。

　　早期冰灯的产生 / 与实践活动密切③相关。如今，在哈尔滨，冰灯不仅成为了一个④ / 具有观赏价值的艺术品，也形成了 / 冰雪艺术的一个门类，并在多年的实践 / 与摸索中，形成了一套①科学的冰灯制作体系。从原料上说，所有冰块儿 / 一定①要使用 / 自然⑤河道中的自然冰，自然河道的冰致密、通透，可塑性和抗压强度强。相反，人造冰 / 由于缺少流水的作用，所以不太均匀。因此，人造冰块儿 / 就不如自然形成的冰块儿那样 / 细致透明，会影响雕塑效果。另外，制作冰灯 / 还有个重要的程序，那就是将日光灯 / 安放在冰灯内部。灯光的颜色、大小、摆放的角度等 / 一系列的工序，都需要专业知识⑥ / 来进行严密计算。待通电照明后，冰灯作品 / 就算大功告成了！

발음 tip

① **一种 / 一套 / 一定** '一'의 성조 변화 주의. '一' 뒤에 1, 2, 3성이 오면 4성, '一' 뒤에 4성이 오면 2성으로 읽는다

② **古老** 3성의 성조 변화 주의! 3성+3성 → 2성+3성

③ **密切** '切'는 1성과 4성으로 읽는 다음자. '密切'의 '切'는 4성으로 읽는다

④ **一个** '个'의 본래 성조는 4성이나 숫자와 결합한 양사로 쓰일 때는 경성으로 읽는다

⑤ **自然** 설치음(z)+권설음(r) 발음 주의!

⑥ **知识** 권설음(zh, sh)에 주의해서 발음하자

5.

你认为家长应不应该给做家务的孩子"报酬"？为什么？（2.5分钟）

집안일을 하는 아이에게 부모는 용돈을 줘야 한다고 생각합니까? 이유는 무엇입니까? (2분 30초)

모범답안 ● track 817

现实生活中，很多父母为了鼓励孩子做家务，培养孩子爱劳动的好习惯，在孩子每次做完家务后都会给予一定的报酬。对此，我表示十分赞同①。

我认为，虽然孩子还未成年，可以在父母的庇护下"不劳而获"，但他们终将长大，要独自面对这个不②劳动、不②工作，就没有②报酬的社会。通过有偿家务，孩子会体会到赚钱的辛苦，花起零花钱来也就不会大手大脚，还可以通过管理自己的零花钱培养理财能力。另外③，孩子在为了赚零花钱而付出劳动的同时，提高自理能力，以及培养对金钱正确的价值观，防止④日后孩子对金钱过分崇拜或轻视。

不过，家长们需要注意的是⑤，虽然这种教育的出发点是好的，但是也要掌握分寸，不能让钱成为孩子做家务的主要动力，要让他们在做家务的同时，体会到帮助别人的喜悦感，培养他们的责任感。

남쌤 만의 **고득점 tip**

실제로 생각해 보지 않았던 주제라면, 내가 지금 부모가 되었다는 가정 아래, 해당 문제를 대입시켜 이야기해 보면 어떨까?

표현 활용 tip

① 对此，我表示十分赞同 앞서 말한 내용, 또는 주장에 동의를 표현할 때 쓰면 좋은 표현. 반대를 표현할 때는 '赞同' 대신 '反对fǎnduì'를 쓰면 된다
② 不A、不B，就没有C A가 없고, B가 없으면, C도 없다
부정사를 활용한 표현으로, A, B가 있어야 C도 있음을 말하고 싶을 때 써 보자
③ 另外 앞서 말한 내용 이외에 추가하고자 할 때 사용
④ 防止 뒤에 부정적 의미의 목적어가 온다 ➡ 防止疫情扩散 (전염병 확산을 방지하다)
⑤ A需要注意的是 A라는 대상에게 주의할 점, 조언 등을 말하고자 할 때 쓰는 표현

해석 일상생활에서 많은 부모들은 아이의 집안일 참여를 장려하고 노동에 대한 좋은 습관을 기르기 위해 아이가 매번 집안일을 하고 나면 보상으로 용돈을 줍니다. 이에 대해 저는 매우 찬성합니다.

제 생각에 아이는 지금은 미성년자라서 부모의 보호 아래 일하지 않고도 이익을 얻을 수 있지만, 아이는 결국 어른이 될 것이고 노동과 일을 하지 않으면 얻는 것이 없는 사회에 혼자 맞닥뜨려야 합니다. 보상이 있는 집안일을 통해 아이는 돈을 버는 수고로움을 경험할 수 있고, 용돈을 쓸 때도 물 쓰듯 헤프게 쓰지 않을 것이며 스스로 용돈을 관리함으로써 경제 능력도 기를 수 있습니다. 이 외에도 아이는 돈을 벌기 위해 노동을 함과 동시에 스스로 해결하는 능력과 돈에 대한 올바른 가치관을 기를 수 있으며, 이후에 돈을 과하게 좇거나 경시하는 것을 방지할 수 있습니다.

하지만, 부모가 주의해야 할 것은 이러한 교육의 출발점은 좋은 것이나 선을 지켜야 합니다. 돈을 아이의 집안일의 주요 동력으로 만들어선 안 되며, 아이에게 집안일을 하게 함과 동시에 다른 사람을 돕는 보람을 느끼게 해 주고 책임감을 길러 주어야 합니다.

어휘 家长 jiāzhǎng 명 부모, 가장 | 家务 jiāwù 명 가사, 집안일 | ★报酬 bàochou 명 용돈, 보수 | 现实 xiànshí 명 현실 | 为了 wèile 개 ～을/를 하기 위하여 [为了+A(목적), B(행위): A하기 위하여 B하다] | 鼓励 gǔlì 동 (용기를) 북돋우다, 격려하다 | 培养 péiyǎng 동 기르다, 길러 내다, 육성하다 [培养习惯: 습관을 기르다] | 劳动 láodòng 명 노동 | ★给予 jǐyǔ 동 주다, 부여하다 | 对于 duìyú 개 ～에 대해서, ～에 대하여 | 现象 xiànxiàng 명 현상 | 表示 biǎoshì 동 (언행으로 사상·감정 등을) 나타내다, 표시하다 | 十分 shífēn 부 매우, 아주, 대단히 [≒非常] | 赞同 zàntóng 동 찬성하다 | 未成年 wèichéngnián 미성년자 | 庇护 bìhù 동 보호하다, 감싸주다 | 不劳而获 bùláo'érhuò 일하지 않고 이익을 얻다 | 终将 zhōngjiāng 부 결국, 최후에는 | 独自 dúzì 부 혼자서, 홀로 | 面对 miànduì 동 직면하다, 마주 대하다 | 通过 tōngguò 개 ～을 통해, ～에 의해 | 偿 cháng 동 보상하다, 배상하다, 물어주다 | 赚钱 zhuànqián 동 돈을 벌다, 이윤을 남기다 | 辛苦 xīnkǔ 형 고생스럽다, 수고롭다 | 零花钱 línghuāqián 명 용돈 | 大手大脚 dàshǒu dàjiǎo 성 돈을 물 쓰듯 쓰다, 돈이나 물건을 마구 헤프게 쓰다 | 管理 guǎnlǐ 동 관리하다 | 理财 lǐcái 명 재정 재정을 관리하다 | 付出 fùchū 동 들이다, 바치다 | 同时 tóngshí 부 동시에 | 自理 zìlǐ 동 스스로 해결하다, 스스로 처리하다 | 以及 yǐjí 접 및, 그리고, 아울러 | 正确 zhèngquè 형 올바르다, 정확하다 | 价值观 jiàzhíguān 명 가치관 [培养价值观: 가치관을 기르다] | ★防止 fángzhǐ 동 방지하다 [防止+좋지 않은 일] | 日后 rìhòu 명 나중, 장래, 이후 | 金钱 jīnqián 명 돈, 금전 | 过分 guòfèn 동

과하다, 지나치다 | ★崇拜 chóngbài 圐 숭배하다 | 或 huò 젭 혹은, 또는, 그렇지 않으면 | 轻视 qīngshì 圐 경시하다, 무시하다 | 需要 xūyào 圐 반드시 ~해야 한다 [동사구를 목적어로 취할 수 있는 동사] | 出发点 chūfādiǎn 圐 출발점 | 掌握 zhǎngwò 圐 장악하다, 통제하다 | 分寸 fēncun 圐 (일이나 말의) 적당한 정도, 적당한 범위 | 成为 chéngwéi 圐 ~이 되다, ~로 되다 | ★动力 dònglì 圐 동력 | 帮助 bāngzhù 圐 도움, 원조 | 喜悦感 xǐyuègǎn 圐 보람, 희열감 | 责任感 zérèngǎn 圐 책임감 [培养责任感: 책임감을 기르다]

6.

互联网的发展给人们的生活带来了巨大影响，请你谈谈互联网对你的影响。

(2.5分钟)

인터넷의 발전은 사람들의 생활에 큰 영향을 가져왔습니다. 인터넷이 당신에게 미친 영향에 대해 이야기해 보세요. (2분 30초)

모범 답안 ▶ track 818

　　现今社会，互联网已经家喻户晓了①，人们的生活越来越离不开②互联网了。互联网改变了以往的"衣食住行"的方式，给③我们的生活带来③了翻天覆地的变化④。下面，我就来谈一谈⑤互联网对我的影响。

　　首先，在"衣"方面，互联网改变了购买衣服的地点和习惯，我可以在网上找到适合自己的款式，不用出门便可以买到一件称心如意衣服。在"食"方面，以前每天都要苦苦思索吃什么，但随着外卖软件的普及，只要动一动手指，就能在手机上点餐，在家享受美食。在"住"方面，租房时，我们可以在网上发布或搜索租房信息，不用亲自去现场看就能对比各家，这样既节省了时间，也节省了移动的费用。最后，在"行"方面，互联网的发展给我的出行带来了巨大的便利，开车时，我可以随时随地查看交通信息，找到最佳路线，节约时间。总而言之⑥，生活中，互联网无时无刻地在改变着你我的生活。

해석 현재 사회에서 인터넷은 이미 모든 사람들이 알게 되었으며, 사람들의 생활도 점점 인터넷과 떨어질 수 없게 되었습니다. 인터넷은 이전의 의식주와 교통의 방식을 바꾸었고, 우리 생활에 커다란 변화를 가져왔습니다. 아래는 인터넷이 제게 미친 영향입니다.
　먼저, '의(衣)'의 측면에서 인터넷은 옷을 구매하는 장소와 습관을 바꾸었습니다. 인터넷에서 자신에게 맞는 스타일을 찾을 수 있고 밖에 나가지 않고도 마음에 꼭 드는 옷을 살 수 있습니다. '식(食)'의 측면에서는 예전엔 매일 무엇을 먹을지 머리를 싸고 고심했지만 배달 앱이 보편화되면서 이제는 손가락만 움직이면 핸드폰으로 음식을 주문하고, 집에서 맛있는 음식을 맛볼 수 있게 되었습니다. '주(住)'의 측면에서, 집을 구할 때 우리는 인터넷에 집 정보를 올리거나 검색할 수 있으며, 현장에 직접 가서 여러 집을 비교할 필요가 없습니다. 이렇게 하면 시간과 이동 비용을 절약할 수 있습니다. 마지막으로 '교통' 측면에서 인터넷의 발전은 우리의 외출에 큰 편리함을 가져다주었습니다. 운전할 때 저는 언제 어디서나 교통 정보를 검색해 최적의 길을 찾아 시간을 절약할 수 있습니다. 결론적으로 말하면, 생활 속에서 인터넷은 시시각각 우리의 삶을 바꾸고 있습니다.

남쌤만의 **고득점 tip**

인터넷 관련 주제는 자주 출제되므로, 평소 인터넷을 사용하는 환경, 인터넷이 사회 전반에 미치는 영향 등에 관해 본인의 생각을 정리해 보는 것을 추천한다. 인터넷이 급속하게 발전하면서 우리는 생활 속에서 많은 변화를 겪어 왔다. 과거의 인터넷 사용 환경과 현재의 인터넷 발전 상황을 비교해서 말해 보자.

표현 활용 tip

① 现今社会，互联网已经家喻户晓了 인터넷 관련 주제는 시험에 자주 출제되므로, 이 표현은 하나의 관용어처럼 기억해 두자

② A离不开B A와 B는 뗄 수 없다 A, B가 꼭 사람이나 사물이 아니어도 쓸 수 있다

③ 给A带来B A에게 B를 가져오다/가져다주다 일반적으로 A에는 대상이 많이 오고, B에는 '变化biànhuà', '影响yǐngxiǎng', '便利biànlì' 등과 같은 단어가 많이 온다

④ 翻天覆地的变化 매우 큰 변화가 이루어졌음을 나타내는 표현

⑤ 下面，我就来谈一谈A 이유, 생각 등을 말하고자 할 때 도입 부분에 쓰면 좋은 표현

⑥ 总而言之 결론을 도출할 때 쓰는 표현으로, '总之', '总之一句话' 등으로 바꿔서 말할 수 있다

어휘 互联网 hùliánwǎng 명 인터넷 | 发展 fāzhǎn 명 발전 | 带来 dàilái 통 가져다 주다, 가져오다 | 巨大 jùdà 형 거대하다, (규모·수량 등이) 아주 크다 | 现今 xiànjīn 명 현재 [≒当今] | ★家喻户晓 jiāyù hùxiǎo 성 집집마다 다 알다 | 越来越 yuèláiyuè 분 점점, 갈수록 | 离不开 líbukāi 떨어질 수 없다, 그만둘 수 없다 | ★以往 yǐwǎng 명 이전, 과거 | 衣食住行 yī shí zhù xíng 의식주와 교통 | 方式 fāngshì 명 방식, 방법 [改变方式: 방식을 바꾸다] | 翻天覆地 fāntiān fùdì 성 커다란 변화가 일어나다, 하늘과 땅이 뒤집히다 | 变化 biànhuà 명 변화 | 下面 xiàmian 명 아래, 밑 | 首先 shǒuxiān 대 먼저, 첫째 | 衣 yī 명 옷, 의복 | 方面 fāngmiàn 명 방면, 부분 | 购买 gòumǎi 통 사다, 구매하다 | 地点 dìdiǎn 명 장소, 위치 | 适合 shìhé 통 알맞다, 적합하다 | ★款式 kuǎnshì 명 스타일, 양식 | 不用 búyòng 분 ~할 필요가 없다 | 出门 chūmén 통 외출하다 | 便 biàn 분 곧, 바로 [≒就] | 件 jiàn 양 가지, 개 [일, 사건 등을 세는 단위] | ★称心如意 chènxīn rúyì 성 마음에 꼭 들다, 자기 마음에 완전히 부합되다 [다음자 '称'의 발음 주의] | 食 shí 명 식, 음식 | 苦苦思索 kǔkǔ sīsuǒ 머리를 싸매다, 고심하다 | 随着 suízhe 개 ~따라서, ~에 따라 [随着+변화/발전/개선, 결과] | 外卖 wàimài 명 배달, 포장 판매하는 식품 | 软件 ruǎnjiàn 명 앱, 애플리케이션, 소프트웨어 | ★普及 pǔjí 통 보급되다, 확산되다 | 动一动 dòng yi dòng 약간 움직이다 | 手指 shǒuzhǐ 명 손가락 | 点餐 diǎncān 통 (음식을) 주문하다, 시키다 | 享受 xiǎngshòu 통 누리다, 즐기다 | 美食 měishí 명 맛있는 음식 | 住 zhù 통 살다, 거주하다 | 租房 zūfáng 집을 구하다 | ★发布 fābù 통 (명령·지시·뉴스 등을) 선포하다, 발포하다 | 或 huò 접 혹은, 또는, 그렇지 않으면 | 搜索 sōusuǒ 통 (인터넷에서) 검색하다 | 信息 xìnxī 명 정보 [搜索信息: 정보를 검색하다] | 亲自 qīnzì 분 직접, 손수 | ★现场 xiànchǎng 명 (사건이나 사고의) 현장 | 既 jì 접 ~할 뿐만 아니라, ~이며, ~하고도 [既A也B: A할뿐더러 또한 B하다] | 节省 jiéshěng 통 절약하다, 아끼다 | 移动 yídòng 통 이동하다, 움직이다 | 费用 fèiyòng 명 비용, 지출 [节省费用: 비용을 절약하다] | 行 xíng 명 교통 | 出行 chūxíng 통 외출하다, 외지로 가다 | ★便利 biànlì 형 편리하다 | 开车 kāichē 통 운전을 하다 | 随时随地 suíshí suídì 성 언제 어디서나, 시간과 장소를 가리지 않고 | 查 chá 통 검색하다, 찾아보다 | 最佳 zuìjiā 형 최적이다, 가장 좋다 | 路线 lùxiàn 명 노선 | ★总而言之 zǒng'éryánzhī 성 총괄적으로 말하면, 결론적으로 말하자면 | 无时无刻 wúshí wúkè 성 시시각각, 언제나, 늘

모의고사 (3회)

1. track 819

一群剑鱼在海洋中遨游，它们锋利的嘴巴曾使凶猛的鲨鱼都望而生畏。它们自以为是最伟大的鱼种。有一艘轮船经过，剑鱼首领冲上去傲慢地说："你这个家伙为什么不向我们敬礼？"轮船对它们视而不见，剑鱼们恼羞成怒，都朝轮船刺去，结果嘴巴断了，成为了鲨鱼的美餐。掌握生存本领后，要保持平常心，才能免受伤害。

미니 정리

- 핵심 어휘 剑鱼
- 장소 海洋
- 상황 有一艘轮船经过
- 원인 剑鱼们恼羞成怒，都朝轮船刺去
- 결과 嘴巴断了，成为了鲨鱼的美餐
- 결론 掌握生存本领后，要保持平常心，才能免受伤害

해석 황새치 떼가 바다를 노닐 때, 그들의 날카로운 입은 사나운 상어도 두려워하게 만든다. 그들은 자신들이 가장 위대한 어종이라고 생각한다. 여객선 한 척이 지나가는데 황새치 우두머리가 달려들어 "네 놈은 뭔데 우리에게 경례하지 않는 거야?"라며 자만했다. 하지만 여객선은 그들을 거들떠보지도 않았다. 황새치 떼는 화가 나 여객선을 마구 찔렀고, 그 결과 입이 잘려 상어의 먹잇감이 되었다. 생존 본능을 습득한 후에는 평정심을 유지해야 해를 입지 않을 수 있다.

어휘 **群** qún 명 떼, 무리 | **剑鱼** jiànyú 명 황새치 | **遨游** áoyóu 동 노닐다 | **锋利** fēnglì 형 (공구·무기 등이) 날카롭다, 예리하다 | **嘴巴** zuǐba 명 입 | **凶猛** xiōngměng 형 사납다, 용맹하다 | **鲨鱼** shāyú 명 상어 | **望而生畏** wàng'érshēngwèi 성 보기만 하고도 두려워하다 | **自以为是** zìyǐwéishì 성 스스로 옳다고 여기다 | **伟大** wěidà 형 위대하다 | **鱼种** yúzhǒng 명 어종 | ★**艘** sōu 양 척 [선박을 세는 단위] | ★**轮船** lúnchuán 명 여객선 | **首领** shǒulǐng 명 우두머리 | **冲** chōng 동 돌진하다, 충돌하다 | **傲慢** àomàn 형 거만하다, 오만하다 | ★**家伙** jiāhuo 명 놈, 녀석, 자식 [사람을 경시하거나 친해서 함부로 부르는 칭호] | ★**敬礼** jìnglǐ 동 경례하다 | **视而不见** shì'érbújiàn 성 거들떠보지도 않다 | **恼羞成怒** nǎoxiū chéngnù 성 분해서 성질을 부리다 | **朝** cháo 개 ~을 향하여 | ★**刺** cì 동 (뾰족한 물건으로) 찌르다, 뚫다 | **断** duàn 동 자르다, 끊기다 | **美餐** měicān 명 맛있는 음식 | **掌握** zhǎngwò 동 파악하다, 숙달하다 | ★**生存** shēngcún 명 생존 | **本领** běnlǐng 명 능력, 재능 | **保持** bǎochí 동 유지하다, 지키다 | **平常心** píngchángxīn 명 평정심 [保持平常心: 평정심을 유지하다] | **免受** miǎnshòu 동 피하다, 면하다 | **伤害** shānghài 동 해치다, 다치게 하다

모범 답안 track 820

一群剑鱼凭着锋利的嘴巴，使鲨鱼都望而生畏，它们自以为是最伟大的鱼种。一艘轮船经过，剑鱼首领问轮船为什么不向它们敬礼，轮船对它们视而不见。剑鱼们很愤怒，朝轮船刺去，结果嘴巴断了，成为了鲨鱼的美餐。在掌握生存本领后，保持平常心才能免受伤害。

해석 황새치 떼는 날카로운 입으로 상어들은 모두 두려움에 떨게 하였는데, 그들은 스스로 가장 위대한 어종이라고 여겼다. 여객선 한 척이 지나가는데 황새치 우두머리가 왜 그들에게 경례를 하지 않느냐고 물었지만 여객선은 그들을 외면했다. 황새치는 분노해서 여객선을 마구 찔렀으나 결국 입이 부러졌고 상어의 먹잇감이 되었다. 생존 본능을 터득한 후에는 평정심을 유지해야 해를 입지 않을 수 있다.

남쌤만의 고득점 tip

이야기 유형 문제는 녹음 후반부에 이야기에 담긴 교훈이 직접 제시되는 경우가 많으므로 끝까지 집중해서 들어야 한다. 모르는 어휘가 나왔다고 당황하지 말고 전체 내용을 듣고 의미를 파악해 보자. 또한 사건이 발생한 원인과 결과 그리고 그에 따른 결론을 순서대로 말해야 한다.

咖啡本来是苦的，但在加糖后，苦中带着一丝丝甜，甜中又带着淡淡的苦，这就好比人生，苦涩中透着甜蜜，甜蜜中又透着苦涩。虽然我们无法改变咖啡是苦的这个事实，但是我们可以按照自己的喜好来适当加糖，调好属于自己的"人生咖啡"，平衡人生中苦涩和甜蜜的滋味，让这杯"人生咖啡"散发出我们想要的味道。

미니 정리

핵심 어휘1, 2 咖啡，人生

핵심 어휘1의 기본 정의
本来是苦的，但在加糖后，苦中带着一丝丝甜，甜中又带着淡淡的苦

문제 无法改变咖啡是苦的这个事实

해결 방안 按照自己的喜好来适当加糖，调好属于自己的"人生咖啡"

결론 平衡人生中苦涩和甜蜜的滋味，让这杯"人生咖啡"散发出我们想要的味道

해석 커피는 원래 쓴맛이지만, 설탕을 넣으면 쓴맛 속에 약간의 단맛이 나고, 단맛 속에 약간의 쓴맛이 난다. 이는 인생과 같다. 씁쓸함 속에 달콤함이 있고, 달콤함 속에 씁쓸함이 있다. 비록 우리는 커피가 쓰다는 사실을 바꿀 수는 없지만, 자신의 기호에 따라 적당한 단맛을 추가해 자신만의 '인생 커피'를 만들 수 있다. 인생에서 씁쓸함과 달콤함의 균형을 맞춰 이 '인생 커피'를 본인이 원하는 맛이 나게 할 수 있다.

어휘 加 jiā 통 넣다, 첨가하다 | 丝 sī 양 약간 [매우 적은 양을 나타냄] | 淡淡 dàndàn 형 (맛이) 진하지 않다 | 人生 rénshēng 명 인생 | ★苦涩 kǔsè 형 씁쓸하고 떫다 | 透 tòu 통 스며들다, 침투하다 甜蜜 tiánmì 형 달콤하다 | 无法 wúfǎ 통 할 수 없다, 방법이 없다 | 事实 shìshí 명 사실 喜好 xǐhào 통 좋아하다 | 适当 shìdàng 형 적당하다, 적절하다 | 调 tiáo 통 배합하다 | 属于 shǔyú 통 ~에 속하다 | 平衡 pínghéng 통 균형을 맞추다 | ★滋味 zīwèi 명 맛 | ★散发 sànfā 통 발산하다, 퍼지다 [散发味道: 맛이 나다, 향이 나다]

咖啡本来很苦，但加糖后，苦中有甜，甜中有苦。这就好比人生，虽然我们无法改变咖啡的苦，但是可以按照喜好适当加糖，调好"人生咖啡"，平衡甜和苦的滋味，让人生散发出我们想要的味道。

남쌤만의 **고득점 tip**

교훈이 담긴 이야기는 화자가 말하고자 하는 교훈을 끝 부분에서 강조해서 말하는 경우도 있으므로 녹음을 끝까지 집중해서 들은 다음 말해야 한다.

해석 커피는 원래 쓴맛이지만, 설탕을 넣으면 쓴맛 속에 단맛이 나고, 단맛 속에 쓴맛이 난다. 이는 인생과 같아 비록 우리는 커피의 쓴맛을 바꿀 수는 없지만 기호에 따라 설탕을 적당량 추가해 '인생 커피'를 만들 수 있다. 단맛과 쓴맛의 균형을 맞춰 인생에서 우리가 원하는 맛이 나게 할 수 있다.

"酸葡萄心理"是指得不到自己想要的东西时，就说这个东西是不好的一种心理，这种做法能使自己从不安的心理状态中解脱出来，起到自我安慰的作用。当你很羡慕别人拥有的某种东西，却得不到时，便可以利用这种"酸葡萄心理"，编造理由来"贬低"一下这个东西，来抑制自己不能被满足的欲望，减轻心理压力。

미니 정리

핵심 어휘 酸葡萄心理

기본 정의 得不到自己想要的东西时，就说这个东西是不好的一种心理

과정 编造理由来"贬低"一下这个东西

결과 来抑制自己不能被满足的欲望，减轻心理压力

해석 '신 포도 심리'란 자신이 원하는 것을 갖지 못했을 때 이것에 대해 좋지 않게 말을 하는 심리를 뜻한다. 이 방법은 자신으로 하여금 불안한 심리 상태에서 벗어나게 해 주고, 스스로를 위로하는 작용을 한다. 다른 사람이 가진 어떤 것이 부럽지만 가질 수 없을 때, 이러한 '신 포도 심리'를 이용할 수 있다. 이유를 둘러대며 그 물건을 낮게 평가하여 자신의 만족스럽지 않은 욕망을 억누르고 심리적 스트레스를 줄이는 것이다.

어휘 心理 xīnlǐ 몡 심리 | 得到 dédào 통 얻다, 받다, 획득하다 | 做法 zuòfǎ 몡 ~하는 법, 만드는 방법 | 不安 bù'ān 혱 불안하다 | 状态 zhuàngtài 몡 상태 | 解脱 jiětuō 통 벗어나다 | 作用 zuòyòng 몡 작용, 역할 [起到作用: 작용을 하다] | 自我 zìwǒ 대 자기 자신 | 安慰 ānwèi 통 위로하다 | ★拥有 yōngyǒu 통 가지다, 지니다 | 某 mǒu 대 어떤 | 便 biàn 뷔 곧, 바로 | 利用 lìyòng 통 이용하다 | 编造 biānzào 통 (이야기 등을) 꾸미다, 날조하다 | 理由 lǐyóu 몡 이유, 까닭, 연유 | ★贬低 biǎndī 통 낮게 평가하다, 폄하하다 | 抑制 yìzhì 통 (자극·반응 등을) 억제하다, 억누르다 | 满足 mǎnzú 통 만족시키다 | ★欲望 yùwàng 몡 욕망 | 减轻 jiǎnqīng 통 줄다, 감소하다 [减轻压力: 스트레스를 줄이다]

모범 답안 ● track 824

　　"酸葡萄心理"指得不到想要的东西，就说东西不好的心理，这种做法可以让自己从不安中解脱出来。当你羡慕别人的东西却得不到时，可以利用这种心理，"贬低"这个东西，来抑制欲望，减轻心理压力。

남쌤만의 **고득점 tip**

일반적으로 설명문의 핵심 어휘 앞과 뒤에는 핵심 어휘에 대한 설명이 등장한다. 그리고 뒤이어 핵심 어휘의 예시, 주의 사항, 문제 및 해결 방법 등이 언급된다.

해석 '신 포도 심리'란 원하는 물건을 갖지 못하면 물건에 대해 좋지 않은 말을 하는 심리를 가리키며, 이런 방법은 스스로를 불안으로부터 벗어나게 할 수 있다. 다른 사람의 물건이 부러워도 가질 수 없을 때에 이러한 심리를 이용할 수 있다. 이 물건을 '폄하'하여 욕망을 억제하고 심리적 스트레스를 줄이는 것이다.

4.

　　不论是星空，还是月夜，我都很热爱。记得从前在家乡，七八月的晚上，在庭院里乘凉时，我最爱看天上的繁星。每次仰望繁星满天的夜空，我就会忘记一切，仿佛在母亲的怀抱里一样温柔、放松、安静。三年前，我在南京住的地方有个后门，每个夜晚，当我打开这道门，就能看见一个寂静的夜景。下面是一片菜园，上面是布满繁星的夜空。虽然我们的肉眼视力有限，看到的星光很微弱，然而它让我们觉得光明无处不在。我当时在读一些天文学方面的书，也能辨认出一些星星，当我望着这些星星，这些星星也好像在望着我，我仿佛看到了它们在一边对我眨眼，一边小声地说着话。在这些星星的怀抱中，我像一个孩子在母亲的怀抱中一样，微笑着睡着了。

해석 나는 별이 총총한 하늘이든 달이 빛나는 밤이든 모두 좋아한다. 옛날에 고향에서 7, 8월 밤에 앞뜰에서 시원한 바람을 쐴 때 하늘에 가득한 별을 보는 것을 가장 좋아했던 기억이 있다. 별이 쏟아질 듯이 가득한 밤하늘을 볼 때마다 나는 모든 것을 잊고 마치 어머니의 품에 안긴 것처럼 따뜻하고 편안하며 안정된 느낌을 받았다. 3년 전, 난징에서 내가 살았던 곳에 후문이 있었는데, 매일 밤 후문을 열면 고요한 밤하늘이 눈앞에 펼쳐졌다. 아래쪽엔 채소밭이, 위쪽엔 별로 가득한 밤하늘이 있었다. 비록 육안으로 보기엔 시력에 한계가 있어 보이는 별빛은 매우 약하지만, 별빛은 우리에게 빛은 어디에나 있다고 느끼게 해준다. 당시 나는 천문학 관련 서적을 읽어 일부 별들을 구별할 줄 알았다. 별들을 볼 때면 별들도 나를 보고 있는 듯했고, 마치 별들이 나에게 눈을 깜박이며 작은 소리로 말을 거는 것 같았다. 나는 아이가 엄마 품에 안긴 것처럼 별들의 품속에서 미소 지으며 잠이 들곤 했다.

어휘 不论 búlùn 접 ~을 막론하고, ~든지 [不论A还是B, 都C: A이든 B이든 모두 C하다] | 星空 xīngkōng 별이 총총한 하늘 | 月夜 yuèyè 몡 월야, 달밤 | 热爱 rè'ài 통 뜨겁게 사랑하다 | 家乡 jiāxiāng 몡 고향 | 庭院 tíngyuàn 몡 정원, 뜰 | 乘凉 chéngliáng 통 더위를 피하여 서늘한 바람을 쐬다 | 繁星 fánxīng 몡 무수한 별 | 仰望 yǎngwàng 통 고개를 들어 위를 바라보다 | 夜空 yèkōng 몡 밤하늘 | 忘记 wàngjì 통 잊다, 잊어버리다 | 一切 yíqiè 대 모든, 전부 | 仿佛 fǎngfú 뷔 마치 ~인 것 같다, 마치 ~인 듯하다 | 母亲 mǔqīn 몡 어머니, 엄마 | 怀抱 huáibào 몡 품, 가슴 | 温柔 wēnróu 혱 온유하다, 부드럽고 상냥하다 | 放松 fàngsōng 통 (어떤 것에 대한 주의와 관리를) 느슨하게 하다, 늦추다 | 安静 ānjìng 혱 안정되다, 평정을 되찾다 | 南京 Nánjīng 고유 난징 [장쑤성(江苏省)의 성도] | ★寂静 jìjìng 혱 조용하다, 고요하다 | 夜景 yèjǐng 몡 야경 | 菜园 càiyuán 몡 채소밭 | 肉眼 ròuyǎn 몡 육안 | ★视力 shìlì 몡 시력 | 有限 yǒuxiàn 혱 한계가 있다 |

星光 xīngguāng 명 별빛 | 微弱 wēiruò 형 미약하다, 빈약하다 | 光明 guāngmíng 명 광명 | 无处 wúchù 동 ~할 곳이 없다, 처할 곳이 없다 |
不在 búzài 동 ~에 있지 않다 | 天文学 tiānwénxué 명 천문학 | ★辨认 biànrèn 동 식별해 내다 | 一边 yìbiān 접 한편으로 ~하면서 ~하다
[一边A一边B: 한편으로 A하면서 B하다] | 眨眼 zhǎyǎn 동 눈을 깜빡거리다 | 微笑 wēixiào 동 미소 짓다, 웃음 짓다 | 睡着 shuìzháo 동 잠들다,
수면 상태에 들어가다 ['着'의 발음 주의]

모범답안 ● track 825

不论是星空，还是月夜，我都很热爱。记得从前在家乡，
七八月的晚上，在庭院里乘凉时，我最爱看天上的繁星。每次
仰望繁星满天的夜空，我就会忘记一切①，仿佛在母亲的怀抱里
一样 / 温柔、放松、安静。三年前，我在南京住的地方 / 有个后
门，每个夜晚，当我打开这道门，就能看见一个②寂静的夜景。
下面是一片菜园，上面是布满繁星的夜空。虽然③我们的肉眼视
力有限，看到的星光很微弱，然而它让我们觉得 / 光明无处不
在。我当时在读一些天文学方面的书，也能辨认出一些星星④，
当我望着这些星星，这些星星 / 也好像在望着我，我仿佛看到了
/ 它们在一边对我眨眼，一边小声地说着话。在这些星星的怀抱
中，我像一个②孩子 / 在母亲的怀抱中一样，微笑着⑤睡着⑤了。

발음 tip

① 一切 '切'는 1성과 4성으로
읽는 다음자로 여기에서는 4성
으로 읽는다

'一'의 성조 변화 주의! 1성+4성
→ 2성+4성

② 一个 '个'의 원래 성조는 4
성이나, 숫자와 결합하여 양사로
쓰일 경우, 경성으로 읽는다

③ 虽然 설치음(s)+권설음(r)
발음 주의!

④ 星星 뒤의 '星'은 경성으로
읽는다

⑤ 着 의미에 따라 여러 가지
발음으로 읽는 다음자. 동사 뒤
에서 써서 동작의 지속, 또는 정
지 상태를 나타낼 때는 일반적으
로 zhe(경성)로 읽는다. 단, '睡
着(잠들다, 잠이 들다)'의 '着'는
zháo로 읽어야 한다

5.

当你遇到挫折或困难时，一般会怎么面对？请举例说明。(2.5分钟)

당신은 좌절이나 어려움에 부딪혔을 때, 보통 어떻게 대응하나요? 예를 들어 설명해 보세요. (2분 30초)

모범답안 ● track 826

俗话说①，"人生不如意事，十之八九"，每个人都会遇到各
种各样的挫折或困难。面对困难，逃避并不是解决问题的办法，
要迎难而上，尝试各种方法，从而②积累更多经验，战胜困难。

我认为③，困难不是件坏事，有时候④困难会帮助我们成
长，磨炼我们的意志。每次在遇到困难时，我首先⑤会保持冷
静，冷静的头脑更利于⑥思考，在分析情况后，找到解决问题的
最佳方法；然后⑤，遇到困难时，我会快速调整心态，保持积极
向上的态度，暗示自己困难是暂时的，再坚持一下，就会离成
功更进一步；接下来⑤，在情绪冷静后，调整好心态，分析造成
困难的原因，防止少走弯路，在明确方向后，找到突破口，解
决问题；最后⑤，"吃一堑，长一智"，每次在解决困难后，我会

남쌤만의 **고득점 tip**

우선 좌절이나 어려움에 맞닥뜨
렸던 경험을 떠올려 보고, 그 당
시 자신의 태도는 어떠했는지,
어떠한 방법으로 대처했는지 생
각해 보자. 그리고 자신의 경험
에서 사고를 확장하여 좌절이나
어려움을 극복할 수 있는 이상적
인 대응 방법을 말해 보자.

표현 활용 tip

① 俗话说 속담을 인용할 때,
속담 앞에 써서 말해 보자

② 从而 '从而'의 앞부분은 원
인, 방법, 수단에 해당하고, 뒷부
분은 결과, 목적을 나타낸다. 단
순히 원인과 결과를 나타내는
'因此'보다 더 좋은 표현이다

及时总结经验教训，为以后再次遇到类似困难打下基础。

　　总而言之⑦，面对困难，如果有一套系统的思考方式，就一定会战胜困难。

"인생은 십중팔구 뜻대로 되지 않는다"라는 속담이 있습니다. 모든 사람들은 각종 좌절 혹은 어려움에 부딪힐 것입니다. 어려움에 직면했을 때 도망치는 것은 문제를 해결할 수 있는 방법이 결코 아니며, 어려움에 맞서 나아가 여러 방법을 시도해 봐야 합니다. 그리하여 더 많은 경험을 쌓고 어려움을 이겨내야 합니다.

저는 어려움은 나쁜 일이 아니며, 때로는 우리가 성장하고 의지를 단련할 수 있도록 도와준다고 생각합니다. 어려움에 부딪힐 때면 저는 먼저 차분함을 유지합니다. 차분한 머리는 깊이 생각하는 데에 도움이 됩니다. 상황을 분석한 후, 문제를 해결할 가장 좋은 방법을 찾습니다. 그리고 어려움에 부딪혔다면, 재빨리 마음을 다스려 긍정적인 태도를 유지하면서, 스스로 이 어려움은 잠시 뿐이고 조금 만 더 버티면 성공에 더욱 가까워질 것이라고 되뇌입니다. 이어서 감정을 차분히 한 후에 마음을 조절하고 어려움이 생긴 이유를 분석하고, 시행착오를 줄이고 방향을 명확히 한 다음에 돌파구를 찾아 문제를 해결합니다. 마지막으로, '한 번 좌절을 당하면 그만큼 현명해진다'는 말처럼 저는 매번 어려움을 해결한 후 바로 경험과 교훈을 정리해 이후에 비슷한 어려움이 생겼을 때를 위한 기초를 다집니다.

한마디로 정리하면, 어려움을 마주했을 때, 만약 체계적인 사고 방식을 가지고 있다면 분명 어려움을 극복할 수 있을 것입니다.

当时 dāngshí 圐 그 때, 당시 | ★**挫折** cuòzhé 圐 좌절, 실패 | **或** huò 젭 혹은, 또는 | **困难** kùnnan 圐 어려움 [遇到困难: 곤란에 부딪치다] | **面对** miànduì 圐 직면하다 [面对困难: 어려움에 직면하다] | **举例** jǔlì 圐 예를 들다 | **俗话** súhuà 圐 속담 | **人生不如意事，十之八九** rénshēng bù rúyì shì, shízhībājiǔ 圐 인생은 십중팔구 뜻대로 되지 않는다 | **各种各样** gèzhǒng gèyàng 쵱 각종, 여러 가지 | **逃避** táobì 圐 도망치다, 도피하다 | **迎难而上** yíngnán'érshàng 어려움에 맞서서 나아가다 | ★**尝试** chángshì 圐 시도해 보다, 테스트해 보다 [尝试方法: 방법을 시도하다] | **从而** cóng'ér 젭 그리하여, 따라서, 이리하여 | **战胜** zhànshèng 圐 이기다, 싸워 이기다 [战胜困难: 어려움을 이겨내다] | **坏事** huàishì 圐 나쁜 일 | **有时候** yǒushíhou 때로는, 가끔씩 | **成长** chéngzhǎng 圐 성장하다, 자라다 | **磨炼** móliàn 圐 단련하다 | **意志** yìzhì 圐 의지, 의기 [磨练意志: 의지를 단련하다] | **首先** shǒuxiān 떼 첫째, 먼저 囝 가장 먼저, 우선 | **保持** bǎochí 圐 유지하다, 지키다 | **冷静** lěngjìng 圐 차분하다, 냉정하다 [保持冷静: 차분함을 유지하다] | **头脑** tóunǎo 圐 머리, 두뇌, 생각 | **思考** sīkǎo 圐 깊이 생각하다 | **分析** fēnxī 圐 분석하다 [分析情况: 상황을 분석하다] | **快速** kuàisù 쵱 빠르다, 신속하다 | **调整** tiáozhěng 圐 조절하다, 조정하다 | ★**心态** xīntài 圐 심리 상태 | **态度** tàidu 圐 태도 | ★**暗示** ànshì 圐 암시하다, 넌지시 알리다 | **暂时** zànshí 圐 잠시, 잠깐, 일시 | **进一步** jìnyíbù 囝 (한 걸음 더) 나아가, 진일보하여 | **接下来** jiēxiàlái 다음으로, 이어서 | **情绪** qíngxù 圐 기분, 마음 | ★**造成** zàochéng 圐 초래하다, 야기하다 | ★**防止** fángzhǐ 圐 방지하다 | **弯路** wānlù 시행착오, 우여곡절 | **明确** míngquè 쵱 명확하다, 확실하다 | **方向** fāngxiàng 圐 방향 | **突破口** tūpòkǒu 圐 돌파구 | **吃一堑，长一智** chī yí qiàn, zhǎng yí zhì 한 번 좌절을 당하면, 그만큼 현명해진다 | **总结** zǒngjié 圐 총정리하다 | **教训** jiàoxùn 圐 교훈 | ★**类似** lèisì 쵱 유사하다, 비슷하다 | **基础** jīchǔ 圐 기초 | ★**总而言之** zǒng'éryánzhī 圐 총괄적으로 말하면, 결론적으로 말하자면 [≒总之] | **套** tào 떙 세트 | **系统** xìtǒng 圐 시스템 | **方式** fāngshì 圐 방식, 방법

6.

> 有些人认为："电子书会取代纸质图书。"你同意这种观点吗？为什么？(2.5分钟)
>
> 어떤 사람들은 "전자책이 종이책을 대체할 것이다."라고 생각합니다. 당신은 이 관점에 동의하나요? 왜 그렇게 생각하나요? (2분 30초)

모범답안 ● track 827

　　在①电子技术的发展下①，除了纸质图书之外，电子书也逐渐成为了阅读最普遍的方式。我认为，电子书早晚会取代纸质图书，以下是我个人对②电子书的理解②:

---

③ 我认为 나의 의견을 말할 때 도입 부분에 사용

④ 有时候 어떤 상황을 나열하거나 이야기할 때 자주 쓰는 표현

⑤ 首先，然后，接下来，最后 어떤 행동, 상황 등을 순서대로 나열할 때 쓰는 표현

⑥ A利于B A는 B에 이롭다/도움이 된다
'A对B有益', 'A对B有帮助' 등으로 바꿔서 표현할 수 있다

⑦ 总而言之 결론을 도출할 때 쓰는 표현으로, '总之', '总之一句话' 등으로 바꿔서 말할 수 있다

남쌤 만의 **고득점 tip**

본인은 전자책과 종이책 중 어느 쪽을 선호하는지, 그 이유는 무엇인지 생각해 보면, 보다 쉽게 답할 수 있을 것이다.

第一③，电子书迅速发展的原因首先是因为很便捷，任何书都可以存到移动设备中，走到哪里看到哪里，不受空间限制，而纸质图书会多多少少占据空间面积；第二③，电子书的获取方式简单，在网上购买并下载需要的书，就可以立即享受，而纸质图书在网上购买后，可能还要经过一段时间才能收到；第三③，电子书的成本很低，因此购买时能减轻一些负担，为书迷们提供更多的阅读机会，相反④，由于各种材料价格上涨，导致纸质图书成本和定价偏高，购买纸质书的人越来越少；最后③，电子书除了以上几项优点外⑤，还能起到环保的作用，纸质图书的制作需要大量的树木，这样不利于⑥可持续发展。综上所述⑦，我认为，电子书是未来必然发展的方向。

표현 활용 tip

① 在A下　A(조건) 하에/아래
일정한 범위, 상황, 조건 등에 속함을 나타낸다

② 以下是我个人对A的理解
A에 대한 이해를 설명할 때 쓰는 표현

③ 第一，第二，第三，最后
이유나 근거를 나열해서 말할 때 문장 앞에 쓴다

④ 相反　앞 문장과 반대되는 내용을 말하기 전, 도입 부분에 사용

⑤ 除了以上几项优点外　앞에 열거한 여러 장점 이외에 추가로 장점을 말하고 싶을 때 사용

⑥ A不利于B　A는 B에 불리하다/좋지 않다
'A对B不好', 'A对B有害'로 바꿔 쓸 수 있으며, 반대 표현으로는 'A对B有益', 'A对B有帮助' 등이 있다

⑦ 综上所述　앞에 말한 내용을 종합해서 말한다는 '总而言之'로도 바꿔 말할 수 있다

해석　전자 기술의 발전 아래 종이 도서 외에도 전자책 또한 점차 독서의 가장 보편적인 방식이 되어가고 있습니다. 저는 전자책이 조만간 종이책을 대체할 것으로 생각합니다. 아래는 제 개인적인 전자책에 대한 이해입니다.

첫째, 전자책이 빠르게 발전한 원인은 우선 편리하기 때문입니다. 어떠한 책이라도 모바일 기기에 모두 담을 수 있으며, 어디서든 책을 볼 수 있어 공간의 제약을 받지 않습니다. 하지만 종이책은 많든 적든 간에 공간을 차지하게 됩니다. 둘째, 전자책을 얻는 방식은 간단합니다. 필요한 책을 인터넷에서 구매 후 다운받기만 하면 바로 볼 수 있습니다. 하지만 종이책은 인터넷에서 구매 후 어느 정도 시간이 지나야 받을 수 있습니다. 셋째, 전자책은 비용이 저렴해 구매 시 부담을 줄일 수 있어 책을 좋아하는 사람들에게 더 많은 독서 기회를 제공합니다. 반대로, 각종 재료 가격의 인상으로 인해 종이책의 비용 및 가격도 높아져 종이책을 구매하는 사람은 점점 줄어들고 있습니다. 마지막으로, 전자책은 앞서 말한 몇 가지 장점 외에도 환경 보호의 역할도 합니다. 종이책의 제작에는 대량의 목재가 필요하므로 지속 가능한 발전에 도움이 되지 않습니다.

앞서 말한 내용을 종합하면, 저는 전자책은 미래의 필연적인 발전 방향이라고 생각합니다.

어휘　**有些** yǒuxiē 때 어떤 것, 일부 | **电子书** diànzǐshū 명 전자책 | **取代** qǔdài 통 대체하다, 대신하다 | **纸质** zhǐzhì 명 종이 | **图书** túshū 명 도서 | **观点** guāndiǎn 명 관점, 견해 | **技术** jìshù 명 기술 | **发展** fāzhǎn 명 발전 | **逐渐** zhújiàn 부 차츰, 점점 | **成为** chéngwéi ~이 되다, ~로 되다 | **阅读** yuèdú 통 (책·신문 등을) 보다 | **普遍** pǔbiàn 형 보편적인, 일반적인 | **方式** fāngshì 명 방식, 방법 | **早晚** zǎowǎn 부 조만간 | **以下** yǐxià 명 아래, 이하 | **个人** gèrén 명 개인 | **理解** lǐjiě 통 이해하다, 알다 | **迅速** xùnsù 신속하다, 재빠르다 | **首先** shǒuxiān 부 가장 먼저, 우선 | **便捷** biànjié 통 편리하다 | **任何** rènhé 때 어떠한, 무슨 | **存** cún 통 담다, 보존하다 | **移动** yídòng 통 옮기다, 움직이다 | **设备** shèbèi 명 설비, 시설 | **受** shòu 통 받다, 받아들이다 | **空间** kōngjiān 명 공간 | **限制** xiànzhì 명 제한, 제약 | **而** ér 접 하지만, 그러나, 그렇지만 | **多多少少** duōduō shǎoshǎo 부 많든 적든 간에 | ★**占据** zhànjù 통 점거하다, 점유하다 | **面积** miànjī 명 면적 | **获取** huòqǔ 통 얻다, 획득하다 | **购买** gòumǎi 통 사다, 구매하다 | **下载** xiàzài 통 다운로드하다 | **立即** lìjí 부 곧, 즉시, 바로 | **享受** xiǎngshòu 통 누리다, 즐기다 | **经过** jīngguò 통 경험하다, 경과하다 | **收到** shōudào 통 받다, 얻다 | ★**成本** chéngběn 명 비용, 원가, 자본금 | **低** dī 형 낮다 | **减轻** jiǎnqīng 통 줄다, 감소하다 | ★**负担** fùdān 명 부담, 책임 [减轻负担: 부담을 줄이다] | **迷** mí 명 팬, 마니아 | **相反** xiāngfǎn 접 반대로, 거꾸로 | **由于** yóuyú 접 ~때문에, ~로 인하여 | **上涨** shàngzhǎng 통 (물가·수위가) 오르다, 상승하다 [价格上涨: 가격이 오르다] | **导致** dǎozhì 통 (어떤 사태를) 야기하다, 초래하다 | **定价** dìngjià 명 가격, 정가 | **偏高** piāngāo 형 (가격 등이) 일방적으로 높다 | **越来越** yuèláiyuè 부 점점, 갈수록 | **项** xiàng 양 가지, 항목 | **优点** yōudiǎn 명 장점 | **环保** huánbǎo 명 환경 보호 | **作用** zuòyòng 명 역할, 작용 [起到作用: 역할을 다하다] | **制作** zhìzuò 통 제작하다, 만들다 | **需要** xūyào 통 필요하다, 요구되다 | **大量** dàliàng 형 대량의, 다량의 | **树木** shùmù 명 나무, 수목 | **不利于** búlìyú ~에 불리하다, ~에 좋지 않다 | **持续** chíxù 통 지속하다 | **综上所述** zōngshàngsuǒshù 앞서 말한 내용을 종합하면 | **未来** wèilái 명 미래 | **必然** bìrán 형 필연적이다 | **方向** fāngxiàng 명 방향

모의고사 (4회)

1. 🔊 track 828

嫦娥奔月是中国古代的神话传说。相传嫦娥的丈夫后羿得到了一枚吃下可以升天的仙丹，交给嫦娥保管。后来有坏人要抢走仙丹，嫦娥为保仙丹，便吞了下去，结果她直奔到了月亮上，从此与后羿分离。月老见二人不能相见每天难过的样子，于心不忍，就让嫦娥与后羿在每年八月十五这天相会。这就是中秋节团圆习俗的由来。

해석 항아분월(항아가 달로 날아가다)은 중국 고대 신화이다. 항아의 남편 후예는 먹으면 승천할 수 있는 선단을 얻어 항아에게 맡겼다고 한다. 후에 악인이 선단을 훔쳐 가려 해서 항아는 선단을 보호하기 위해 그것을 삼켰고, 결국 달로 곧장 올라갔으며 그때부터 후예와 이별하게 되었다. 월하노인은 두 사람이 만날 수 없어 매일 괴로워하는 모습을 보고 마음에 걸려 항아와 후예에게 매년 8월 15일에 만날 수 있게 해 주었다. 이것이 중추절에 가족이 한데 모이는 풍습의 유래이다.

어휘 嫦娥奔月 Cháng'é bēnyuè 항아분월 | **古代** gǔdài 몡 고대 | **神话** shénhuà 몡 신화 | **传说** chuánshuō 몡 전설 | **相传** xiāngchuán 동 ~라고 전해지다, ~라고 전해오다 | **嫦娥** Cháng'é 고유 항아 [중국 고대 전설상의 선녀] | **后羿** Hòuyì 고유 후예 [중국 고대 전설상의 인물로 활을 잘 쏘기로 유명함] | **得到** dédào 동 얻다, 받다 | ★**枚** méi 양 매, 장, 개 [비교적 작은 조각으로 된 사물을 세는 단위] | **升天** shēngtiān 동 승천하다 | **仙丹** xiāndān 몡 선단 [중국 전설에서 신선이 만드는 약으로, 먹으면 장수하고 죽지 않는다고 전해짐] | ★**保管** bǎoguǎn 동 보관하다, 보증하다 | **坏人** huàirén 몡 악인, 나쁜 사람 | **抢走** qiǎngzǒu 동 빼앗아 가다 | **保** bǎo 동 보호하다 | **便** biàn 분 곧, 바로 [=就] | **吞** tūn 동 (통째로) 삼키다 | **直奔** zhíbèn 동 곧장 달려가다, 직행하다 | **从此** cóngcǐ 분 그로부터, 이로부터 | **分离** fēnlí 동 이별하다 | **月老** yuèlǎo 고유 월하노인 [부분의 인연을 맺어 준다는 중국 전설상의 노인] [=月下老人] | **相见** xiāngjiàn 동 만나다 | **于心不忍** yúxīn bùrěn 셍 마음에 걸리다 | **相会** xiānghuì 동 만나다 [A与B相会: A와 B가 만나다] | **中秋节** Zhōngqiū Jié 고유 중추절, 추석, 한가위 | ★**团圆** tuányuán 동 (오랫동안 헤어졌다가) 한데 모이다, 흩어졌다가 다시 모이다 | ★**习俗** xísú 몡 풍속, 습속 | **由来** yóulái 몡 유래, 출처

모범답안 🔊 track 829

嫦娥奔月是中国神话传说。相传嫦娥的丈夫后羿得到了可以升天的仙丹，交给嫦娥保管。嫦娥为避免坏人抢走仙丹，就吞下了仙丹，结果飞到了月亮上，与后羿分离。月老见他们每天思念对方，就让二人在每年八月十五这天相会，这就是中秋节团圆习俗的由来。

해석 항아분월(항아가 달로 날아가다)은 중국 고대 신화이다. 항아의 남편 후예는 승천할 수 있는 선단을 얻어 항아에게 맡겼다고 한다. 항아는 악인이 선단을 훔쳐가는 것을 피하기 위해 선단을 삼켰고, 결국 달로 올라가면서 후예와 이별했다. 월하노인은 그들이 매일 상대방을 그리워하는 것을 보고 두 사람을 매년 8월 15일에 만날 수 있게 해 주었는데, 이것이 바로 중추절에 가족이 한데 모이는 풍습의 유래이다.

미니 정리

핵심 어휘 嫦娥奔月

인물 嫦娥 / 丈夫后羿 / 月老

원인 嫦娥的丈夫后羿得到了一枚吃下可以升天的仙丹，交给嫦娥保管

과정 坏人要抢走仙丹 / 嫦娥为保仙丹，便吞了下去 / 她直奔到了月亮上，从此与后羿分离

결과 让嫦娥与后羿在每年八月十五这天相会 / 这就是中秋节团圆习俗的由来

남쌤 만의 **고득점 tip**

이야기에서 등장인물이 여러 명이 나오면, 등장인물에 대한 각각의 행동, 특징 등을 제대로 연결지어 정확하게 기억하고 있어야 한다.

2. ● track 830

　　乘坐公共交通工具时，你会 <mark>和陌生人交流</mark>吗？对于这个问题，可能大部分人的答案都是否定的。<u>根据最新调查显示</u>，<u>在旅途中，多与陌生人交流会使心情更愉快，而且感受到的幸福感也比独自一人时更强</u>。行为学家认为：<u>对陌生人友好，不管是对自己和对方的幸福，还是对整个社会的健康，都有意想不到的好处</u>！

미니 정리

주제 和陌生人交流

특징1 在旅途中，多与陌生人交流会使心情更愉快

특징2 感受到的幸福感也比独自一人时更强

결과 对陌生人友好，不管是对自己和对方的幸福，还是对整个社会的健康，都有意想不到的好处

　　해석 대중교통을 탈 때, 당신은 낯선 사람과 교류를 할 수 있는가? 이 문제에 대해서 대부분 사람은 아니라고 답할 것이다. 최신 조사 결과에 따르면 여행 중 낯선 사람과 교류를 많이 하면 기분이 더 즐거워지고, 행복감도 혼자일 때보다 훨씬 크다고 한다. 행동학자는 낯선 사람에게 우호적이면 자신과 상대방의 행복이든 전체 사회의 건강이든 상관없이 모두에게 생각하지 못한 장점이 있다고 생각한다!

　　어휘 **公共** gōnggòng 형 공공의, 공용의 | **交通工具** jiāotōng gōngjù 교통수단 | **陌生人** mòshēngrén 명 낯선 사람 | **大部分** dàbùfen 명 대부분 | **否定** fǒudìng 동 (어떤 존재나 사실을) 부정하다 | **最新** zuìxīn 형 최신의 | **显示** xiǎnshì 동 보여주다 | **旅途** lǚtú 명 여정, 여행 | **感受** gǎnshòu 동 느끼다 | **幸福感** xìngfúgǎn 명 행복감 | **独自** dúzì 부 혼자서, 단독으로 | **强** qiáng 형 강하다 | **行为学家** xíngwéixuéjiā 명 행동학자 | **对方** duìfāng 명 상대방, 상대편, 상대 측 | **整个** zhěnggè 형 전체의, 모두의, 전부의 | **意想** yìxiǎng 동 생각하다, 예상하다, 예측하다 | **不到** búdào 동 미치지 못하다, 이르지 못하다 ['不'의 성조 변화 주의]

모범 답안 ● track 831

　　大部分人表示乘坐公共交通工具时，都不会和陌生人交流。据调查，旅途中，多与陌生人交流会使心情更愉快，幸福感比独自一人时更强。行为学家认为，对陌生人友好，不管对自己还是对方，甚至是社会，都有好处！

남쌤 만의 **고득점 tip**

핵심 어휘와 접속사를 정확하게 들어야 하는 문장이다. 하고자 하는 말이 무엇인지, 또한 접속사의 뜻을 정확하게 이해하지 못하면 문장의 의미를 파악하기 어려우므로 키워드가 되는 어휘들을 잘 들어 보자.

　　해석 대부분 사람들은 대중교통을 탈 때 낯선 사람과 교류하지 않을 것이다. 조사에 따르면 여행 중 낯선 사람과 교류를 많이 하면 기분이 더 즐겁고 행복감도 혼자일 때보다 훨씬 높다고 한다. 행동학자는 낯선 사람에게 우호적이면 자신이나 상대방, 심지어 사회에 모두 좋은 점이 있다고 생각한다!

3. ● track 832

　　近几年，越来越多的人喜欢养 <mark>君子兰</mark>，这是因为君子兰不仅观赏价值高，还能吸附<u>空气中的灰尘</u>。君子兰对光的要求不高，即使光线很微弱，也能进行光合作用，释放氧气。在十几平方米的室内，只要有两三盆君子兰，就可以<u>起到净化空气的作用</u>。特别是在门窗紧闭、空气不通的房间里，君子兰能起到很好的调节作用，优化室内环境。

미니 정리

핵심 어휘 君子兰

좋아하는 이유 观赏价值高 / 能吸附空气中的灰尘 / 起到净化空气的作用

　　해석 최근 몇 년 동안 점점 많은 사람들이 군자란을 즐겨 기르고 있다. 이는 군자란이 관상 가치가 높을 뿐만 아니라 공기 중 먼지를 빨아들일 수 있기 때문이다. 군자란은 빛을 크게 필요로 하지 않고, 일조량이 적더라도 광합성을 할 수 있고 산소를 내뿜을 수 있다. 10여 제곱미터의 실내에 군자란 화분 두세 개만 있으면 공기 정화 작용을 할 수 있다. 특히 문과 창문이 꽉 닫혀 있고 공기가 잘 통하지 않는 방에서 군자란은 훌륭한 조절 역할을 해 실내 환경을 최적화할 수 있다.

近几年 jìn jǐnián 최근 몇 년 | **越来越** yuèláiyuè 및 점점, 갈수록 | **养** yǎng 동 (가축·화초 등을) 키우다, 기르다 | **君子兰** jūnzǐlán 명 군자란 | **观赏** guānshǎng 명 관상 | **价值** jiàzhí 명 가치 [价值高: 가치가 높다] | **吸附** xīfù 동 흡착하다 | **灰尘** huīchén 명 먼지 [吸附灰尘: 먼지를 흡착하다] | **光线** guāngxiàn 명 빛, 광선 | **微弱** wēiruò 형 미약하다, 허약하다 | **光合作用** guānghé zuòyòng 광합성 | ★**释放** shìfàng 동 내보내다, 방출하다 | ★**氧气** yǎngqì 명 산소 | **平方米** píngfāngmǐ 양 제곱미터(㎡) | **室内** shìnèi 명 실내 | **盆** pén 명 대야, 화분 | **作用** zuòyòng 명 작용, 역할 [起到作用: 작용을 하다] | **净化** jìnghuà 정화하다, 맑게 하다 [净化空气: 공기를 정화하다] | **门窗** ménchuāng 명 문과 창문 | **紧闭** jǐnbì 형 (문 등을) 꽉 닫다 | **不通** bùtōng 동 통하지 않다, 막히다 | ★**调节** tiáojié 동 조절하다 | **优化** yōuhuà 동 최적화하다

모범답안 ● track 833

　　很多人喜欢养君子兰，是因为君子兰不仅观赏价值高，而且能吸附灰尘。即使光线微弱，君子兰也能进行光合作用，释放氧气。在十几平方米的室内，只要有两三盆君子兰就可以净化空气。君子兰在门窗紧闭的房间也能很好地优化室内环境。

남쌤 만의 **고득점 tip**

글의 앞부분에서 어떤 사실에 대해 언급했다면, 그 뒤에는 대체로 그 사실을 뒷받침하는 내용을 말한다.

해석 많은 사람들이 군자란 키우기를 좋아하는 것은 군자란은 관상 가치가 높을 뿐만 아니라 먼지를 빨아들일 수 있기 때문이다. 설령 빛이 미약해도 군자란은 광합성 작용을 해 산소를 방출한다. 십여 제곱미터의 실내에서 오직 군자란 화분 두세 개만 있어도 공기를 정화할 수 있다. 군자란은 문과 창문이 닫힌 방에서도 실내 환경을 최적화할 수 있다.

4.

> 　　古城丽江的清晨并没有太多的修饰，总是平平淡淡从从容容的。清晨，阳光洒在丽江小溪旁的青石板路上，而这里的人们仍然还沉浸在昨夜甜美的梦乡中。这时古城的店铺还没开始营业，此时的古城似乎更迷人，更清幽！在这样安静的氛围中，连那些步履匆匆的外来客们也会不由自主地停下脚步，静静地聆听并享受这份恬静。
>
> 　　大约上午九、十点钟，古城"伸伸懒腰"、"起床"了。街边的小店也陆陆续续开了门，街道变得熙熙攘攘起来。这正是喝茶的好时间，走进一家小店，要一份早茶，坐在小桥边，望着桥下验证了千年沧桑变迁的流水，恍惚间，我竟然进入了忘我的境界。那种感觉深深地感染并吸引着我，无比温馨，让我终生难忘。

해석 고성 리장의 이른 아침은 지나친 꾸밈이 없으며 항상 평범하고 여유가 있다. 이른 아침, 햇빛이 리장의 냇가의 푸른 돌길 위를 비추어도 이곳 사람들은 여전히 어젯밤 단꿈에 빠져 빠져 있다. 이때 고성의 가게들은 아직 영업을 시작하지 않으며, 이 시간의 고성은 훨씬 매혹적이고 더 아름답다! 이런 조용한 분위기 속에서는 분주히 움직이던 타지의 여행객들조차 저도 모르게 발걸음을 멈추고 이 한적함을 느끼고 즐긴다.

　　대략 오전 아홉 시에서 열 시가 되면, 고성은 '기지개를 켜고', '잠에서 깨어난다'. 거리의 작은 가게들도 줄줄이 문을 열고 거리는 북적북적해진다. 이때가 차 한 잔하기에 좋은 시간이다. 한 가게에 들어가 모닝티 한 잔 주문하고, 작은 다리 주변에 앉아 다리 아래 천년의 역사를 가진 흐르는 강을 보고 황홀해지는 순간, 자신을 잊어버리는 경지에 들어선다. 이 느낌은 나를 깊이 감동시키고 빠져들게 하였으며, 그 어느 때보다 따뜻함을 느꼈기에 평생 잊지 못하는 기억이 되었다.

어휘 **古城** gǔchéng 명 오래된 도시 | **丽江** Lìjiāng 고유 리장 | ★**清晨** qīngchén 명 이른 아침 | **修饰** xiūshì 동 꾸미다, 단장하다, 장식하다 | **总是** zǒngshì 및 항상, 늘, 줄곧 | **平平淡淡** píngpíngdàndàn 형 평범하다, 무미건조하다 | **从从容容** cóngcóngróngróng 형 여유가 있다, 느긋하다 | **阳光** yángguāng 명 햇빛, 태양의 빛 | **洒** sǎ 동 (물이나 물건을) 뿌리다, 흩뿌리다 | **小溪** xiǎoxī 명 개울, 냇가 | **青石** qīngshí 명 청석, 푸른 빛깔을 띤 응회암 | **仍然** réngrán 및 여전히, 아직도 | **沉浸** chénjìn 동 잠기다, 빠지다, 휩싸이다 | **昨夜** zuóyè 명 어젯밤 | **甜美** tiánměi 형 달콤하다, 달다 | **梦乡** mèngxiāng 명 꿈나라 | **店铺** diànpù 명 점포, 상점, 가게 | **营业** yíngyè 동 영업하다 | **此时** cǐshí 명 이때,

지금 | **似乎** sìhū 閨 마치 ~인 것 같다 | ★**迷人** mírén 통 사람을 홀리다, 마음이 끌리다 | **清幽** qīngyōu 휑 수려하고 그윽하다 | **安静** ānjìng
휑 조용하다, 고요하다 | **氛围** fēnwéi 명 분위기 | **步履** bùlǚ 명 보행, 행동 | **匆匆** cōngcōng 휑 분주한 모양, 황급한 모양 | **停** tíng 통 멈추
다, 멎다 | **脚步** jiǎobù 명 발걸음 | **静静** jìngjìng 통 조용하다 | **聆听** língtīng 통 새겨듣다, 공손히 듣다 | **享受** xiǎngshòu 통 즐기다, 누리다
| **恬静** tiánjìng 휑 평안하고 고요하다 | **伸** shēn 통 (신체나 물체의 일부분을) 펴다, 펼치다 | **懒腰** lǎnyāo 명 나른한 허리, 피로한 허리 | **小店**
xiǎodiàn 명 작은 가게 | **陆陆续续** lùluxùxù 끊임없이, 계속해서 | **熙熙攘攘** xīxī rǎngrǎng 휑 북적거리다, 왕래가 빈번하고 번화하다 | **桥**
qiáo 명 다리 | ★**验证** yànzhèng 통 검증하다 | **沧桑** cāngsāng 명 세상의 온갖 풍파 | ★**变迁** biànqiān 명 변천하다 | **恍惚** huǎnghū 휑
(너무 훌륭해서) 황홀하다 | ★**境界** jìngjiè 명 경지 | **感染** gǎnrǎn 통 감염되다, 전염되다, 감동시키다 | **吸引** xīyǐn 끌어당기다, 유인하다 |
★**无比** wúbǐ 휑 더 비할 바가 없다, 아주 뛰어나다 [주로 좋은 방면에 쓰임] | **温馨** wēnxīn 휑 온화하고 향기롭다, 따스하다 | **终生** zhōngshēng
명 일생, 평생 | **难忘** nánwàng 휑 잊기 어렵다, 잊을 수 없다

모범 답안 ● track 834

　　古城丽江的清晨 / 并没有太多的修饰，总是①平平淡淡 / 从
从容容的。清晨，阳光洒在丽江小溪旁的 / 青石板路上，而这里
的人们 / 仍然还沉浸在 / 昨夜甜美的梦乡中。这时古城的店铺 /
还没开始营业，此时的古城 / 似乎②更迷人，更清幽！在这样安
静的氛围中，连那些步履匆匆的外来客们 / 也会不由自主地 / 停
下脚步，静静地 / 聆听并享受 / 这份恬静。

　　大约上午九、十点钟，古城"伸伸懒腰"、"起床"了。街边
的小店也 / 陆陆续续开了门，街道变得熙熙攘攘起来。这正是喝
茶的好时间③，走进一家小店，要一份④早茶，坐在小桥边，望
着桥下 / 验证了千年沧桑变迁的流水，恍惚间，我竟然进入了 /
忘我的境界。那种感觉深深地感染⑤ / 并吸引着我，无比温馨，
让我终生难忘。

발음 tip

① **总是** 설치음(z)+권설음(sh)
발음 주의!

② **似乎** '似'는 다음자로, 여기
에서는 sì로 읽고, '乎'는 경성으
로 읽는다

③ **好时间** 3성 성조 변화 주의!
3성 뒤에 2성이 올 경우 반3성
+2성으로 읽는다. 3성+2성+1
성 → 반3성+2성+1성

④ **一份** '一'의 성조 변화 주의!
뒤에 4성이 오면 2성으로 읽는
다. 1성+4성 → 2성+4성

⑤ **感染** 3성+3성이 오면 앞의
3성을 2성으로 바꿔서 읽는다.
3성+3성 → 2성+3성

5.

如今，很多大学毕业生选择自己创业。请你谈谈大学毕业后，自己创业和进公司工作的优势和劣势。(2.5分钟)

최근 많은 대학 졸업생이 자기 창업을 선택합니다. 당신은 대학 졸업 후, 자기 사업을 시작하는 것과 회사에 입사해 일하는 것의 장단점을 말해 보세요. (2분 30초)

모범답안 ● track 835

　　很多大学生毕业后都会被一个问题困扰，那就是到底是创业，自己做老板？还是要进公司，朝九晚五上下班？其实，工作和①创业都各有利弊，最重要的是①要结合自己的情况来做决定。

　　我认为②，创业的好处首先③是可以实现上下班时间的自由，不用看别人眼色做事；另外③，创业是自己的生意，只要高付出，就有高回报，由此提升个人价值；还有③，一旦创业成功，会增强自信，获得成就感。

　　但创业也有弊端，比如④无法将个人生活与工作分开，工作与生活的界限逐渐模糊，在非常繁忙的时候，节假日也可能在工作；最后③，创业的风险很高，收入不稳定，一旦不成功，就会赔本。与此相比⑤，上班的好处是收入稳定，工作量可以调节；另外，朝九晚五比较规律，可以做到工作生活两不误。最后，进公司工作时可以大胆尝试各种方法，而且承受的风险也相对较小。

남쌤 만의 **고득점 tip**

창업과 취업은 각각 장단점이 있다. 둘 중에서 졸업 후에 본인이 나아가고 싶은 방향, 본인이 선호하는 것을 생각해 보고 정리해서 말해 보자.

표현 활용 tip

① A和B都各有利弊，最重要的是C 장단점에 대해 이야기할 때 장점과 단점을 명확하게 구분 짓지 않고, 가장 중요한 다른 것을 이야기할 때 쓰는 구문
② 我认为 나의 의견을 말할 때 도입 부분에 사용
③ 首先，另外，还有，最后 말하고자 하는 내용을 순서대로 열거할 때 쓰는 표현
④ 比如 예시를 열거할 때 쓰는 표현
⑤ 与此相比 앞의 예시와 비교하고자 할 때 유용한 표현

해석 많은 대학생들이 졸업 후에 모두 하나의 문제로 고민합니다. 그것은 바로 창업을 해 본인이 사장이 될 것인지, 회사에 들어가 아침 9시 출근하고 오후 5시에 퇴근하는 직장인이 될 것인지에 대한 고민입니다. 사실 일과 창업 모두 장단점이 있습니다. 가장 중요한 것은 자신의 상황에 맞는 결정을 해야 한다는 것입니다.

　저는 창업의 장점은 먼저 출퇴근 시간으로부터 자유롭고 일할 때 다른 사람의 눈치를 보지 않아도 되는 것에 있다고 생각합니다. 그 밖에도 창업은 자신의 사업이라 큰 노력을 투자하면 돌아오는 것도 많으므로 개인의 가치를 높일 수 있습니다. 그리고 창업에 성공하면 자신감이 올라가고 성취감을 느낄 수 있습니다.

　그러나 창업에도 단점은 있습니다. 예를 들면 개인 생활과 업무를 분리하기 어려워 업무와 생활의 경계가 점점 모호해지고, 바쁠 때는 휴일에도 일해야 할 수도 있습니다. 마지막으로, 창업의 위험성은 매우 크고 수입도 불안정해 성공하지 못하면 적자를 볼 수도 있습니다. 이와는 반대로 직장인의 좋은 점은 수입이 안정적이고 업무량을 조절할 수 있다는 것입니다. 이 외에도 규칙적으로 9시에 출근, 5시에 퇴근할 수 있어 업무와 생활 둘 다 지장이 없습니다. 끝으로, 회사에서 일할 땐 대담하게 여러 방법을 시도해 볼 수 있으며, 감당해야 하는 위험도 상대적으로 작습니다.

어휘 如今 rújīn 图 (비교적 먼 과거에 대하여) 최근, 현재, 지금 [≒最近] | 毕业生 bìyèshēng 图 졸업생 | 选择 xuǎnzé 图 고르다, 선택하다 | ★创业 chuàngyè 创업하다, 사업을 시작하다 | 进 jìn 图 나아가다, (밖에서 안으로) 들다 | 优势 yōushì 图 장점, 우세 | 劣势 lièshì 图 단점, 열세 | 朝九晚五 zhāo jiǔ wǎn wǔ 아침 9시에 출근해서 저녁 5시에 퇴근하다 | 上下班 shàngxiàbān 图 출퇴근하다 | 利弊 lìbì 图 장단점 | 结合 jiéhé 图 결합하다, 결부하다 | 好处 hǎochù 图 좋은 점, 장점 | 首先 shǒuxiān 때 첫째, 먼저 | 实现 shíxiàn 图 실현하다, 달성하다 | 自由 zìyóu 图 자유롭다 | 不用 búyòng 图 ~할 필요가 없다 | ★眼色 yǎnsè 图 눈치, 눈짓 | 生意 shēngyi 图 장사, 사업 | 付出 fùchū 图 들이다, 바치다 | ★回报 huíbào 图 보답하다 | 由此 yóucǐ 图 이에 따라, 이에 근거하여 | 提升 tíshēng 图 높이다 | 个人 gèrén 图 개인 | 价值 jiàzhí 图 가치 [提升价值: 가치를 높이다] | 还有 háiyǒu 图 그리고, 또한 | 一旦 yídàn 图 일단 ~한다면 [아직 일어나지 않은 가정의 상황을 나타냄] | 成功 chénggōng 图 성공하다 | 增强 zēngqiáng 图 강화하다, 증강하다, 높이다 | 自信 zìxìn 图 자신감, 자신 [增强自信: 자신감을 강화하다] | 获得 huòdé 图 얻다, 획득하다, 손에 넣다 | 成就感 chéngjiùgǎn 图 성취감 [获得成就感: 성취감을 얻다] | ★弊端 bìduān 图 폐단, 폐해 | 无法 wúfǎ 图 방법이 없다, 할 수 없다 | 将 jiāng 团 ~을/를 [=把] | 与 yǔ 团 ~와/~과 | 分开 fēnkāi 图 분리하다, 나누다 | 界限 jièxiàn 图 경계 | 逐渐 zhújiàn 图 점점, 점차 | 模糊 móhu 图 모호하다, 분명하지 않다 | 繁忙 fánmáng 图 일이 많고 바쁘다 | 节假日 jiéjiàrì 图 명절과 휴일, 경축일과 휴일 | 风险 fēngxiǎn 图 위험, 모험 | 收入 shōurù 图 수입, 소득 | 稳定 wěndìng 图 안정적이다 [收入稳定: 수입이 안정적이다] | 赔本 péiběn 图 적자를 보다, 밑지다, 손해를 보다 | 相比 xiāngbǐ 图 비교하다, 견주다 [与……相比: ~와 비교하다] | 工作量 gōngzuòliàng 图 업무량, 작업량 | ★调节 tiáojié 图 조절하다 | 规律 guīlǜ 图 규칙, 규율, 법칙 | 误 wù 图 지장, 잘못 | 大胆 dàdǎn 图 대담하다 | ★尝试 chángshì 图 시도해 보다, 테스트해 보다 | 各种 gèzhǒng 图 여러 가지의, 각종의 | 方法 fāngfǎ 图 방법, 수단 [尝试方法: 방법을 시도하다] | 而且 érqiě 图 뿐만 아니라, 게다가 | 承受 chéngshòu 图 감당하다, 견뎌 내다, 이겨 내다 | 相对 xiāngduì 图 비교적, 상대적으로

6.

请谈谈你平时是如何有效地管理时间的？(2.5分钟)

당신은 평소에 시간을 어떻게 효과적으로 관리하나요? (2분 30초)

모범 답안 ● track 836

　　时间对每个人都很公平，能有效管理时间的人才能掌控自己的人生。在生活中，我一直在尝试有效地管理时间，<u>下面，我来分享几个</u>①<u>管理时间的好方法</u>①：

　　<u>第一</u>②，每天列出重要任务，把要做的事写在备忘录上，完成一件就划掉一件，这样能清晰地看出这一天做的事情，也能在做完每一件事情上，产生成就感；<u>第二</u>②，合理运用碎片时间，<u>比如</u>③利用等车、排队等时间上网查查资料，打个电话<u>等等</u>③，这样可以让其他整块时间做事更专注；<u>第三</u>②，养成"今日事，今日毕"的好习惯，不拖延④任务，有条理地做好该做的事，避免⑤以后时间来不及，手忙脚乱，不知所措；<u>最后</u>②，适当加快节奏，提高办事效率，在有限的时间内创造更多的价值。

　　其实⑥，生活中，只要能有效地管理好大部分的时间，我们的生活体验都会大有不同，相信自己的不断进步一定会提高我们的生活质量！

남쌤 만의 **고득점 tip**

모든 사람에게 주어지는 시간은 동일하지만, 시간을 관리하는 방법은 각자 다를 것이다. 본인이 평소 어떻게 시간을 쓰고 관리하는지, 나만의 특별한 시간 관리 방법이 있다면 정리해서 말해 보자.

표현 활용 tip

① 下面，我来分享几个A的好方法　A의 방법을 소개할 때 문장 도입에 쓰기 좋은 표현

② 第一，第二，第三，最后　이유나 근거를 나열해서 말할 때 문장 앞에 넣어 표현

③ 比如……等等　예시를 열거할 때 쓰는 표현으로, 뒤에 '等等'은 열거한 예시 외에 더 있을 수 있음을 의미한다

④ 拖延　인위적인 요인으로 인해 시간을 미루며 신속하게 처리하지 않음을 의미한다

시간은 모든 사람에게 공평하며, 효과적으로 시간을 관리하는 사람만이 자신의 인생을 장악할 수 있습니다. 일상에서 저는 효과적으로 시간을 관리하려고 시도해 보고 있습니다. 아래에서 시간 관리에 좋은 방법 몇 가지를 공유합니다.

첫째, 매일 중요한 일을 열거하고 해야 할 일을 메모장에 적어둔 후 완성하면 줄을 긋습니다. 이렇게 하면 그날 한 일을 명확히 알 수 있으며, 일을 하나씩 완성할 때마다 성취감이 생깁니다. 둘째, 자투리 시간을 합리적으로 활용합니다. 예를 들면 차를 기다리거나 줄을 서는 시간을 이용해 인터넷에서 자료 찾기, 전화하기 등입니다. 이렇게 하면 다른 시간에 더 집중해 일을 할 수 있습니다. 셋째, '오늘 할 일은 오늘 끝내는' 좋은 습관을 들이는 것입니다. 일을 미루지 않고, 해야 할 일을 짜임새 있게 하여 이후에 시간이 촉박해져 허둥지둥하고 갈팡질팡하는 상황이 생기지 않도록 합니다. 마지막으로, 템포를 적당히 빠르게 해 일 처리의 효율을 높여 제한된 시간 내에 더욱 많은 가치를 창출합니다.

사실, 일상에서 대부분 시간을 효과적으로 관리할 수만 있다면 우리의 삶도 많이 달라질 것입니다. 자신의 끊임없는 발전이 우리 삶의 질을 높여줄 것이라고 믿습니다!

⑤ 避免+A　A를 피하다/모면하다/방지하다

A에는 주로 좋지 않은 상황, 바라지 않는 내용이 온다

⑥ 其实　앞 문장과 상반된 의미가 오고 자신이 하고자 하는 말에 강조할 때 쓰인다

어휘 平时 píngshí 명 평소, 평상시 | 如何 rúhé 대 어떻게, 어떻게 하면 [≒怎么] | 有效 yǒuxiào 형 효과가 있다 | 管理 guǎnlǐ 동 관리하다 [管理时间: 시간을 관리하다] | 公平 gōngpíng 형 공평하다 | 掌控 zhǎngkòng 동 장악하다, 통제하다 | 人生 rénshēng 명 인생 | ★尝试 chángshì 동 시도해 보다, 테스트해 보다 | 下面 xiàmian 명 아래, 다음 | 分享 fēnxiǎng 동 (기쁨·행복·이점 등을) 공유하다, 함께 나누다 | 方法 fāngfǎ 명 방법, 방식 | 列出 lièchū 동 열거하다, 늘어놓다 | 任务 rènwu 명 일, 임무 | 备忘录 bèiwànglù 명 비망록, 메모장 | 划 huà 동 (금을) 긋다, 가르다 | ★清晰 qīngxī 형 명확하다, 또렷하다 | 看出 kànchū 동 알아차리다, 간파하다 | 产生 chǎnshēng 동 생기다 | 成就感 chéngjiùgǎn 명 성취감 [产生成就感: 성취감이 생기다] | 合理 hélǐ 형 합리적이다 | 运用 yùnyòng 동 이용하다, 활용하다 | 碎片 suìpiàn 명 자투리, 조각 | 利用 lìyòng 동 이용하다 | 等车 děngchē 동 차를 기다리다 | 排队 páiduì 동 줄을 서다 | 查 chá 동 조사하다, 찾아보다 | 资料 zīliào 명 자료 [查资料: 자료를 찾다] | 其他 qítā 대 기타, 그 외 | 专注 zhuānzhù 동 집중하다, 전념하다 | 养成 yǎngchéng 동 습관이 되다, 길러지다 [养成习惯: 습관을 기르다] | 今日 jīnrì 명 오늘 | ★拖延 tuōyán 동 (시간을) 미루다, 연기하다 | ★条理 tiáolǐ 명 (생각·말·글 등의) 조리, 단계 (생활·일 등의) 질서, 짜임새 | 避免 bìmiǎn 동 피하다, 면하다 | 来不及 láibují 동 제 시간에 댈 수 없다 | 手忙脚乱 shǒumáng jiǎoluàn 성 허둥지둥하다, 다급해서 갈피를 잡지 못하다 | 不知所措 bùzhī suǒcuò 성 어찌할 바를 모르다, 갈팡질팡하다 | 适当 shìdàng 형 적당하다, 적절하다 | 加快 jiākuài 동 빠르게 하다 | ★节奏 jiézòu 명 리듬, 템포, 박자 | 办事 bànshì 동 일을 처리하다, 일을 보다 | 效率 xiàolǜ 명 효율 [提高效率: 효율을 높이다] | 有限 yǒuxiàn 형 제한이 있다, 제한하다 | 创造 chuàngzào 동 만들다, 창조하다 | 价值 jiàzhí 명 가치 | 大部分 dàbùfen 명 대부분 | 体验 tǐyàn 동 체험하다 | 相信 xiāngxìn 동 믿다, 신임하다 | 不断 búduàn 부 계속해서, 끊임없이 | 进步 jìnbù 동 진보하다 | 质量 zhìliàng 명 품질, 질 [提高质量: 질을 높이다]

모의고사 (5회)

1. 🔊 track 837

　　一位<u>农妇</u>不小心打碎了一个鸡蛋，然后她就此展开了联想：一个鸡蛋经过孵化后就可能变成一只小鸡，小鸡长大后变成母鸡的话，又会下好多蛋，那么就又能孵化出更多的鸡，想到这里，她突然大叫起来："天哪，我居然<u>失去了一个养鸡场</u>！"生活中，我们常常会像农妇一样"<u>放大错误</u>"，但这有时是一种痛苦。

미니 정리

인물　农妇

사건　不小心打碎了一个鸡蛋

전개　展开了联想 / 打碎了一个鸡蛋 → 失去了一个养鸡场

결과　我们常常会像农妇一样 "放大错误"，但这有时是一种痛苦

해석 한 농부의 부인이 실수로 달걀을 깨고는 '달걀이 부화하면 병아리가 되고, 병아리가 자라서 닭이 된다면 또 꽤 많은 알을 낳을 것이고, 그럼 그 알들이 부화해서 닭이 훨씬 많아질 텐데.'라고 생각했다. 여기까지 생각한 그녀는 갑자기 "세상에, 난 지금 양계장 하나를 통째로 잃은 거잖아!"라며 소리쳤다. 삶 속에서 우리는 때때로 이 농부의 부인처럼 실수를 부풀리지만, 이것이 때로는 일종의 고통이다.

어휘 农妇 nóngfù 몡 농촌 아낙, 여성 농민 | 打碎 dǎsuì 동 (알·그릇 등이) 깨지다 | 就此 jiùcǐ 뷔 지금 바로 | 展开 zhǎnkāi 동 펼치다, 펴다 | ★联想 liánxiǎng 동 연상하다 | 孵化 fūhuà 동 부화하다 | 变成 biànchéng 동 ~으로 변하다 | 小鸡 xiǎojī 몡 병아리 | 长大 zhǎngdà 동 자라다 | 母鸡 mǔjī 몡 암탉 | 好多 hǎoduō 쉬 아주 많다 | 那么 nàme 젭 그러면, 그렇다면 | 鸡 jī 몡 닭 | 天哪 tiānna 어머나 | 居然 jūrán 뜻밖에, 놀랍게도 | 失去 shīqù 잃어버리다, 잃다 | 养鸡场 yǎngjīchǎng 몡 양계장 | ★放大 fàngdà 동 (화상·소리·기능 등을) 확대하다 | 有时 yǒushí 뷔 어떤 때 | 痛苦 tòngkǔ 몡 고통, 아픔

모범답안 🔊 track 838

　　农妇打碎了一个鸡蛋，于是她联想到一个鸡蛋能孵化出一只小鸡，小鸡长大后变成母鸡的话，又会下好多蛋，孵出更多的鸡，突然她大叫起来说，自己失去了一个养鸡场，这就是"放大错误"。这有时是一种痛苦。

남쌤 만의 **고득점 tip**

이야기 문제가 나오면, 이야기 속 사건의 원인, 경과, 결과를 생각하면서 듣자.

해석 농촌 아낙이 달걀을 깨뜨리고는 달걀 하나가 병아리로 부화할 수 있고, 병아리는 자라서 암탉이 되면 또 많은 달걀을 낳아 더 많은 닭을 부화시킬 수 있다고 생각했다. 갑자기 그녀는 자신이 양계장을 잃은 거라고 소리쳤다. 이것이 바로 '실수 부풀리기'인데, 이것이 때로는 일종의 고통이다.

2. 🔊 track 839

　　绝大多数运动品牌店都开在商场的地下或者高层，这是因为运动品牌的服饰变化并不大，不管在哪里，都有相对固定的消费群体。顾客在购物之前，已经找好要购买的运动品牌的商品，以及价格等信息。至于这些运动品牌位于商场的什么位置，顾客并不太在意。所以，运动品牌自然会选择开在租金相对便宜的地下或者是高层。

미니 정리

주장　绝大多数运动品牌店都开在商场的地下或者高层

이유1　运动品牌的服饰变化并不大

이유2　有相对固定的消费群体

결과　选择开在租金相对便宜的地下或者是高层

해석 **해석** 대부분의 스포츠 브랜드 상점은 쇼핑몰의 지하 또는 높은 층에 있다. 이는 스포츠 브랜드 의류 스타일의 변화가 크지 않기 때문이며, 어디에 위치하는지는 무관하게 고정적인 소비층이 있기 때문이다. 고객은 쇼핑하기 전에 이미 구매할 스포츠 브랜드의 상품 및 가격 등의 정보를 찾아 둔다. 스포츠 브랜드가 쇼핑몰의 어디에 위치하는가에 대해 고객은 크게 신경 쓰지 않는다. 그래서 스포츠 브랜드는 자연스럽게 임대료가 비교적 저렴한 지하 또는 높은 층에 오픈하는 것을 택한다.

어휘 **绝大** juédà 웹 대부분의 | **多数** duōshù 웹 다수 | **品牌** pǐnpái 웹 브랜드 | **店** diàn 웹 가게 | **商场** shāngchǎng 웹 쇼핑몰, 백화점 | **地下** dìxià 웹 지하 | **高层** gāocéng 웹 높은 층 | **服饰** fúshì 웹 의복과 장신구 | **相对** xiāngduì 웹 상대적이다 | **固定** gùdìng 웹 고정되다, 불변하다 | **消费** xiāofèi 웹 소비 | **群体** qúntǐ 웹 단체, 집단 | **之前** zhīqián 웹 ~이전, ~의 앞 | **购买** gòumǎi 웹 구매하다, 사다 | **商品** shāngpǐn 웹 상품 | **以及** yǐjí 웹 및, 그리고, 아울러 | **至于** zhìyú 웹 ~에 관해서는 | **位于** wèiyú 웹 ~에 위치하다 | **位置** wèizhi 웹 위치 | ★ **在意** zàiyì 웹 신경을 쓰다 | **租金** zūjīn 웹 임대료

모범답안 ▸ ● track 840

　　很多运动品牌店会开在商场地下或者高层，这是因为运动品牌的服饰变化不大，有固定的消费群体。顾客购物前，会先找好商品、价格等信息，并不在意店铺位置在哪儿。所以，运动品牌会开在租金便宜的地下或高层。

해석 많은 스포츠 브랜드 상점은 쇼핑몰 지하나 높은 층에 있는데, 이것은 스포츠 브랜드의 의류의 변화가 크지 않고 고정된 소비층이 있기 때문이다. 고객은 쇼핑하기 전에 먼저 상품, 가격 등의 정보를 잘 찾을 수 있지만, 점포 위치가 어디인지는 전혀 신경 쓰지 않는다. 그래서 스포츠 브랜드는 임대료가 싼 지하나 고층에서 영업을 시작한다.

남쌤 만의 **고득점 tip**

도입부에 화자의 주장이 나오고, 뒤이어 주장의 이유들을 언급하며, 마지막에는 도입부에서 말했던 주장을 재차 강조하거나, 언급했던 이유들을 토대로 결론을 말하는 구조를 지닌 문제이다. 이 문제에서는 도입부 다음에 나오는 '这是因为' 다음 부분이 이유(근거)에 해당되므로, '这是因为' 다음 부분부터 키워드를 중심으로 기억해 두었다가 다시 말해 보자.

3. ● track 841

　　心理学家通过研究发现，性格热情开朗的人在社交圈子中的人缘也不错，他们的社交圈子也比其他人大得多，生活也比其他人更丰富多彩。在社交生活中，性格开朗的人总是会吸引很多人的目光，自然而然地成为社交圈的焦点。不仅如此，他们的热情还会感染到身边的朋友，让朋友们感受到由此带来的福利，和他们一起享受生活的乐趣。

미니 정리

핵심 어휘 性格热情开朗的人

기본 정의 社交圈子也比其他人大得多，生活也比其他人更丰富多彩

특징 性格开朗的人总是会吸引很多人的目光

결과 他们的热情还会感染到身边的朋友 / 和他们一起享受生活的乐趣

해석 심리학자는 연구를 통해 성격이 다정하고 유쾌한 사람은 사교 생활에서 대인 관계도 좋으며, 다른 사람에 비해 함께 어울리는 사람도 더 많고, 생활 또한 다른 사람에 비해 훨씬 다채로움을 발견했다. 사교 생활에서 성격이 밝은 사람은 많은 사람의 주목을 받으며 자연스럽게 사교계의 관심 대상이 된다. 이뿐만 아니라 그들의 친절은 주변의 친구들에게까지도 전파되어 친구들이 그에 따른 혜택을 느끼게 하고, 그들과 함께 삶의 즐거움을 누리게 한다.

어휘 **心理学家** xīnlǐxuéjiā 웹 심리학자 | ★ **开朗** kāilǎng 웹 (생각·마음·성격 등이) 유쾌하다 | **社交** shèjiāo 웹 사교 | **圈子** quānzi 웹 범위 | **人缘** rényuán 웹 대인 관계 | **丰富多彩** fēngfù duōcǎi 웹 풍부하고 다채롭다 | **目光** mùguāng 웹 시선, 눈길 [吸引目光: 시선을 끌다] | **自然而然** zìrán'érrán 자연히, 저절로 | **社交圈** shèjiāoquān 웹 사교계 | **焦点** jiāodiǎn 웹 (문제나 관심사의) 초점 | **如此** rúcǐ 데 이와 같다, 이러하다 | **感染** gǎnrǎn 웹 전염되다, 감염되다 | **身边** shēnbiān 웹 곁, 신변 | **感受** gǎnshòu 웹 느끼다 | **由此** yóucǐ 이에 따라, 이에 근거하여 | **带来** dàilái 웹 가져다주다, 가져오다 | ★ **福利** fúlì 웹 복지, 복리 | **享受** xiǎngshòu 웹 누리다, 즐기다 | ★ **乐趣** lèqù 웹 즐거움, 기쁨, 재미 [享受乐趣: 즐거움을 누리다]

心理学家发现，性格开朗的人人缘也不错，他们的社交圈子比别人大，生活也比其他人丰富。这种人总是会吸引大家的目光，成为社交圈的焦点。不仅如此，他们还会感染到身边的朋友，使朋友也一起享受生活的乐趣。

해석 심리학자들은 성격이 밝은 사람들이 대인 관계도 좋고, 사교적인 울타리가 남들보다 크며, 생활도 다른 사람에 비해 풍부하다는 것을 발견했다. 이런 사람은 항상 사람들의 눈길을 끌며 사교계의 관심 대상이 된다. 이뿐만 아니라 그들은 주변 친구에게까지 전파되어 친구도 함께 삶의 즐거움을 누릴 수 있게 한다.

4.

四合院是中国的一种传统院落式住宅，在中国民居中十分常见。四合院有着三千多年的历史，在中国各地有多种类型，其中以北京四合院为典型。北京四合院的历史要追溯到元朝，到了明清两代，形成了北京特有的四合院。四合院是封闭式住宅，关起门来自成天地，加之院落外墙很少开窗，因此具有很强的私密性。

四合院内部宽敞开阔，采光很好，极富有亲和力，屋内生活设施一应俱全。虽然外观中规中矩，但用法非常灵活，往大了扩展，就是皇宫、王府，往小了缩，就是平民百姓的住宅。正因如此，看似简洁的四合院其实蕴藏着很多信息。四合院从房屋数目，院落进深到规模格局等都有细致入微的规矩。根据主人的身份和住宅的规模可以呈现各种繁简不同的组合形式。

해석 사합원은 중국의 전통적인 마당식 주택으로, 중국 민가 중 매우 흔하게 보인다. 사합원은 3천여 년의 역사를 가지고 있으며, 중국 각지에 여러 유형이 있는데, 그중 베이징의 사합원이 가장 전형적이다. 베이징 사합원의 역사는 원나라 때까지 거슬러 올라가며, 명청 시대에 이르러 베이징 특유의 사합원이 형성되었다. 사합원은 폐쇄식 주택으로, 문을 닫으면 자기들만의 세상이 된다. 게다가 마당 외벽에 창문은 거의 열지 않아 강한 프라이버시를 지닌다.

사합원 내부는 넓고 확 트였으며, 채광이 좋고 친화적인 성격이 강하며 실내 생활 시설도 완벽히 갖추어져 있다. 외관은 틀에 박힌 듯하지만, 쓸모에 있어서는 매우 유연하여 크게는 황궁, 왕족의 저택까지 아우르고 작게는 일반 백성의 주택으로 축소된다. 그렇기 때문에 간단해 보이는 사합원은 사실 많은 정보를 담고 있다. 사합원은 방의 개수, 마당 깊이부터 규모 및 구조 등에 이르기까지 모두 정밀한 규칙이 있다. 주인의 신분과 주택 규모에 따라 복잡하고 간단한 정도가 다른 조합 형태를 나타낼 수 있다.

어휘 四合院 sìhéyuàn 몡 사합원 [베이징의 전통 주택 양식] | 传统 chuántǒng 톙 전통적이다 | 院落式 yuànluòshì 톙 정원식 | ★住宅 zhùzhái 몡 주택 [주로 규모가 비교적 큰 것을 가리킴] | 民居 mínjū 몡 민가 | 十分 shífēn 뮈 매우, 아주 [=非常] | 常见 chángjiàn 톙 흔히 보는, 늘 보이는 | 各地 gèdì 몡 각지, 각처 | 类型 lèixíng 몡 유형 | ★典型 diǎnxíng 톙 전형적이다 | 历史 lìshǐ 몡 역사 | 追溯 zhuīsù 동 사물의 근본으로 거슬러 올라가 살피다, 거슬러 올라가다 | 元朝 Yuáncháo 고유 원나라 | 明清 Míng Qīng 고유 명청, 명나라와 청나라 | 形成 xíngchéng 동 형성되다, 이루어지다 | 特有 tèyǒu 톙 특유하다, 고유하다 | 封闭式 fēngbìshì 몡 폐쇄식, 폐쇄형 | 加之 jiāzhī 젭 게다가, 그 위에 | 墙 qiáng 몡 담장, 벽 | 窗 chuāng 몡 창 | 具有 jùyǒu 동 지니다, 가지다, 있다 | 私密性 sīmìxìng 몡 프라이버시 | ★宽敞 kuānchang 톙 넓다, 드넓다 | ★开阔 kāikuò 톙 (면적 또는 공간 범위가) 넓다, 광활하다 | 采光 cǎiguāng 몡 채광 | 富有 fùyǒu 동 풍부하다 | 亲和力 qīnhélì 몡 친화력 | 设施 shèshī 몡 시설 | 俱全 jùquán 톙 완전히 갖추다, 완전하다 | 外观 wàiguān 몡 외관 | 中规中矩 zhòngguī zhòngjǔ 셩 조금의 오차도 없이 규격에 딱 맞다 | 用法 yòngfǎ 몡 용법 | 灵活 línghuó 톙 민첩하다, 날쌔다 | 扩展 kuòzhǎn 동 확장하다, 넓게 펼치다 | 皇宫 huánggōng 몡 황궁 | 王府 wángfǔ 몡 왕족의 저택 | 平民 píngmín 몡 평민, 일반인 | 百姓 bǎixìng 몡 평민, 백성 | 简洁 jiǎnjié 톙 간결하다 | ★蕴藏 yùncáng 동 잠재하다, 매장되다, 묻히다, 간직하다 | 信息 xìnxī 몡 정보 | 数目 shùmù 몡 수, 수량 | 进深 jìnshen 몡 (뜰이나 건물의) 깊이 | 规模 guīmó 몡 규모, 형태 | ★格局 géjú 몡 구조, 양식 | ★细致 xìzhì 톙 정교하다, 세밀하다, 섬세하다 |

入微 rùwēi 형 매우 세밀하거나 깊은 경지에 이르다 | 规矩 guīju 명 규율, 규정 | 根据 gēnjù 개 ~에 의거하여, ~에 근거하여 | 主人 zhǔrén 명 주인 | 身份 shēnfen 명 신분, 지위 | ★呈现 chéngxiàn 통 드러나다, 양상을 띠다 | 组合 zǔhé 명 조합

모범 답안 ● track 843

발음 tip

① **一种** '一'의 성조 변화 주의
1성+3성 → 4성+3성

② **为** wéi, wèi로 읽는 다음자로, 여기에서는 wéi로 읽는다. 문맥을 파악해서 정확한 성조로 읽는 것이 중요

③ **很好** 3성의 성조 변화 주의
3성+3성 → 2성+3성

④ **中规中矩** 이 성어의 '中'은 1성이 아닌 4성(zhòng)으로 읽는다

⑤ **看似** '似'는 sì와 shì로 읽히는 다음자로, 여기에서는 sì로 읽는다

　四合院是中国的一种①传统院落式住宅，在中国民居中 / 十分常见。四合院有着三千多年的历史，在中国各地 / 有多种类型，其中以北京四合院为②典型。北京四合院的历史 / 要追溯到元朝，到了明清两代，形成了北京特有的四合院。四合院是封闭式住宅，关起门来 / 自成天地，加之院落外墙 / 很少开窗，因此 / 具有很强的私密性。

　四合院内部 / 宽敞开阔，采光很好③，极富有亲和力，屋内生活设施 / 一应俱全。虽然外观 / 中规中矩④，但用法 / 非常灵活，往大了扩展，就是皇宫、王府，往小了缩，就是平民百姓的住宅。正因如此，看似⑤简洁的四合院 / 其实蕴藏着很多信息。四合院从房屋数目，院落进深到规模格局等 / 都有细致入微的规矩。根据主人的身份 / 和住宅的规模 / 可以呈现 / 各种繁简不同的组合形式。

5.

很多人会选择在高中毕业后出国读大学，你赞成吗？为什么？(2.5分钟)

많은 사람들이 고등학교를 졸업한 후 외국으로 나가 대학에 재학하는 것을 선택합니다. 당신은 찬성하나요? 왜 그렇게 생각하나요? (2분 30초)

모범 답안 ● track 844

남쌤 만의 **고득점 tip**

외국 유학을 가는 연령층이 날로 낮아지는 추세인데, 유학을 가기에 이상적인 시기를 생각해 보고, 그 이유를 정리해서 말해 보자.

표현 활용 tip

① **现在，很多A，对此现象，大家褒贬不一** A라는 현상에 대해 다양한 관점이 있음을 언급할 때 사용하면 좋은 표현
② **有人认为** 다른 사람의 생각을 이야기할 때 쓰는 표현
③ **我认为** 나의 의견을 말할 때 도입 부분에 사용

　现在，很多①高中生在毕业后选择出国留学，对此现象，大家褒贬不一①，有人认为②，高中生年龄小，受母语影响较小，接受能力快，高中毕业留学是学习的最佳时机；也有人认为②，高中生适应能力还不强，而且对自己未来的方向也很迷茫，高中毕业出国留学为时过早。我认为③，高中毕业出国有利有弊。

　首先④，高中毕业生出国留学，可以利用大学时间，一边⑤学习专业一边⑤练习外语，充分接触外国生活，了解当地的人文地理，以及生活上的差距，积累⑥更多的国外生活经验，开阔视野，增长见识⑥。但是，高中生年纪尚小，出国也会遇到一些难题，比如语言不通，初期不能和当地人有效沟通，造成学习和生活能力下降，<u>另外</u>④，有的高中生自控能力较差，人生观尚未成熟，容易被错误的价值观引导。因此，对于高中生毕业后出国读大学，要权衡利弊，慎重考虑，做出最优选择。

④ 首先……，另外……내가 말하고자 하는 내용을 순서대로 열거할 때 쓴다

⑤ 一边A，一边B 동시에 진행되는 두 가지 동작을 나타낼 때 사용

⑥ 积累生活经验，开阔视野，增长见识 학습과 관련된 표현으로, 관련 문제들이 나왔을 때 활용할 수 있도록 숙지하자

해석 현재 많은 고등학생이 졸업 후 외국 유학을 선택하는데, 이 현상에 대한 사람들의 생각은 각기 다릅니다. 어떤 사람은 고등학생은 아직 나이가 어려서 모국어의 영향을 비교적 적게 받고, 습득 능력은 빠르기 때문에, 고등학교 졸업 후 유학을 가는 것이 학습의 가장 좋은 시기라고 생각합니다. 또 어떤 사람은 고등학생은 적응 능력이 아직 높지 않고 자신의 미래의 방향에 대해서도 막막해 하므로 졸업 후 유학은 시기상조라고 생각합니다. 저는 고등학교 졸업 후 유학 가는 것은 장단점이 모두 있다고 생각합니다.

먼저, 고등학교 졸업생은 유학을 하면 대학 재학 시간을 이용해 전공 공부도 하면서 외국어를 연습할 수 있고, 외국 생활을 많이 접하면서 현지인의 문화 및 생활상의 차이를 이해하면서 훨씬 많은 외국 생활의 경험을 쌓아 시야를 넓히고 식견을 늘릴 수 있습니다. 하지만, 고등학생은 아직 어려서 외국에서 난관에 부딪힐 수 있습니다. 예를 들면 언어가 통하지 않아 처음엔 현지인과 효과적인 소통을 하기 어렵고, 학습과 생활 능력이 나빠질 수 있습니다. 이 외에도 일부 고등학생은 자제력이 약하고 인생관이 아직 성숙하지 않아 그릇된 가치관에 휩쓸리기 쉽습니다. 따라서 고등학생이 졸업 후에 외국에서 대학을 다니는 것에 대해 장단점을 잘 따져 보고 신중히 생각한 다음 가장 좋은 선택을 해야 합니다.

어휘 选择 xuǎnzé 통 고르다, 선택하다 | 高中 gāozhōng 고등학교 | 出国 chūguó 통 출국하다 | 读 dú 통 공부하다 | 赞成 zànchéng 통 (다른 사람의 주장·행위에) 찬성하다, 동의하다 [발음 주의] | 对此 duìcǐ 이에 대해 | 现象 xiànxiàng 명 현상 | 褒贬 bāobiǎn 통 좋고 나쁨을 평가하다 | 不一 bùyī 형 일치하지 않다, 같지 않다 | ★母语 mǔyǔ 명 모국어 | 最佳 zuìjiā 형 가장 좋다, 최적이다 | ★时机 shíjī 명 (유리한) 시기, 기회 | 适应 shìyìng 통 적응하다 | 强 qiáng 형 강하다 | 未来 wèilái 명 향후, 미래 | 方向 fāngxiàng 명 방향 | 迷茫 mímáng 형 막막하다, 아득하다 | 过早 guòzǎo 형 시기상조이다, 너무 이르다 | 有利有弊 yǒulì yǒubì 장단점이 있다, 좋은 점도 있고 나쁜 점도 있다 | 首先 shǒuxiān 때 첫째, 먼저 분 가장 먼저, 우선 | 利用 lìyòng 통 이용하다 | 一边A一边B yìbiān A yìbiān B A하면서 B하다 | 专业 zhuānyè 명 전공, 전문 | 外语 wàiyǔ 명 외국어 | 充分 chōngfèn 분 충분히 | 接触 jiēchù 통 접촉하다, 관계를 갖다 | 外国 wàiguó 명 외국 | 当地 dāngdì 명 현지, 그 곳 | 以及 yǐjí 접 및, 그리고, 아울러 | 差距 chājù 명 격차, 차이 | 积累 jīlěi 통 쌓이다, 축적되다 [积累经验: 경험을 쌓다] | ★开阔 kāikuò 통 넓히다 | ★视野 shìyě 명 시야, 시계 [开阔视野: 시야를 넓히다] | 增长 zēngzhǎng 통 증가하다, 늘어나다 | 见识 jiànshí 명 식견, 생각 [增长见识: 식견을 늘리다] | 年纪 niánjì 명 나이 | 难题 nántí 명 난관, 난제 | 语言 yǔyán 명 언어 | 不通 bùtōng 통 통하지 않다, 막히다 | 初期 chūqī 명 처음, 초기 | 有效 yǒuxiào 형 효과가 있다, 유효하다 | 沟通 gōutōng 통 소통하다, 교류하다 | 造成 zàochéng 통 초래하다, 야기하다 | 下降 xiàjiàng 통 떨어지다, 낮아지다 | 自控 zìkòng 통 자제 | 人生观 rénshēngguān 명 인생관 | 尚未 shàngwèi 분 아직 ~하지 않다 | 成熟 chéngshú 형 성숙하다 | 错误 cuòwù 명 실수, 잘못 | 价值观 jiàzhíguān 명 가치관 | ★引导 yǐndǎo 통 인도하다, 인솔하다 | 对于 duìyú 개 ~에 대해서, ~에 대하여 [对于+대상] | 权衡利弊 quánhéng lìbì 장단점을 따져 보다, 이해득실을 따져 보다 | ★慎重 shènzhòng 형 신중하다 | 考虑 kǎolǜ 통 고려하다, 생각하다

6.

> 有的人喜欢独自旅行，有的人喜欢与人结伴旅行，这两种旅行方式你会选择哪一种？请说明理由。(2.5分钟)
>
> 어떤 사람은 혼자 여행하는 것을 좋아하고 어떤 사람은 사람들과 짝을 지어 여행하는 좋아합니다. 이 두 가지 여행 방법 중 당신은 어느 것을 선택하겠습니까? 이유를 설명해 주세요. (2분 30초)

모범답안 ● track 845

我认为①，选择何种方式去旅行应该考虑自己的旅行目的和现状，无法片面地说更喜欢哪种方式。

남쌤 만의 **고득점 tip**

평소 내가 좋아하는 여행 방식의 장단점을 생각하고 정리해서 말해 보자.

首先，如果现阶段我的状态是比较低迷或消沉的，那我会义无反顾地选择结伴旅行。如果无法与朋友结伴同行，那我也不排斥跟着导游来一场毫无压力的旅行。去哪儿并不是重点，关键在于排解忧愁，尽快让自己从消极的状态中走出来。此时，<u>无论</u>②是风趣的导游，<u>还是</u>②身边愉快的陌生游客，<u>都</u>②会给低迷的自己带来一丝安慰。或许热闹的氛围与放松的状态会让我们在不经意间想通本来困扰自己的一些难题。

其次，对于自己计划已久的旅行，我会选择独自旅行。在这样的旅行中，本人的感受是最重要的，<u>吃的</u>③、<u>看的</u>③、<u>玩儿的</u>③，无一例外都会经过自己的一番精心筛选。因为我们期待的是一个悠闲自在的假期，而不是一场"走马灯"式的"集体活动"。

因此，<u>对我来说</u>④，<u>上述</u>⑤两种旅行方式我都会考虑。

해석 저는 어떤 방식으로 여행을 갈지 선택하는 것은 자신의 여행 목적과 현재 상황을 고려해야 하는 것으로, 단편적으로 어느 방식이 더 좋다고 말할 수 없다고 생각합니다.

우선 만약 현 단계에서 나의 컨디션이 꽤 저조하거나 가라앉았다면 조금도 주저하지 않고 단체 여행을 선택할 것입니다. 만약 친구와 동행할 수 없다면 여행 가이드를 따라 스트레스 없는 여행을 하는 것도 마다하지 않을 것입니다. 어디를 가는 것이 전혀 중요한 게 아니라 고민을 털어내고 부정적인 상태에서 가급적 빨리 빠져나오는 것이 중요한 포인트입니다. 이 때 재치 있는 가이드든 주변에 즐거운 낯선 관광객들이든 기분이 가라앉은 자신에게 작게나마 위안을 줄 것입니다. 아마도 시끌벅적한 분위기와 여유로운 상태가 애초부터 스스로를 괴롭혔던 난제들을 무심결에 이해하게 만들게 한 것인지도 모릅니다.

그 다음은 자신이 이미 계획한 지 오래된 여행이라면, 저는 혼자 여행하는 것을 선택할 것입니다. 이러한 여행은 본인의 느낌이 가장 중요하며, 먹는 것, 보는 것, 노는 것이 예외 없이 자신의 세심한 선별을 거칠 것입니다. 왜냐하면 우리는 한가로운 휴가를 기대하고 있는 것이지 '주마등' 식의 '단체 활동'을 하는 것이 아니기 때문입니다.

이와 같은 이유로 저는 위에서 말한 두 가지 여행 방식을 모두 생각해 볼 것입니다.

어휘 独自 dúzì 男 혼자서, 홀로 | 结伴 jiébàn 동 동행이 되다 | 方式 fāngshì 명 방법, 방식 | 理由 lǐyóu 명 이유 | 何 hé 대 무슨, 무엇 | 目的 mùdì 명 목적 | ★现状 xiànzhuàng 명 현 상태, 현재 상황 | 片面 piànmiàn 형 단편적이다, 일방적이다 | 现阶段 xiànjiēduàn 명 현 단계 | 状态 zhuàngtài 명 상태 | 低迷 dīmí 형 저조하다 | 消沉 xiāochén 형 (기운이) 가라앉다 | 义无反顾 yìwúfǎngù 정 조금도 주저하지 않고 정의를 위해 나아가다 | 无法 wúfǎ 동 ~할 방법이 없다, ~할 수 없다 | 同行 tóngxíng 동 동행자 | ★排斥 páichì 동 배척하다, 배격하다 | 跟着 gēnzhe 동 따라가다 | 导游 dǎoyóu 명 가이드 | ★毫无 háowú 조금도 ~이 없다 | 重点 zhòngdiǎn 명 중요한 점 | 关键 guānjiàn 명 관건, 키포인트 | 在于 zàiyú 동 ~에 있다 | 排解 páijiě 동 해소하다, 해결하다 | 忧愁 yōuchóu 형 우울하다, 걱정스럽다 | 尽快 jǐnkuài 男 되도록 빨리 | 消极 xiāojí 형 부정적이다 | 此时 cǐshí 이때, 지금 | ★风趣 fēngqù 명 재미, 유머 | 愉快 yúkuài 형 유쾌하다 | 陌生 mòshēng 형 낯설다, 생소하다 | 游客 yóukè 명 여행객, 관광객 | 一丝 yìsī 수량 아주 조금 | 安慰 ānwèi 명 위안 | 或许 huòxǔ 男 아마, 혹시 | 热闹 rènao 형 시끌벅적하다 | 氛围 fēnwéi 명 분위기 | 不经意 bù jīngyì 주의하지 않다, 조심하지 않다 | 想通 xiǎngtōng 동 생각해서 알게 되다 | 困扰 kùnrǎo 동 괴롭히다, 성가시게 굴다 | 难题 nántí 명 난제 | ★本人 běnrén 명 본인, 나 | 感受 gǎnshòu 명 느낌, 감상 | 无一例外 wúyī lìwài 정 예외라고는 하나도 없다 | ★番 fān 양 차례, 바탕, 번 | ★精心 jīngxīn 형 세심하다, 정성 들이다 | ★筛选 shāixuǎn 동 선별하다 | 期待 qīdài 동 기대하다 | 悠闲 yōuxián 형 한가하다, 여유롭다 | 假期 jiàqī 명 휴가 기간 | 走马灯 zǒumǎdēng 주마등 | 上述 shàngshù 동 위에서 말하다, 상술하다 | 考虑 kǎolǜ 동 고려하다